DR. OETKER
VEGETARISCH VON A–Z

DR. OETKER VEGETARISCH

VON A–Z

Dr. Oetker Verlag

Abkürzungen

EL	=	Esslöffel
TL	=	Teelöffel
Msp.	=	Messerspitze
Pck.	=	Packung/Päckchen
g	=	Gramm
kg	=	Kilogramm
ml	=	Milliliter
l	=	Liter
evtl.	=	eventuell
Fl.	=	Fläschchen
geh.	=	gehäuft
gestr.	=	gestrichen
ger.	=	gerieben
gem.	=	gemahlen
TK	=	Tiefkühlprodukt
°C	=	Grad Celsius

Kalorien-/Nährwertangaben

E	=	Eiweiß
F	=	Fett
Kh	=	Kohlenhydrate
kcal	=	Kilokalorie
kJ	=	Kilojoule
BE	=	Broteinheiten

Bei den Nährwertangaben in den Rezepten handelt es sich um auf- bzw. abgerundete, ganze Werte. Lediglich die Broteinheiten werden in 0,5er-Schritten mit einer Stelle nach dem Komma angegeben.
Aufgrund von ständigen Rohstoffschwankungen und/oder Rezepturveränderungen bei Lebensmitteln, kann es zu Abweichungen kommen. Die Nährwertangaben dienen daher lediglich Ihrer Orientierung und eignen sich nur bedingt für die Berechnung eines Diätplans, zum Beispiel bei Krankheiten wie Diabetes.
Bei krankheitsbedingten Diäten richten Sie sich daher bitte nach den Anweisungen Ihres Diätassistenten bzw. Ihres Arztes.

Hinweise zu den Rezepten

Lesen Sie vor der Zubereitung – besser noch vor dem Einkauf – das Rezept einmal vollständig durch. Dadurch werden Arbeitsabläufe oder -zusammenhänge klarer. In jedem Rezept ist die Anzahl der Portionen angegeben.

Zutatenliste

Die Zutaten sind in der Reihenfolge ihrer Bearbeitung angegeben.

Arbeitsschritte

Die Arbeitsschritte sind einzeln hervorgehoben, in der Reihenfolge, in der sie von uns ausprobiert wurden.

Backofeneinstellung

Die in den Rezepten angegebenen Gartemperaturen und -zeiten sind Werte, die je nach individueller Hitzeleistung Ihres Backofens über- oder unterschritten werden können. Die Temperaturangaben beziehen sich auf Elektrobacköfen. Die Temperatur-Einstellmöglichkeiten für Gasbacköfen variieren je nach Hersteller sehr stark, sodass wir keine allgemeingültigen Angaben machen können. Beachten Sie bitte bei der Einstellung des Backofens die Gebrauchsanleitung des Herstellers.

Zubereitungs- und Garzeiten

Die Zubereitungszeit ist ein Anhaltswert für die Zeit der Vorbereitung und die eigentliche Zubereitung. Sie variiert je nach Geschick und Übung. Die Garzeiten sind, in der Regel, gesondert ausgewiesen.
Bei einigen Rezepten setzt sich die Gesamt-Garzeit aus mehreren Teil-Garzeiten zusammen. Längere Wartezeiten, z. B. Kühl- und Auftauzeiten, sind nicht miteinbezogen.

Ohne Fleisch nichts los?

Vegetarische Küche liegt nach zahlreichen Skandalen um tierische Produkte voll im Trend, nicht nur bei strengen Vegetariern und Veganern. Gesundheitsbewusste Verbraucher, die weniger Fleisch essen, aber auf Genuss nicht verzichten wollen, sind auf der Suche nach leckeren Rezepten, die ohne Fisch und Fleisch auskommen.

Also ran an die gesunde und aromatische Gemüseküche, mit Hülsenfrüchten, Getreide- und Milchprodukten, Eiern, Früchten, Kräutern und Nüssen! Über 230 Rezepte bescheren täglich kulinarische Highlights: Vegetarische Klassiker wie Zwiebelsuppe oder Ratatouille dürfen nicht fehlen. Neue Geschmackswelten eröffnen sich durch exotische und wiederentdeckte Gemüsesorten wie Okraschoten in Curry-Tomaten-Sauce, grünen Kartoffel-Pastinaken-Stampf, Sellerie-Topinambur-Suppe oder Steckrübenschnitzel. Ihre Gäste werden begeistert sein von Kürbis-Orangen-Risotto oder Lavendel-Melonentartar mit Ziegenkäsemousse – kurzum, mit diesen fleischlosen Rezepten wird es nie langweilig.

Wer jetzt noch behauptet, das könne nicht schmecken, kennt diese vegetarischen Gerichte noch nicht. Egal, ob Sie sich grundsätzlich vegetarisch ernähren oder einfach weniger Fleisch essen möchten, hier finden Sie wohlschmeckende Rezepte, bei denen Sie das Fleisch nicht vermissen und die auf jeden Fall gelingen.

Für Veganer haben wir die Gerichte, die vollständig auf tierische Produkte verzichten, speziell gekennzeichnet.

Probieren Sie es aus, mit den appetitlichen Rezepten aus Dr. Oetker Vegetarisch von A–Z überzeugen Sie auch Fleisch-Fans.

Ananas-Kraut-Salat mit Paprikastreifen I

VEGAN

Preiswert – gut vorzubereiten

12 Portionen

Pro Portion: E: 2 g, F: 7 g, Kh: 14 g, kJ: 550, kcal: 131, BE: 1,0

1 ½ kg Weißkohl
Salz
2 rote Paprikaschoten
350 g abgetropfte Ananasstücke (aus der Dose)
2 große Zwiebeln
8 EL Olivenöl
8 EL Kräuteressig
2 EL mittelscharfer Senf
gem. Pfeffer
je ½–1 TL gem. Piment und Kümmelsamen
Ananassaft (aus der Dose)

Zubereitungszeit: 30 Minuten, ohne Durchziehzeit

1. Von dem Weißkohl die groben, äußeren Blätter lösen. Kohl vierteln und den Strunk herausschneiden. Kohlviertel auf einer stabilen Küchenreibe oder mit der Küchenmaschine in sehr feine Streifen hobeln bzw. schneiden. Kohlstreifen in eine große Schüssel geben. 2–3 Esslöffel Salz hinzugeben, mit den Händen gut durchkneten, bis die Kohlstreifen leicht glasig werden. Kohlstreifen etwa 1 Stunde durchziehen lassen.

2. Paprikaschoten halbieren, entstielen, entkernen und die weißen Scheidewände entfernen. Schoten abspülen, trocken tupfen und in schmale Streifen schneiden. Von den Ananasstücken den Saft auffangen. Ananasstücke evtl. etwas kleiner schneiden.

3. Die Kohlstreifen in ein Sieb geben, etwas abtropfen lassen und wieder zurück in die Schüssel geben. Die Paprikastreifen und Ananasstücke gut untermischen.

4. Die Zwiebeln abziehen, zuerst in dünne Scheiben schneiden, dann in Ringe teilen. Das Olivenöl in einer Pfanne erhitzen. Zwiebelringe darin kurz andünsten, herausnehmen und zum Ananas-Kraut-Salat in die Schüssel geben. Das verbliebene Bratfett (Olivenöl) mit Essig, Senf, Pfeffer, Piment und Kümmel verschlagen. Die Hälfte des Ananassaftes unterrühren. Die Marinade zum Ananas-Kraut-Salat geben, gut untermischen und etwa 30 Minuten durchziehen lassen. Den Ananas-Kraut-Salat vor dem Servieren nochmals mit Salz und Pfeffer abschmecken.

Beilage: Ofenfrisches Baguette.

Tipps: Dieser Salat lässt sich prima vorbereiten und ist ideal, wenn Sie eine große Anzahl von Gästen erwarten. Wer es noch etwas pikanter und auch ein bisschen scharf mag, mariniert den Salat statt mit dem Ananassaft aus der Dose mit 200 ml Chilisauce aus dem Glas (erhältlich im Asialaden). Den Ananas-Kraut-Salat in Gläsern anrichten.

Apfelauflauf | Für Kinder – preiswert

4 Portionen

Pro Portion: E: 8 g, F: 37 g, Kh: 56 g, kJ: 2491, kcal: 595, BE: 4,5

Für den Knetteig:

125 g Vollkorn-Weizenmehl
1 1/2 EL flüssiger Honig
1–2 EL kaltes Wasser
1/2 gestr. TL Meersalz
80 g weiche Butter

Für den Belag:

750 g säuerliche Äpfel
1 EL Zitronensaft
75 g weiche Butter
3–4 EL flüssiger Honig
2 Eier (Größe M)

Zubereitungszeit: 35 Minuten, ohne Teigruhezeit
Backzeit: etwa 45 Minuten

1. Für den Teig Vollkorn-Weizenmehl in eine Rührschüssel geben. Honig, Wasser, Meersalz und Butter hinzufügen. Zutaten mit einem Mixer (Knethaken) zunächst kurz auf niedrigster, dann auf höchster Stufe gut durcharbeiten. Teig zu einer Kugel formen, zugedeckt etwa 1 Stunde im Kühlschrank ruhen lassen.

2. Teig in eine runde, flache Auflaufform (gefettet) geben, zu einem Boden andrücken und gleichzeitig einen kleinen Rand hochziehen.

3. Den Backofen vorheizen.
Ober-/Unterhitze: etwa 200 °C
Heißluft: etwa 180 °C

4. Für den Belag Äpfel schälen, vierteln, entkernen, grob raspeln und mit Zitronensaft beträufeln.

5. Butter und Honig in einer Rührschüssel mit einem Mixer (Rührstäbe) geschmeidig rühren. Nach und nach Eier unterrühren. Apfelraspel unterheben. Die Masse auf dem Teig in der Form verteilen und glatt streichen. Die Form auf dem Rost in den vorgeheizten Backofen schieben. Den Apfelauflauf **etwa 45 Minuten backen.**

Tipp: Den Apfelauflauf mit Vanillesauce servieren.

Apfel-Käse-Salat | Einfach

5 Portionen

Pro Portion: E: 18 g, F: 26 g, Kh: 6 g, kJ: 1390, kcal: 332, BE: 0,5

2	*kleine Äpfel, z. B. Jonagold*
1–2	*rote Zwiebeln*
250 g	*Radieschen*
250 g	*Bergkäse*
100 g	*Emmentaler*
1 kleines Bund	*Schnittlauch*
	Salz
	gem. Pfeffer
2 EL	*Weißweinessig*
1 EL	*mittelscharfer Senf*
3 EL	*Olivenöl*
1 Prise	*Zucker*
30 g	*frischer Meerrettich*

Zubereitungszeit: 20 Minuten

1. Die Äpfel waschen und abtrocknen. Äpfel nach Belieben schälen. Äpfel halbieren und entkernen. Die Apfelhälften auf einem Gemüsehobel in feine Scheiben hobeln.

2. Zwiebeln abziehen und in feine Scheiben schneiden. Radieschen putzen, abspülen, abtropfen lassen und ebenfalls in feine Scheiben schneiden.

3. Die beiden Käsesorten in kleine Würfel schneiden. Schnittlauch abspülen, trocken tupfen und in Röllchen schneiden.

4. Die vorbereiteten Zutaten in eine Salatschüssel geben. Mit Salz und Pfeffer bestreuen und vermischen.

5. Essig mit Senf verrühren, Olivenöl unterschlagen. Mit Salz und Zucker abschmecken.

6. Den Meerrettich schälen, fein reiben und unter die Marinade rühren. Die Marinade unter den Salat heben. Den Salat mit Salz und Pfeffer abschmecken.

Apfel-Möhren-Salat mit Sirup-Sesam-Dressing

Erfrischend – fruchtig

4 Portionen

VEGAN

Pro Portion: E: 3 g, F: 10 g, Kh: 25 g, kJ: 856, kcal: 205, BE: 1,5

1 Bio-Zitrone (unbehandelt, ungewachst)
1 Orange
2–3 TL Ahornsirup
1 Prise gem. Zimt
1–2 EL Sesamöl oder geschmacksneutraleres Speiseöl, z. B. Rapsöl
2 Äpfel
1 Bund Möhren (etwa 500 g)
3 Sesam-Krokant-Riegel (je 25 g, Fertigprodukt aus dem Reformhaus, Naturkostladen oder Drogerie-Markt)

Zubereitungszeit: 20 Minuten

1. Die Zitrone heiß abwaschen, abtrocknen und die Schale abreiben. Von der Zitronenschale 1 Teelöffel abmessen. Zitrone und Orange halbieren und jeweils den Saft auspressen. Zitronen- und Orangensaft in eine Schüssel geben. 1 Teelöffel Zitronenschale, Sirup und Zimt hinzufügen, mit einem Schneebesen gut verrühren. Sesam- oder Rapsöl unterschlagen.

2. Äpfel heiß abwaschen, abtrocknen, vierteln, entkernen und mit der Schale in dünne Spalten schneiden. Apfelspalten zu dem Dressing in die Schüssel geben.

3. Möhren putzen, schälen, abspülen, abtropfen lassen, in dünne Scheiben oder Streifen schneiden, zu den Apfelspalten geben und gut untermischen.

4. Den Salat in eine Salatschüssel geben. Krokant-Riegel zerbröseln und kurz vor dem Servieren auf den Salat streuen.

Tipps: Der Salat schmeckt sogar noch saftiger und aromatischer, wenn er etwas durchgezogen ist. Eine nicht-vegane Variante: 2 Eier hart kochen, mit kaltem Wasser abschrecken, pellen und sehr fein würfeln. Mit Zitronen-, Orangensaft, Salz, Pfeffer und Speiseöl zu einem Dressing verrühren. 1 Bund Schnittlauch abspülen, trocken tupfen, in feine Röllchen schneiden und unter das Dressing rühren. Möhrenscheiben oder -streifen und Apfelspalten hinzugeben und gut untermischen. Krokantbrösel dann weglassen.

Apfel-Tofu-Creme mit Schnittlauch | Schnell

etwa 575 g

Insgesamt: E: 36 g, F: 63 g, Kh: 22 g, kJ: 3490, kcal: 834, BE: 2,0

2 EL	*Sonnenblumen- oder Kürbiskerne*
1 Bund	*Schnittlauch*
300 g	*Tofu*
150 g	*Schmand (Sauerrahm)*
1/4	*mittelgroßer, säuerlicher Apfel (etwa 100 g)*
1–2 EL	*Zitronensaft*
	Salz, gem. Pfeffer
evtl. 1 Prise	*Currypulver*

Zubereitungszeit: 15 Minuten
Haltbarkeit: im Kühlschrank 3–4 Tage

1. Sonnenblumen- oder Kürbiskerne in einer Pfanne ohne Fett unter Rühren goldbraun rösten, herausnehmen und auf einen Teller geben.

2. Schnittlauch abspülen, trocken tupfen und in feine Röllchen schneiden. Tofu abtropfen lassen und mit einem Stabmixer fein pürieren oder sehr fein hacken. Tofumasse mit Schmand und Schnittlauchröllchen verrühren.

3. Apfel schälen, entkernen. Apfelviertel in sehr kleine Würfel schneiden, mit Zitronensaft vermischen und unter die Tofumasse rühren.

4. Die Creme mit Salz, Pfeffer und evtl. Curry würzig abschmecken. Geröstete Sonnenblumen- oder Kürbiskerne nach Belieben grob hacken und auf die Creme streuen.

5. Die Apfel-Tofu-Creme in ein verschließbares Gefäß füllen und in den Kühlschrank stellen.

Beilage: Roggenmischbrot, Hafer-Vollkornbrot, Sesam-Knäckebrot.

Tipps: Für Milch-Allergiker den Schmand durch Sojacreme ersetzen. Zusätzlich 2–3 klein geschnittene Frühlingszwiebeln unter die Creme rühren.

Apfel-Waldpilz-Kaiserschmarren I

Mit Alkohol

2 Portionen

Pro Portion: E: 17 g, F: 20 g, Kh: 61 g, kJ: 2228, kcal: 533, BE: 5,0

2	*Eigelb (Größe M)*
100 ml	*Weißwein (lieblich)*
100 ml	*Milch*
120 g	*Weizenmehl*
1 Msp.	*Dr. Oetker Backin*
	Salz
	ger. Muskatnuss
	Zucker
150 g	*gemischte Pilze, z. B. Pfifferlinge, Steinpilze oder Maronen*
1	*Schalotte*
1 Stängel	*Thymian*
1	*großer Apfel*
1 TL	*Butter*
	gem. Pfeffer
2	*Eiweiß (Größe M)*
4 Stängel	*glatte Petersilie*
1 EL	*Butter*

Zubereitungszeit: 35 Minuten
Backzeit: 5–8 Minuten

1. Eigelb mit Wein und Milch in einer Rührschüssel gut verrühren. Das Mehl und Backpulver mit einem Schneebesen verrühren, hinzugeben. Die Zutaten zu einem glatten Teig verrühren. Mit Salz, Muskat und Zucker würzen.

2. Den Backofen vorheizen.
Ober-/Unterhitze: etwa 180 °C
Heißluft: etwa 160 °C

3. Pilze putzen, evtl. kurz abspülen, trocken tupfen und in Stücke schneiden. Schalotte abziehen und in kleine Würfel schneiden. Thymian abspülen und trocken tupfen. Die Blättchen von den Stängeln zupfen.

4. Apfel schälen, abtrocknen, vierteln und entkernen. Apfelviertel in kleine Würfel schneiden.

5. Butter in einer feuerfesten Pfanne zerlassen. Die Pilzstücke darin unter mehrmaligem Wenden andünsten. Die Schalottenwürfel hinzufügen und mitdünsten lassen. Die Apfelwürfel und Thymianblättchen zu der Pilzmasse geben und unterheben. Mit Salz und Pfeffer leicht würzen.

6. Eiweiß steif schlagen und unter den Teig heben. Den Teig auf der Waldpilz-Apfel-Masse verteilen. Die Pfanne auf dem Rost in den vorgeheizten Backofen schieben. Kaiserschmarren **5–8 Minuten backen.**

7. In der Zwischenzeit Petersilie abspülen und trocken tupfen. Die Blättchen von den Stängeln zupfen. Blättchen grob zerschneiden.

8. Kaiserschmarren aus der Pfanne nehmen, mit 2 Pfannenwendern in kleine Stücke reißen. Butter in der Pfanne zerlassen. Die Kaiserschmarrenstücke hinzufügen und in der Butter schwenken.

9. Apfel-Waldpilz-Kaiserschmarren mit der Petersilie bestreut servieren.

Tipp: Anstelle der Waldpilze können Sie auch Kräutersaitlinge, Shiitakepilze oder Champignons nehmen.

Artischocken-Mangold-Gemüse aus dem Ofen I

Mit Alkohol

4 Portionen

Pro Portion: E: 13 g, F: 27 g, Kh: 12 g, kJ: 1724, kcal: 411, BE: 0,5

8 kleine Artischocken (je 250–300 g)
8 EL Olivenöl
3 EL Zitronensaft
Salz
gem. Pfeffer
12 Knoblauchzehen
100 ml Madeira (Dessertwein)
225 ml trockener Weißwein
375–400 ml Gemüsebrühe
400 g Mangold
30 getrocknete Soft-Tomaten
4 Stängel Thymian
16 schwarze Oliven, mit Stein, z. B. Kalamata
5 Stängel glatte Petersilie
4 Stängel Basilikum
50 g Parmesan (am Stück)

Zubereitungszeit: 60 Minuten
Garzeit: 80–90 Minuten

1. Den Backofen vorheizen.
Ober-/Unterhitze: etwa 180 °C
Heißluft: etwa 160 °C

2. Von den Artischocken die äußeren harten, grünen Blätter entfernen. Das dunkle Grün am Stielansatz der Artischocken mit einem scharfen Messer entfernen. Die Stiele dick schälen. Das Heu mit einem Kugelausstecher aus der Artischockenmitte herauslösen.

3. Artischocken vierteln, mit 4 Esslöffeln des Olivenöls und Zitronensaft mischen, mit Salz und Pfeffer würzen. Die Artischockenviertel in einen großen Bräter oder eine Fettpfanne legen.

4. Die Knoblauchzehen mit der Schale hinzugeben. Madeira, Weißwein und Brühe hinzugießen.

5. Den Bräter auf dem Rost oder die Fettpfanne in den vorgeheizten Backofen (untere Einschubleiste) schieben. Die Artischocken **80–90 Minuten garen,** dabei ab und zu wenden.

6. Mangold putzen, gründlich waschen und abtropfen lassen. Stiele von den Blättern schneiden. Die Blätter in große Stücke zupfen und die Stiele in etwa 8 cm lange Stücke schneiden. Tomaten in dünne Streifen schneiden. Thymian abspülen und trocken tupfen. Die Blättchen von den Stängeln zupfen.

7. Nach etwa 65 Minuten Garzeit die Mangoldstiele mit Thymianblättchen, Tomatenstreifen und Oliven zu den Artischocken in den Bräter oder in die Fettpfanne legen und fertig garen.

8. Etwa 10 Minuten vor Ende der Garzeit das restliche Olivenöl in einer großen Pfanne erhitzen. Die Mangoldblätter darin 4–5 Minuten bei mittlerer Hitze unter Wenden leicht anbraten. Mit Salz und Pfeffer würzen. Petersilie und Basilikum abspülen und trocken tupfen. Die Blättchen von den Stängeln zupfen. Blättchen klein schneiden und kurz vor dem Servieren mit den Mangoldblättern unter die Artischocken mischen.

9. Parmesan dünn hobeln. Artischocken-Mangold-Gemüse auf Tellern anrichten und mit Parmesanhobeln bestreut servieren.

Tipp: Dazu passen kleine, gebratene Kartoffeln in Butter geschwenkt.

Asiatischer Schichtsalat I

Mit Alkohol

10–12 Portionen

VEGAN

Pro Portion: E: 5 g, F: 8 g, Kh: 14 g, kJ: 642, kcal: 153, BE: 1,0

100 g Glasnudeln
1 kleiner Chinakohl (etwa 300 g)
1 Salatgurke
2 rote Pfefferschoten

Für die Marinade:

5 EL Reisweinessig
3 EL Limettensaft
6 EL Sojasauce
2 TL rote Currypaste (erhältlich im Asialaden)
6 EL Sesamöl
Salz, gem. Pfeffer
2 EL Zucker

150 g geraspelte Möhren
175 g abgetropfte Mungobohnensprossen (aus der Dose)
250 g Bio-Tofu

Zubereitungszeit: 60 Minuten, ohne Abkühl- und Durchziehzeit

1. Die Glasnudeln nach Packungsanleitung garen. Anschließend in einem Sieb gut abtropfen und erkalten lassen.

2. Den Chinakohl putzen. Den Kohl vierteln und den Strunk herausschneiden. Die Kohlviertel in schmale Streifen schneiden, abspülen und sehr gut abtropfen lassen. Die Salatgurke abspülen, abtrocknen und die Enden abschneiden. Gurke halbieren, entkernen und in dünne Scheiben schneiden. Pfefferschoten abspülen, abtrocknen, halbieren und in kleine Würfel schneiden. Gurkenscheiben mit den Pfefferschotenwürfeln vermischen.

3. Für die Marinade Essig mit Limettensaft, Sojasauce und Currypaste verrühren. Sesamöl unterschlagen. Mit Salz, Pfeffer und Zucker würzen.

4. Zwei Drittel der Chinakohlstreifen in eine große, hohe Glasschüssel (4–5-Liter-Inhalt) geben. Möhrenraspel darauf verteilen. Mit gut 2 Esslöffeln der Marinade beträufeln. Die Gurken-Pfefferschoten-Mischung daraufgeben. Wieder mit etwa 3 Esslöffeln der Marinade beträufeln.

5. Zuerst die Mungobohnensprossen, dann die Glasnudeln daraufgeben. Die restlichen Chinakohlstreifen darauf verteilen und mit der Hälfte der restlichen Marinade beträufeln.

6. Tofu zerbröseln, mit der restlichen Marinade verrühren und als Abschluss auf die Chinakohlstreifen geben. Den Schichtsalat mit Frischhaltefolie zugedeckt in den Kühlschrank stellen und mindestens 5–6 Stunden durchziehen lassen.

Tipps: Nicht-Veganer können statt Tofu auch Fetakäse verwenden. Den Salat nach Belieben in hohen Gläsern (Wassergläsern) anrichten.

Auberginen mit eingelegten Limetten und Schnittlauch

Raffiniert – ideal für ein Buffet

8–10 Portionen

VEGAN

Pro Portion: E: 4 g, F: 29 g, Kh: 8 g, kJ: 1296, kcal: 309, BE: 0,5

Für die eingelegten Limetten:

5 Bio-Limetten (unbehandelt, ungewachst)
1 EL Meersalz
150 ml Olivenöl

5 Knoblauchzehen
150 ml Olivenöl
10 mittelgroße Auberginen (je etwa 300 g)
Salz
gem., grober, bunter Pfeffer
2 Bund Schnittlauch

Zubereitungszeit: 50 Minuten, ohne Durchzieh- und Kühlzeit
Grillzeit: etwa 4 Minuten

1. Für die eingelegten Limetten die Limetten heiß abwaschen, abtrocknen und in dünne Scheiben schneiden. Die Limettenscheiben mit Salz bestreuen, in ein Glas schichten und mit Olivenöl übergießen, sodass die Limettenscheiben bedeckt sind. Limettenscheiben mit Frischhaltefolie zudecken, mindestens 24 Stunden in den Kühlschrank stellen und durchziehen lassen.

2. Knoblauch abziehen und durch eine Knoblauchpresse drücken. Olivenöl mit Knoblauch verrühren.

3. Auberginen abspülen, abtrocknen und die Stängelansätze entfernen. Auberginen in Scheiben schneiden. Mit Salz und Pfeffer bestreuen.

4. Auberginenscheiben in eine flache Schale legen und mit dem Knoblauchöl übergießen. Auberginenscheiben mit Frischhaltefolie zudecken und in den Kühlschrank stellen.

5. Den Backofengrill vorheizen.

6. Den Schnittlauch abspülen, trocken tupfen und in Röllchen schneiden.

7. Die Auberginenscheiben aus der Schale nehmen, trocken tupfen und auf einen mit Alufolie belegten Backofenrost legen. Den Backofenrost unter den vorgeheizten Backofengrill schieben. Die Auberginenscheiben **etwa 2 Minuten von jeder Seite grillen.**

8. Die Auberginenscheiben vom Backofenrost nehmen und etwas abkühlen lassen.

9. Auberginenscheiben mit den eingelegten Limettenscheiben auf einer großen Platte anrichten und mit Schnittlauchröllchen bestreuen.

Beilage: Frisches Stangenweißbrot, Ciabatta oder Fladenbrot.

Tipp: Limettenscheiben schon einige Tage vor dem Verzehr in Olivenöl einlegen.

Auberginen-Tomaten-Auflauf

Macht richtig satt

2 Portionen

Pro Portion: E: 26 g, F: 34 g, Kh: 39 g, kJ: 2377, kcal: 568, BE: 2,5

1 kleine Aubergine
1–2 EL Sojasauce
2–3 Zwiebeln
1 ½ EL Olivenöl
3–4 Tomaten
2 Scheiben Weizenmischbrot oder 3 Scheiben Vollkorn-Toastbrot
100 g ger. Emmentaler

Für die Kräutermasse:

200 g saure Sahne
1 Knoblauchzehe
etwa 6 frische Salbeiblättchen oder 1 Msp. gerebelter Salbei
2–3 Stängel Thymian oder 1 Msp. gerebelter Thymian
gem. Pfeffer

Zubereitungszeit: 30 Minuten
Garzeit: etwa 40 Minuten

1. Aubergine abspülen, abtrocknen und den Stängelansatz entfernen. Aubergine in Scheiben schneiden, auf einen Teller legen und mit Sojasauce beträufeln. Die Auberginenscheiben etwa 20 Minuten marinieren, dabei gelegentlich wenden.

2. In der Zwischenzeit Zwiebeln abziehen, zuerst in Scheiben schneiden, dann in Ringe teilen.

3. Einen Esslöffel Olivenöl in einer Pfanne erhitzen. Zwiebelringe darin andünsten.

4. Den Backofen vorheizen.
Ober-/Unterhitze: etwa 180 °C
Heißluft: etwa 160 °C

5. Die Tomaten abspülen, abtropfen lassen und die Stängelansätze herausschneiden. Tomaten in Scheiben schneiden.

6. Die Brotscheiben toasten und in eine kleine Auflaufform (mit restlichem Olivenöl bestrichen) legen. Evtl. Brotscheiben in Größe der Form zurechtschneiden. Brotscheiben mit der Hälfte des Käses bestreuen.

7. Saure Sahne in eine Schüssel geben. Knoblauch abziehen, durch eine Knoblauchpresse drücken und unterrühren.

8. Salbeiblättchen abspülen, trocken tupfen und klein schneiden. Thymian abspülen und trocken tupfen. Die Blättchen von den Stängeln zupfen. Blättchen klein schneiden. Die Kräuter unter die saure Sahne rühren. Mit Pfeffer abschmecken.

9. Die Auberginenscheiben aus der Sojasauce nehmen, abtropfen lassen und in die Kräutermasse tauchen. Auberginenscheiben abwechselnd dachziegelartig mit den Zwiebelringen und Tomatenscheiben in die Auflaufform schichten. Restliche Kräutermasse darauf verteilen, mit restlichem Käse bestreuen.

10. Die Form auf dem Rost in den vorgeheizten Backofen schieben. Den Auberginen-Tomaten-Auflauf **etwa 40 Minuten garen.**

Beilage: **Gemischter Blattsalat** (2 Portionen). Dafür 375 g gemischte Blattsalate (z. B. Lollo bionda, Feldsalat, Frisée, Rucola) putzen, abspülen, gut abtropfen lassen oder trocken schleudern. Salatblätter in mundgerechte Stücke zupfen. Von einem kleinen Chicorée die äußeren, welken Blätter entfernen. Chicorée längs halbieren, abspülen, abtropfen lassen und den bitteren Strunk keilförmig herausschneiden. Chicoréehälften in breite Streifen schneiden, mit den Blattsalaten vermengen. Für die Sauce ½ kleine Zwiebel abziehen, fein würfeln. 1–1 ½ Esslöffel Kräuteressig mit etwas Salz, 1 Prise Zucker und einigen grünen, getrockneten, zerstoßenen Pfefferkörnern verrühren. 3 Esslöffel Olivenöl unterschlagen. Zwiebelwürfel und ½–1 Esslöffel gehackte Kräuter, z. B. Petersilie, Schnittlauch, Kerbel, unterrühren. Salatzutaten mit der Sauce vermengen.

Tipps: Nach Belieben die Brotscheiben entrinden. Wenn Sie es herzhaft mögen, ersetzen Sie Emmentaler durch die gleiche Menge Allgäuer Bergkäse.

Bärlauchpesto zu Spargel I

Würziger Genuss – für Gäste

4 Portionen

Pro Portion: E: 20 g, F: 55 g, Kh: 11 g, kJ: 2571, kcal: 615, BE: 0,0

2 kg weißer Spargel
1 l Wasser
2 gestr. TL Salz
1 TL Zucker
2 EL Zitronensaft

Für das Bärlauchpesto:

2 Bund Bärlauch (etwa 90 g)
50 g Pinienkerne
100 ml Olivenöl
50 ml Keimöl
120 g fein geraspelter Parmesan
Salz
gem. Pfeffer
4 Tomaten

Zubereitungszeit: 55 Minuten, ohne Abkühlzeit
Überbackzeit: 3–5 Minuten

1. Den Spargel von oben nach unten schälen. Darauf achten, dass die Schalen vollständig entfernt, die Köpfe aber nicht verletzt werden. Die unteren Enden abschneiden (holzige Stellen vollkommen entfernen). Spargelstangen abspülen und abtropfen lassen.

2. Spargelenden und -schalen abspülen und in einem Topf mit Wasser zum Kochen bringen. Salz, Zucker und Zitronensaft hinzugeben, zugedeckt etwa 20 Minuten bei schwacher Hitze kochen lassen. Anschließend durch ein Sieb geben und den Spargelfond dabei auffangen.

3. Für das Pesto Bärlauch putzen, abspülen, trocken tupfen oder schleudern und sehr klein schneiden. Die Pinienkerne in einer Pfanne ohne Fett unter Rühren goldbraun rösten, herausnehmen und auf einem Teller abkühlen lassen.

4. Pinienkerne, Olivenöl und Keimöl in einem hohen Rührbecher fein pürieren. Bärlauch hinzugeben, nochmals kurz pürieren. Parmesan unterrühren. Mit Salz und Pfeffer würzen.

5. Tomaten kreuzweise einschneiden und mit kochendem Wasser übergießen. Nach 1–2 Minuten herausnehmen und mit kaltem Wasser abschrecken. Tomaten enthäuten, halbieren, entkernen und die Stängelansätze herausschneiden. Tomatenhälften in kleine Würfel schneiden.

6. Den aufgefangenen Spargelfond in einem hohen Topf zum Kochen bringen. Die Spargelstangen darin zugedeckt etwa 12 Minuten garen, herausnehmen und tropfnass in eine große, flache Auflaufform legen.

7. Den Backofengrill vorheizen.

8. Einen Streifen Tomatenwürfel diagonal auf die Spargelstangen legen. Bärlauchpesto auf dem Tomatenstreifen verteilen. Die Form auf dem Rost unter den vorgeheizten Grill schieben. Spargel mit Bärlauchpesto **3–5 Minuten überbacken.** Den Spargel mit Bärlauchpesto anschließend sofort servieren.

Basilikumpesto | Beliebt – klassisch

etwa 250 ml

Insgesamt: E: 46 g, F: 260 g, Kh: 8 g, kJ: 10521, kcal: 2513, BE: 0,5

3–4	*Knoblauchzehen*
1 gestr. TL	*Salz*
50 g	*Pinienkerne*
8 EL	*gehackte Basilikumblättchen*
100 g	*ger. Pecorino oder Parmesan*
200 ml	*kalt gepresstes Olivenöl*

Zubereitungszeit: 20 Minuten
Haltbarkeit: kalt gestellt etwa 6 Wochen

1. Knoblauch abziehen, mit Salz, Pinienkernen und Basilikum im Mörser so lange zerstoßen, bis eine cremeartige Masse entstanden ist. Oder die Zutaten in einen Rührbecher geben und mit einem Stabmixer pürieren, bis eine cremeartige Masse entstanden ist.

2. Käse untermischen. Zuletzt Olivenöl unterrühren.

3. Pesto in ein vorbereitetes Glas füllen. Das Glas mit einem Twist-off-Deckel® verschließen.

Tipps: Basilikumpesto zu Nudeln oder Tomaten mit Mozzarella reichen. Statt mit Pinienkernen und Olivenöl schmeckt das Basilikumpesto auch sehr gut mit Kürbiskernen und Kürbiskernöl. Begießen Sie angebrochenes Pesto immer mit einer Schicht Speiseöl und lagern Sie es gut verschlossen im Kühlschrank.

Basilikum-Reis-Bällchen auf Tomaten-Porree I

Preiswert

2 Portionen (6 Bällchen)

Pro Portion: E: 23 g, F: 48 g, Kh: 70 g, kJ: 3401, kcal: 814, BE: 5,5

Für die Basilikum-Reis-Bällchen:

375 ml Salzwasser
125 g Naturreis
etwa 25 g Magerquark
1 Ei (Größe M)
40 g ger. Parmesan
30 g Semmelbrösel
½ Bund Basilikum
Salz
gem. Pfeffer

etwa 1 l Speiseöl, z. B. Sonnenblumenöl

Für das Gemüse:

1 Stange Porree (Lauch)
400 g Tomaten
1 Knoblauchzehe
1 ½ EL Speiseöl, z. B. Sonnenblumenöl
50 ml Gemüsebrühe

Für den Dip:

75 g Crème fraîche
75 g Joghurt (3,5 % Fett)

Zubereitungszeit: 40 Minuten, ohne Abkühlzeit
Garzeit: Reis etwa 30 Minuten

1. Salzwasser in einem Topf zum Kochen bringen. Reis hinzugeben und zugedeckt etwa 30 Minuten nach Packungsanleitung garen. Reis in einem Sieb abtropfen und abkühlen lassen.

2. Reis mit Quark, Ei, Parmesan und Semmelbröseln in einer Schüssel gut verkneten.

3. Basilikum abspülen und trocken tupfen. Die Blättchen von den Stängeln zupfen. Blättchen in Streifen schneiden. Die Hälfte davon unter die Reismasse kneten. Mit Salz und Pfeffer abschmecken.

4. Aus der Basilikum-Reis-Masse mit angefeuchteten Händen etwa 6 gleich große Bällchen formen. Das Speiseöl in einem hohen Topf oder in der Fritteuse auf etwa 180 °C erhitzen. (Das Speiseöl hat die richtige Temperatur, wenn sich an einem ins Fett gehaltenen Holzlöffel kleine Bläschen bilden.) Nun die Reisbällchen portionsweise in dem erhitzten Speiseöl 3–4 Minuten goldbraun braten, dabei evtl. wenden. Die Bällchen mit einer Schaumkelle herausnehmen, auf Küchenpapier abtropfen lassen und warm stellen.

5. Für das Gemüse Porree putzen, die Stange längs halbieren, gründlich waschen und abtropfen lassen. Porree in Streifen schneiden. Tomaten kreuzweise einschneiden und mit kochendem Wasser übergießen. Nach 1–2 Minuten herausnehmen und mit kaltem Wasser abschrecken. Tomaten enthäuten, halbieren, entkernen und die Stängelansätze herausschneiden. Tomatenhälften in Spalten schneiden. Knoblauch abziehen und klein würfeln.

6. Speiseöl in einem Topf erhitzen. Knoblauchwürfel darin andünsten. Die Porreestreifen hinzufügen und kurz mitdünsten lassen. Brühe hinzugießen und zum Kochen bringen. Das Gemüse zugedeckt etwa 5 Minuten bei schwacher Hitze garen. Tomatenspalten hinzufügen, weitere 3–4 Minuten garen. Mit Salz und Pfeffer würzen. Die restlichen Basilikumstreifen unterrühren.

7. Für den Dip Crème fraîche mit Joghurt glatt rühren, mit Salz und Pfeffer würzen.

8. Basilikum-Reis-Bällchen mit Tomaten-Porree und dem Dip servieren.

Beilage: Gebratener Mandel-Tofu (2 Portionen). 300 g Tofu in etwa ½ cm dicke Scheiben schneiden. 4 Esslöffel Sojasauce mit 1 Esslöffel Weißweinessig und ½ Teelöffel Ahornsirup verrühren. Den Tofu in eine flache Schale geben und mit der Marinade beträufeln. Tofu mit Frischhaltefolie zugedeckt im Kühlschrank etwa 2 Stunden marinieren. Anschließend den Tofu aus der Marinade nehmen, etwas trocken tupfen und in 2 Esslöffeln abgezogenen, gemahlenen Mandeln wenden. Den Tofu in 3–4 Esslöffeln erhitztem Sesamöl von beiden Seiten goldgelb braten.

Basilikumsauce I

Gut vorzubereiten

4 Portionen

Pro Portion: E: 2 g, F: 18 g, Kh: 9 g, kJ: 867, kcal: 207, BE: 0,5

2 Tomaten (etwa 250 g)
2 Bund Basilikum
200 g Joghurt-Salatcreme (aus dem Glas)
4 EL Schlagsahne
gem. Pfeffer

Zubereitungszeit: 15 Minuten

1. Tomaten kreuzweise einschneiden und mit kochendem Wasser übergießen. Nach 1–2 Minuten herausnehmen und mit kaltem Wasser abschrecken. Die Tomaten enthäuten, halbieren, entkernen und die Stängelansätze herausschneiden. Tomatenhälften pürieren.

2. Basilikum abspülen und trocken tupfen. Die Blättchen von den Stängeln zupfen. Einige Blättchen zum Bestreuen beiseitelegen. Restliche Blättchen sehr klein schneiden.

3. Die Salatcreme mit Tomatenpüree, Basilikum und Sahne verrühren, mit Pfeffer würzen.

4. Die Sauce in einer Schüssel anrichten, mit den beiseitegelegten Basilikumblättchen garnieren.

Tipp: Die Basilikumsauce nach Belieben zusätzlich mit Schnittlauchröllchen bestreuen.

Blumenkohl-Curry | Raffiniert

4 Portionen

Pro Portion: E: 18 g, F: 24 g, Kh: 38 g, kJ: 1854, kcal: 443, BE: 3,0

1 Blumenkohl (etwa 900 g)
2 Zwiebeln
4 Knoblauchzehen
40 g frischer Ingwer
400 g Kartoffeln
1 Apfel
4 EL Maiskeimöl
2 EL Currypulver
2 EL Weizenmehl
300 ml Gemüsebrühe
2 EL Zitronensaft
2 TL Paprikapulver edelsüß
2 TL Garam Masala (indische Gewürzmischung)
Salz
250 g Joghurt (3,5 % Fett)
2 rote Paprikaschoten
80 g grüne Kürbiskerne, ohne Schale

Zubereitungszeit: 40 Minuten
Garzeit: etwa 30 Minuten

1. Von dem Blumenkohl Blätter und schlechte Stellen entfernen, den Strunk abschneiden. Blumenkohl in kleine Röschen teilen, abspülen und abtropfen lassen. Zwiebeln und Knoblauch abziehen, klein würfeln. Den Ingwer schälen und ebenfalls klein würfeln. Kartoffeln schälen, abspülen, abtropfen lassen und in etwa 2 cm große Würfel schneiden. Den Apfel schälen, vierteln, entkernen und klein würfeln.

2. Maiskeimöl in einem großen Topf erhitzen. Nach und nach Knoblauch-, Zwiebel- und Ingwerwürfel mit Curry andünsten. Mehl hinzufügen und unter Rühren so lange erhitzen, bis es hellgelb ist. Brühe hinzugießen und mit einem Schneebesen durchschlagen. Dabei darauf achten, dass keine Klümpchen entstehen.

3. Die Kartoffel-, Apfelwürfel und Blumenkohlröschen hinzugeben und aufkochen lassen. Mit Zitronensaft, Paprika, Garam Masala und Salz würzen. Joghurt unterrühren. Zutaten zugedeckt etwa 30 Minuten bei schwacher Hitze garen, dabei ab und zu umrühren.

4. Die Paprikaschoten halbieren, entstielen, entkernen und die weißen Scheidewände entfernen. Schotenhälften abspülen, abtropfen lassen und würfeln. Nach etwa 25 Minuten Garzeit Paprikawürfel und Kürbiskerne hinzufügen, etwa 5 Minuten mitgaren lassen.

Bohnen-Schafskäse-Strudel mit würziger Tomatensauce I

Für Gäste

4 Portionen

Pro Portion: E: 26 g, F: 59 g, Kh: 29 g, kJ: 3123, kcal: 746, BE: 2,0

750 g junge Bohnen
1 kleines
Bund Bohnenkraut
4 Tomaten (etwa 500 g)
1 Knoblauchzehe
Salz, gem. Pfeffer
7 EL Olivenöl
4 Blätter fertiger Strudelteig (etwa 125 g, aus dem Kühlregal)
150 g Crème fraîche
400 g Schafskäse

3–4 EL Olivenöl

Zubereitungszeit: 30 Minuten
Backzeit: etwa 30 Minuten je Backblech

1. Von den Bohnen die Enden abschneiden, evtl. abfädeln. Bohnen abspülen, abtropfen lassen, halbieren und in kochendem Wasser 1–2 Minuten blanchieren.

2. Die Bohnen in kaltem Wasser abschrecken und in einem Sieb abtropfen lassen. Bohnenkraut abspülen und trocken tupfen. Die Blättchen von den Stängeln zupfen.

3. Tomaten abspülen, vierteln, entkernen und die Stängelansätze herausschneiden. Tomatenviertel in Würfel schneiden.

4. Knoblauch abziehen und zerdrücken. Mit Salz, Pfeffer und Olivenöl verrühren.

5. Den Backofen vorheizen.
Ober-/Unterhitze: etwa 180 °C
Heißluft: etwa 160 °C

6. Die Strudelblätter auf je ein zur Hälfte zusammengelegtes Geschirrtuch legen. Die Strudelblätter mit Crème fraîche bestreichen und mit Bohnenkrautblättchen bestreuen. Schafskäse zerbröseln, mit den Bohnen und Tomatenwürfel auf den Strudelblättern verteilen. Mit dem vorbereiteten Knoblauchöl beträufeln.

7. Die belegten Strudelblätter jeweils mithilfe des Geschirrtuchs aufrollen und nebeneinander auf Backbleche (mit Backpapier belegt) legen.

8. Die Strudel mit Olivenöl bestreichen.

9. Die Backbleche nacheinander (bei Heißluft zusammen) in den vorgeheizten Backofen schieben. Die Strudel **etwa 30 Minuten je Backblech backen.**

10. Die Strudel von den Backblechen nehmen, anrichten und sofort servieren.

Tipp: Die gebackenen Strudel mit einer würzigen **Tomatensauce** servieren. Dafür 3 kleine Zwiebeln abziehen, klein würfeln. 4 Esslöffel Olivenöl in einem Topf erhitzen. 400 g geschälte Tomaten (aus der Dose) hinzugeben, zum Kochen bringen und etwa 20 Minuten kochen lassen. 1 Esslöffel Tomatenmark unterrühren. Mit etwa 1/2 Esslöffel Zucker, etwa 1/2 Teelöffel Paprikapulver rosenscharf, Salz und Pfeffer würzen. Die Tomatensauce nach Belieben mit einigen entsteinten, klein geschnittenen Oliven und abgespülten, trocken getupften Thymianblättchen verfeinern.

Bohnensuppe mit getrockneten Tomaten und Petersilien-Püree

Raffiniert

4 Portionen

Pro Portion: E: 18 g, F: 27 g, Kh: 28 g, kJ: 1790, kcal: 428, BE: 2,0

Für das Petersilien-Püree:

70 g Sonnenblumenkerne
2 Bund glatte Petersilie (etwa 50 g)
4 EL Olivenöl
20 g ger. Gouda, alt
Salz
Cayennepfeffer

Für die Bohnensuppe:

750 g Fenchel
200 g Staudensellerie
2 Knoblauchzehen
1 Bund Frühlingszwiebeln (etwa 70 g)
40 g getrocknete Tomaten
2 EL Olivenöl
1 Lorbeerblatt
375 ml Gemüsebrühe
530 g weiße Bohnen mit Suppengrün (aus der Dose)
gem. Pfeffer

Zubereitungszeit: 45 Minuten, ohne Abkühlzeit
Garzeit: Suppe etwa 12 Minuten

1. Für das Petersilien-Püree die Sonnenblumenkerne in einer Pfanne ohne Fett unter Rühren goldbraun rösten, herausnehmen und auf einem Teller erkalten lassen.

2. Danach Petersilie abspülen und trocken tupfen. Die Blättchen von den Stängeln zupfen. Blättchen grob zerschneiden. Sonnenblumenkerne mit Petersilie und Olivenöl im Universalzerkleinerer sehr fein hacken. Den Käse kurz unterarbeiten. Das Püree mit Salz und Cayennepfeffer abschmecken.

3. Für die Suppe Fenchel putzen, abspülen, abtropfen lassen. Fenchelgrün beiseitelegen. Die Fenchelknollen vierteln und quer in schmale Streifen schneiden. Staudensellerie putzen und die harten Außenfäden abziehen. Stangen abspülen, abtropfen lassen und in schmale Scheiben schneiden.

4. Den Knoblauch abziehen und in dünne Scheiben schneiden.

5. Frühlingszwiebeln putzen, abspülen, abtropfen lassen und schräg in dünne Scheiben schneiden. Die Tomaten in feine Streifen schneiden.

6. Olivenöl in einem Topf erhitzen. Fenchelstreifen, Sellerie-, Knoblauch-, Frühlingszwiebelscheiben, Lorbeerblatt und Tomatenstreifen darin evtl. portionsweise unter Rühren andünsten.

7. Brühe hinzugießen, zum Kochen bringen und zugedeckt etwa 10 Minuten bei mittlerer Hitze garen.

8. Die Bohnen mit der Flüssigkeit in die Suppe geben, wieder zum Kochen bringen und etwa 2 Minuten kochen lassen. Mit Salz und Pfeffer würzen.

9. Die Bohnensuppe mit dem Petersilien-Püree und beiseitegelegtem Fenchelgrün anrichten.

Tipps: Das Petersilien-Püree ist etwa 5 Tage im Kühlschrank haltbar. Gouda kann durch Parmesan ersetzt werden.

Brennnesselsalat I

Preiswert – schnell

4 Portionen

VEGAN

Pro Portion: E: 6 g, F: 8 g, Kh: 7 g, kJ: 530, kcal: 126, BE: 0,0

400 g	*junge, zarte Brennnesseln*
1	*Knoblauchzehe*
2–3 EL	*Zitronensaft*
	Salz, gem. Pfeffer
etwas	*Apfeldicksaft (erhältlich im Reformhaus)*
3 EL	*Sonnenblumenöl*
1	*kleine Möhre*

Zubereitungszeit: 25 Minuten

1. Brennnesseln verlesen, vorsichtig abspülen, gut abtropfen lassen, evtl. in kleine Stücke zupfen.

2. Für die Salatsauce Knoblauch abziehen und durch eine Knoblauchpresse drücken. Den Zitronensaft mit Salz, Pfeffer, Apfeldicksaft und Knoblauch verrühren. Sonnenblumenöl unterschlagen.

3. Die Sauce vorsichtig mit den Brennnesseln vermischen und auf 4 Tellern anrichten.

4. Möhre putzen, schälen, abspülen, abtropfen lassen, grob reiben und auf dem Salat verteilen.

Brennnesselsuppe mit Rahm und Parmesankräckern I

Schnell – preiswert

4 Portionen

Pro Portion: E: 14 g, F: 22 g, Kh: 14 g, kJ: 1289, kcal: 308, BE: 1,0

2	*mittelgroße Zwiebeln*
2	*Knoblauchzehen*
2	*Kartoffeln (etwa 250 g)*
20 g	*Butter*
750 ml	*Gemüsebrühe*
300 g	*Brennnesselspitzen*
	Salz
	gem. Pfeffer

Für die Parmesankräcker:

100 g	*ger. Parmesan*
100 g	*Schlagsahne*

Zubereitungszeit: 15–20 Minuten, ohne Abkühlzeit
Backzeit: Kräcker 10–12 Minuten

1. Zwiebeln und Knoblauch abziehen, in sehr kleine Würfel schneiden. Kartoffeln schälen, abspülen, abtropfen lassen und ebenfalls klein würfeln.

2. Die Butter in einem Topf zerlassen. Zwiebel- und Knoblauchwürfel darin andünsten. Kartoffelwürfel hinzugeben und mitdünsten lassen. Brühe hinzugießen und zum Kochen bringen. Kartoffelwürfel zugedeckt 12–15 Minuten garen.

3. In der Zwischenzeit Brennnesselspitzen verlesen (am besten mit Einweghandschuhen), gut abspülen und trocken tupfen oder schleudern. Brennnesselspitzen zu den gegarten Kartoffelwürfeln in die Brühe geben und mit einem Stabmixer gut pürieren. Mit Salz und Pfeffer würzen. Die Suppe nach Belieben durch ein Sieb passieren. Suppe warm stellen, jedoch nicht mehr kochen lassen, da sie sonst grau wird.

4. Den Backofen vorheizen.
Ober-/Unterhitze: etwa 160 °C
Heißluft: etwa 140 °C

5. Für die Parmesankräcker 4 kleine runde Platten (Ø 5–6 cm) auf Backpapier zeichnen, auf ein Backblech legen. Die vorgezeichneten Platten mit Parmesan ausstreuen. Das Backblech in den vorgeheizten Backofen schieben. Parmesankräcker **10–12 Minuten backen,** bis der Käse zerlaufen ist und die Kräcker goldgelb knusprig gebacken sind.

6. Die Kräcker mit dem Backpapier vom Backblech auf einen Rost ziehen. Kräcker erkalten lassen.

7. Die Sahne mit einem Mixer (Rührstäbe) cremig aufschlagen und bis auf 4 Esslöffel unter die warm gestellte Brennnesselsuppe ziehen. Die Suppe mit der restlichen Sahne und den Parmesankräckern anrichten und sofort servieren.

Tipp: Parmesankräcker können schon am Vortag gebacken werden. Dann Parmesankräcker bei Zimmertemperatur aufbewahren (nicht im Kühlschrank aufbewahren, sonst werden sie wieder weich).

Brokkoli-Käse-Suppe I

Macht richtig satt

2 Portionen

Pro Portion: E: 12 g, F: 27 g, Kh: 5 g, kJ: 1307, kcal: 312, BE: 0,5

1–2 EL gehobelte Mandeln
300 g Brokkoli
400 ml Gemüsebrühe
1 Ecke Kräuter-Schmelzkäse (etwa 62,5 g)
50 g Schlagsahne
1 frisches Eigelb (Größe S)
Salz, gem. Pfeffer
ger. Muskatnuss

Zubereitungszeit: 35 Minuten, ohne Abkühlzeit
Garzeit: 5–8 Minuten

1. Mandeln in einer Pfanne ohne Fett unter Rühren goldgelb rösten, herausnehmen und auf einem Teller erkalten lassen.

2. Von dem Brokkoli die Blätter entfernen. Brokkoli in Röschen teilen. Den Strunk schälen und in Stücke schneiden. Brokkoliröschen und -stücke abspülen, abtropfen lassen. Brühe in einem Topf zum Kochen bringen. Brokkoli hinzufügen und zugedeckt 5–8 Minuten garen.

3. Einige Brokkoliröschen für die Suppeneinlage mit einer Schaumkelle herausnehmen, in ein Sieb geben und abtropfen lassen. Den restlichen Brokkoli mit der Brühe pürieren.

4. Schmelzkäse hinzufügen und unter Rühren bei schwacher Hitze schmelzen. Den Topf von der Kochstelle nehmen.

5. Sahne mit Eigelb verschlagen, in die Suppe rühren. Die Suppe nicht mehr kochen lassen. Brokkoli-Käse-Suppe mit Salz, Pfeffer und Muskat abschmecken.

6. Vor dem Servieren die restlichen Brokkoliröschen in die Suppe geben und kurz erwärmen. Die Brokkoli-Käse-Suppe mit Mandeln bestreut servieren.

Brunnenkressesalat I

Raffiniert

4 Portionen

Pro Portion: E: 9 g, F: 32 g, Kh: 13 g, kJ: 1573, kcal: 377, BE: 1,0

2 Bund Brunnenkresse (etwa 300 g)
4 Scheiben Weißbrot (je etwa 20 g)
75 g Butter

Für die Salatsauce:

150 g Crème fraîche
2–3 EL Limettensaft
Salz
gem. Pfeffer
Zucker
3 hart gekochte Eier
2 EL gehackte Petersilie
2 EL fein gehackter Dill

Zubereitungszeit: 30 Minuten

1. Brunnenkresse verlesen, gelbe Blätter und dicke Stiele entfernen. Kresse abspülen und gut abtropfen lassen.

2. Weißbrotscheiben entrinden und in kleine Würfel schneiden. Butter in einer Pfanne zerlassen. Brotwürfel darin von allen Seiten rösten, herausnehmen, etwas abkühlen lassen und in eine Schüssel geben. Kresse untermischen.

3. Für die Salatsauce Crème fraîche mit Limettensaft verrühren. Mit Salz, Pfeffer und Zucker würzen.

4. Eier pellen und klein hacken. Petersilie, Dill und zwei Drittel der gehackten Eier unter die Sauce rühren. Die Sauce auf dem Salat verteilen. Mit den restlichen gehackten Eiern bestreuen.

Tipps: Salat nach Belieben mit Radieschenscheiben und gekochtem Ei garnieren. Brunnenkresse ist ein Salat im frühen Frühjahr. Der Geschmack ist pikant, rettichartig und bitter-scharf.

Buchweizen-Pfannkuchen mit Pilzen und Misch-Salat I

Mit Alkohol

4 Portionen

Pro Portion: E: 16 g, F: 54 g, Kh: 24 g, kJ: 2716, kcal: 649, BE: 2,0

Für den Pfannkuchenteig:

75 g Buchweizenmehl
Salz
100 ml Milch
1 Ei (Größe M)
125 ml eiskaltes Wasser
25 g zerlassene, abgekühlte Butter

300 g Champignons
450 g Kräutersaitlinge
75 g Schalotten
50 g Greyerzer Käse

75 g Friséesalat
75 g Endiviensalat
50 g Rucola (Rauke)
4 EL Rotweinessig
125 ml Cidre (Apfelwein)
gem. Pfeffer
1 EL Zucker
2 EL Walnussöl
4 EL Sonnenblumenöl

40 g Butter
125 g Schlagsahne
2 EL grobkörniger Senf
2 Stängel Estragon

40 g Butter zum Backen

Zubereitungszeit: 60 Minuten, ohne Ruhezeit

1. Für den Teig Buchweizenmehl, Salz, Milch und Ei in einer Rührschüssel glatt rühren. Eiskaltes Wasser und zerlassene Butter unterrühren. Teig etwa 60 Minuten quellen lassen.

2. In der Zwischenzeit Champignons und Saitlinge putzen, evtl. kurz abspülen, trocken tupfen und in Scheiben schneiden. Schalotten abziehen und klein würfeln. Käse entrinden.

3. Frisée-, Endiviensalat und Rucola putzen, abspülen und trocken tupfen. Von dem Rucola die groben Stiele abschneiden. Die Salate in sehr kleine Stücke zupfen.

4. Essig mit 3 Esslöffeln Cidre, Salz, Pfeffer und Zucker verrühren. Nussöl und Sonnenblumenöl unterschlagen.

5. Butter in einem Topf zerlassen. Schalottenwürfel darin andünsten. Pilzscheiben hinzugeben und mitdünsten lassen. Mit restlichem Cidre und Sahne ablöschen. Senf und etwas Salz unterrühren. Anschließend das Ragout unter gelegentlichem Rühren cremig einkochen lassen.

6. Estragon abspülen und trocken tupfen. Die Blättchen von den Stängeln zupfen. Blättchen klein schneiden und unter das Ragout rühren.

7. Den Backofen vorheizen.
Ober-/Unterhitze: etwa 60 °C

8. Etwas Butter in einer beschichteten Pfanne (Ø 20–22 cm) zerlassen. Aus dem Teig nacheinander 8 dünne Pfannkuchen backen. Dafür den Pfannkuchenteig gut durchrühren. Jeweils eine dünne Teiglage mit einer drehenden Bewegung gleichmäßig auf dem Boden der Pfanne verteilen. Den Pfannkuchen von beiden Seiten goldbraun backen. Bevor der Pfannkuchen gewendet wird, wieder etwas Butter in die Pfanne geben.

9. Die gebackenen Pfannkuchen im vorgeheizten Backofen warm halten.

10. Den vorbereiteten Salat mit der Vinaigrette vermischen.

11. Jeweils etwas Pilzragout in der Mitte eines Pfannkuchens verteilen. Die Seiten der Pfannkuchen je zur Mitte falten.

12. Pfannkuchen mit dem Salat auf Tellern anrichten. Den Käse dünn darüberhobeln.

Bulgur-Küchlein mit Green Bull

Einfach

4 Portionen (16 Stück)

Pro Portion: E: 14 g, F: 21 g, Kh: 55 g, kJ: 2004, kcal: 478, BE: 4,5

Für die Bulgur-Küchlein:

75 g Bulgur
200 ml Wasser
2 Frühlingszwiebeln
2 Stängel Minze
½ Bund glatte Petersilie
100 g Fetakäse
25 g Rosinen
1 TL gem. Kreuzkümmel (Cumin)
Salz
2 Eier (Größe M)
75 g Weizenmehl
125 g Buttermilch
4 EL Speiseöl

Für Green Bull:

1 Salatgurke
4 Kiwis
8 Minzeblättchen
2 EL Limettensaft
1 EL Weizenkeimöl
4 EL flüssiger Honig
400 ml Mineralwasser ohne Kohlensäure
evtl. Eiswürfel

Zubereitungszeit: 45 Minuten

1. Für die Küchlein den Bulgur in ein Sieb geben, mit kaltem Wasser abspülen und abtropfen lassen. Bulgur in einen Topf geben, Wasser hinzugießen und zum Kochen bringen. Die Kochstelle ausschalten. Bulgur zugedeckt etwa 7 Minuten ziehen lassen.

2. Die Frühlingszwiebeln putzen, abspülen, abtropfen lassen und in sehr feine Scheiben schneiden. Minze und Petersilie abspülen, trocken tupfen. Blättchen jeweils von den Stängeln zupfen. Blättchen klein schneiden. Anschließend den Fetakäse abtropfen lassen und fein zerbröseln.

3. Den Bulgur mit Frühlingszwiebelscheiben, Minze, Petersilie, Käsebröseln und Rosinen vermischen. Mit Kreuzkümmel und Salz würzen. Eier, Mehl und Buttermilch in einer Rührschüssel verschlagen. Die Bulgur-Käse-Mischung gut unterrühren.

4. Die Küchlein in 2 Portionen braten. Dafür jeweils die Hälfte des Speiseöls in einer großen Pfanne erhitzen. Jeweils 1 gehäuften Esslöffel des Teiges in die Pfanne geben. Die Küchlein von beiden Seiten bei mittlerer Hitze goldbraun braten.

5. Für Green Bull Gurke abspülen, abtrocknen und die Enden abschneiden. Die Gurke mit Schale und Kernen in grobe Würfel schneiden. Kiwis schälen und grob würfeln. Minzeblättchen abspülen und trocken tupfen. Gurken-, Kiwiwürfel und Minzeblättchen in einen Rührbecher geben. Limettensaft, Weizenkeimöl, Honig und Mineralwasser hinzugeben. Die Zutaten fein pürieren und in 4 Gläsern verteilen. Green Bull nach Belieben mit Eiswürfeln servieren. Die Bulgur-Küchlein dazureichen.

Bulgursalat I

VEGAN

Raffiniert

10–12 Portionen

Pro Portion: E: 4 g, F: 8 g, Kh: 25 g, kJ: 801, kcal: 191, BE: 1,5

Für den Salat:

300 g Bulgur
1 l kochendes Wasser
5–6 milde, grüne Spitzpaprika (erhältlich in türkischen Lebensmittelläden)
1 Bund Frühlingszwiebeln
750 g kleine Rispen-Tomaten
2 kleine Salatgurken

Für die Marinade:

1 Bund Petersilie
1 Bund Minze
4–5 EL Zitronensaft
etwa
1 gestr. TL Salz
gem., schwarzer Pfeffer
1 gestr. TL Paprikapulver edelsüß
8 EL Olivenöl

evtl. 1 Kopf Salat, z. B. Römer- oder Herzblattsalat
evtl. einige Minze- und Petersilienblättchen

Zubereitungszeit: 40 Minuten, ohne Einweich- und Durchziehzeit

1. Für den Salat Bulgur in eine Schüssel geben, mit kochendem Wasser übergießen, erkalten und weitere 2–3 Stunden stehen lassen. Bulgur evtl. in einem Sieb abtropfen lassen.

2. Spitzpaprika halbieren, entstielen, entkernen und die weißen Scheidewände entfernen. Schotenhälften abspülen, trocken tupfen und in schmale Streifen schneiden.

3. Die Frühlingszwiebeln putzen, abspülen, abtropfen lassen und in etwa 1 cm dicke Scheiben schneiden.

4. Die Tomaten abspülen, trocken tupfen und vierteln. Evtl. die Stängelansätze herausschneiden. Salatgurken heiß abspülen, abtrocknen und die Enden abschneiden. Gurken halbieren und in kleine Würfel schneiden.

5. Für die Marinade Petersilie und Minze abspülen, trocken tupfen. Die Blättchen von den Stängeln zupfen. Blättchen klein schneiden. Zitronensaft mit Salz, Pfeffer und Paprika verrühren. Olivenöl unterschlagen. Petersilie und Minze unterrühren.

6. Bulgur mit den vorbereiteten Salatzutaten in eine große Schüssel geben. Die Marinade darauf verteilen und vorsichtig, aber gut untermischen. Den Salat mindestens 1 Stunde durchziehen lassen.

7. Nach Belieben Salatkopf putzen, abspülen und trocken tupfen. Die dicken Rippen aus den Salatblättern entfernen. Die Salatblätter auf eine große Servierplatte legen. Den Bulgursalat darauf anrichten. Evtl. mit abgespülten und trocken getupften Minze- und Petersilienblättchen garnieren.

Tipps: Statt Bulgur Couscous verwenden. Der Salat kann auch schon einen Tag vor dem Verzehr zubereitet werden. Dann den Salat mit Frischhaltefolie zugedeckt im Kühlschrank aufbewahren.

Bunter Safran-Reis I

VEGAN

Etwas teurer

2 Portionen

Pro Portion: E: 10 g, F: 24 g, Kh: 55 g, kJ: 1969, kcal: 470, BE: 4,5

5 EL	*Speiseöl, z. B. Sonnenblumenöl*
100–125 g	*Langkornreis*
etwa 250 ml	*Gemüsebrühe*
1/2 Döschen	*gem. Safran (0,1 g)*
	Salz
75 g	*TK-Grüne Bohnen*
2	*mittelgroße Tomaten*
1	*mittelgroße Zwiebel*
100 g	*Champignons (möglichst kleine)*
100 g	*Shiitakepilze (möglichst kleine)*
100 g	*Pfifferlinge (möglichst kleine)*
	gem. Pfeffer
	gerebeltes Bohnenkraut

Zubereitungszeit: 40 Minuten

1. 1 1/2 Esslöffel des Speiseöls in einem Topf erhitzen. Den Langkornreis hinzugeben und andünsten, bis die Reiskörner glasig sind. Brühe hinzugießen. Mit Safran und Salz würzen. Den Reis zum Kochen bringen und zugedeckt etwa 20 Minuten nach Packungsanleitung quellen lassen, bis der Reis die Brühe aufgesogen hat. Den Reis in ein Sieb geben und warm stellen.

2. In der Zwischenzeit Bohnen in kochendem Wasser nach Packungsanleitung garen. Anschließend die Bohnen in ein Sieb geben, mit kaltem Wasser abspülen und abtropfen lassen.

3. Die Tomaten kreuzweise einschneiden und mit kochendem Wasser übergießen. Nach 1–2 Minuten herausnehmen und mit kaltem Wasser abschrecken. Die Tomaten enthäuten, halbieren, entkernen und die Stängelansätze herausschneiden. Die Tomatenhälften in Spalten schneiden. Die Zwiebel abziehen, zuerst in Scheiben schneiden, dann in Ringe teilen. Pilze putzen, evtl. kurz abspülen und trocken tupfen. Größere Pilze halbieren oder vierteln.

4. 1 1/2 Esslöffel des Speiseöls in einer großen Pfanne erhitzen. Zuerst die Zwiebelringe darin andünsten, dann Pilze hinzugeben und unter gelegentlichem Rühren mitdünsten lassen. Mit Salz und Pfeffer würzen.

5. Die Bohnen mit den Tomatenspalten zu den Pilzen in die Pfanne geben. Mit Salz, Pfeffer und Bohnenkraut würzen, nochmals kurz erwärmen.

6. Das restliche Speiseöl in einem Topf zerlassen. Safran-Reis hinzufügen und unter Rühren erwärmen. Das Pilzgemüse hinzugeben und mit dem Reis vermengen. Safran-Reis sofort servieren.

Tipp: Wenn es schnell gehen soll, dann ersetzen Sie die Tomaten durch etwa 3 Esslöffel stückige Tomaten (aus dem Tetra Pak®). Tomatenstücke mit den Bohnen zu den Pilzen in die Pfanne geben.

Bunter Tortellini-Salat | Schnell

10–12 Portionen

Pro Portion: E: 8 g, F: 13 g, Kh: 48 g, kJ: 1448, kcal: 345, BE: 3,5

250 g getrocknete Tortellini mit Käsefüllung
Salz
3–4 Paprikaschoten (rot und gelb, evtl. orange)
500 g abgetropfte Ananasstücke (aus der Dose)
340 g Gemüsemais (aus der Dose)
250 g Salatcreme (aus dem Glas)
2 EL Tomatenketchup
3–4 EL Ananassaft (aus der Dose)
gem. Pfeffer

Zubereitungszeit: 35 Minuten, ohne Abkühl- und Durchziehzeit

1. Tortellini in kochendem Salzwasser nach Packungsanleitung garen. Die Tortellini in ein Sieb geben, mit kaltem Wasser übergießen, abtropfen und erkalten lassen.

2. Paprikaschoten halbieren, entstielen, entkernen und die weißen Scheidewände entfernen. Schotenhälften abspülen, abtropfen lassen und in Streifen schneiden. Von den Ananasstücken Saft auffangen.

3. Tortellini in eine große Schüssel geben. Paprikastreifen, Ananasstücke und den Mais mit dem Saft hinzugeben. Die Zutaten gut vermengen.

4. Die Salatcreme mit Ketchup und etwas Ananassaft verrühren und unter die Salatzutaten heben. Tortellini-Salat 2–3 Stunden durchziehen lassen. Evtl. nochmals etwas Ananassaft unterrühren. Den Tortellini-Salat mit Salz und Pfeffer abschmecken.

Tipps: Für den Salat getrocknete Tortellini verwenden. Frische Tortellini sind evtl. zu groß. Den Salat in Dessertgläsern anrichten und dann mit Chicoréeblättern und Schnittlauchhalmen garnieren.

Buntes Paprikagemüse mit Buchweizengrütze I

Etwas Besonderes

2 Portionen

VEGAN

Pro Portion: E: 9 g, F: 22 g, Kh: 58 g, kJ: 1939, kcal: 463, BE: 4,5

Für das Paprikagemüse:

500 g Paprikaschoten (rot, grün, gelb)
2 Stangen Staudensellerie (etwa 100 g)
1 Knoblauchzehe
1 Zwiebel (etwa 50 g)
2 Stängel Thymian oder
½ TL gerebelter Thymian
1 Stängel Rosmarin oder
1 TL gerebelter Rosmarin
3 EL Olivenöl
75 ml Gemüsebrühe

Für die Buchweizengrütze:

370 ml Gemüsebrühe
1 EL Olivenöl
120 g Buchweizengrütze
5 Stängel glatte Petersilie
Salz

1 EL Tomatenmark
gem. Pfeffer
1 TL Ahornsirup

Zubereitungszeit: 40 Minuten

1. Für das Gemüse die Paprikaschoten der Länge nach vierteln, entstielen, entkernen und die weißen Scheidewände entfernen. Die Schotenviertel abspülen, trocken tupfen und der Länge nach in schmale Streifen schneiden.

2. Staudensellerie putzen und die harten Außenfäden abziehen. Stangen abspülen, abtropfen lassen, zuerst in etwa 5 cm lange Stücke, danach längs in dünne Streifen schneiden. Knoblauch und die Zwiebel abziehen. Zwiebel halbieren und längs in dünne Streifen schneiden, Knoblauch klein schneiden. Thymian und Rosmarin abspülen, trocken tupfen. Blättchen bzw. Nadeln von den Stängeln zupfen.

3. Das Olivenöl in einem Topf erhitzen. Zwiebelstreifen darin etwa 5 Minuten bei mittlerer Hitze andünsten. Knoblauch, Paprika-, Selleriestreifen, Thymianblättchen, Rosmarinnadeln und Brühe hinzugeben, zum Kochen bringen. Gemüse zugedeckt etwa 10 Minuten bei mittlerer Hitze dünsten.

4. Für die Grütze Brühe und Olivenöl in einem Topf zum Kochen bringen. Buchweizengrütze einstreuen und unter Rühren aufkochen. Grütze zugedeckt etwa 12 Minuten bei schwacher Hitze quellen lassen.

5. In der Zwischenzeit Petersilie abspülen und trocken tupfen. Die Blättchen von den Stängeln zupfen (einige Blättchen zum Garnieren beiseitelegen). Die Blättchen grob zerschneiden und unter die Grütze rühren. Mit Salz abschmecken.

6. Tomatenmark zum Paprikagemüse geben und unter Rühren aufkochen. Das Gemüse mit Salz, Pfeffer und Ahornsirup abschmecken.

7. Das Paprikagemüse mit der Buchweizengrütze anrichten und mit den beiseitegelegten Petersilienblättchen garnieren.

Tipps: Für ein nicht-veganes Paprikagemüse das Tomatenmark weglassen und stattdessen 2 Esslöffel Crème fraîche verwenden. Wer mag, ersetzt außerdem das Öl für die Grütze durch 20 g Butter.

Butternut-Soup | Raffiniert

2 Portionen

Pro Portion: E: 7 g, F: 22 g, Kh: 26 g, kJ: 1400, kcal: 335, BE: 2,0

500 g	*Kürbis (am besten Butternut- oder Hokkaido-Kürbis)*
1	*kleine Zwiebel*
1 EL	*Olivenöl*
2	*Lorbeerblätter*
1 EL	*Zucker*
250 ml	*Gemüsebrühe*
1 haselnussgroßes Stück	*frischer Ingwer*
1–2 EL	*Mango-Chutney oder Aprikosenkonfitüre*
1 Msp.	*gem. Zimt*
1 Msp.	*gem. Muskatnuss*
	Salz
	gem. Pfeffer
	Zucker
75 g	*Schlagsahne*
einige	*gesalzene Erdnuss- oder Cashewkerne*

Zubereitungszeit: 20 Minuten
Garzeit: etwa 20 Minuten

1. Kürbis evtl. schälen, halbieren und die Kerne mit einem Löffel herauskratzen. Kürbisfleisch in walnussgroße Stücke schneiden. Zwiebel abziehen und in kleine Würfel schneiden.

2. Olivenöl in einem Topf erhitzen. Die Zwiebel- und Kürbiswürfel darin unter Rühren andünsten. Lorbeerblätter und Zucker hinzugeben. Zucker karamellisieren lassen. Brühe hinzugießen.

3. Ingwer schälen, abspülen, abtropfen lassen und sehr klein schneiden. Ingwer, Chutney oder Konfitüre in die Suppe geben. Die Suppe zum Kochen bringen und zugedeckt etwa 20 Minuten bei mittlerer Hitze kochen lassen, bis die Kürbiswürfel weich sind. Die Lorbeerblätter aus der Suppe nehmen. Die Suppe mit einem Pürierstab glatt pürieren. Mit Zimt, Muskat, Salz, Pfeffer und 1 Prise Zucker abschmecken.

4. Sahne cremig aufschlagen. Die Suppe mit je einem Klecks der leicht geschlagenen Sahne anrichten und mit Erdnuss- oder Cashewkernen bestreut servieren.

Cannelloni mit Ricotta und Pilzen I

Für Gäste

10 Portionen

Pro Portion: E: 38 g, F: 59 g, Kh: 42 g,
kJ: 3558, kcal: 849, BE: 3,5

Für die Béchamelsauce:

3 kleine Zwiebeln
60 g Butter
4 EL Weizenmehl
1,2 l Milch
8 kleine Stängel Salbei
1 EL fein abger. Schale von
1 Bio-Zitrone (unbehandelt, ungewachst)
Salz
gem. Pfeffer
ger. Muskatnuss

Für die Füllung:

100 g Pinienkerne
350 g rosa Champignons
6 EL Olivenöl
½ Bund glatte Petersilie
1 ¾ kg Ricotta (ital. Frischkäse)
200 g Parmesan
4 Eigelb (Größe M)

etwa 400 g Cannelloni (ohne Vorgaren)
10 Cocktailtomaten
12 Kalamata-Oliven
grob gem. Pfeffer

Zubereitungszeit: 60 Minuten, ohne Abkühlzeit
Backzeit: 40–45 Minuten

1. Für die Sauce die Zwiebeln abziehen und in kleine Würfel schneiden. Die Butter in einem Topf zerlassen. Mehl hinzufügen und unter Rühren so lange erhitzen, bis es hellgelb ist. Milch hinzugießen und mit einem Schneebesen durchschlagen. Dabei darauf achten, dass keine Klümpchen entstehen.

2. Salbei abspülen und trocken tupfen. Von 2 Salbeistängeln die Blättchen von den Stängeln zupfen. Blättchen klein schneiden. Restliche Salbeistängel beiseitelegen.

3. Klein geschnittene Salbeiblättchen und Zitronenschale in die Sauce geben, unter Rühren zum Kochen bringen. Die Béchamelsauce mit Salz, Pfeffer und Muskat würzen.

4. Für die Füllung Pinienkerne in einer Pfanne ohne Fett unter Wenden goldbraun rösten, herausnehmen und auf einem Teller erkalten lassen. Die Pinienkerne in einem Blitzhacker sehr fein hacken oder mit einem Messer sehr klein schneiden.

5. Champignons putzen, evtl. kurz abspülen, trocken tupfen, in grobe Stücke schneiden. Olivenöl in einer Pfanne erhitzen. Champignonstücke darin unter mehrmaligem Wenden kräftig andünsten. Mit Salz würzen.

6. Petersilie abspülen und trocken tupfen. Die Blättchen von den Stängeln zupfen. Die Blättchen klein schneiden und unter die Champignonstücke rühren. Champignonmasse erkalten lassen.

7. Den Backofen vorheizen.
Ober-/Unterhitze: etwa 180 °C
Heißluft: etwa 160 °C

8. Ricotta in eine Rührschüssel geben. 150 g Parmesan fein reiben. Pinienkerne, Champignonmasse, Eigelb und den geriebenen Parmesan hinzufügen. Die Zutaten gut vermischen. Mit Salz, Pfeffer und Muskat würzen.

9. Die Béchamelsauce etwa 1 cm hoch in eine große Auflaufform (etwa 35 x 25 cm, gefettet) geben. Die Ricottamasse in einen Spritzbeutel füllen (oder in einen Gefrierbeutel füllen und eine Ecke abschneiden). Die Ricottamasse in die Cannelloni-Hülsen spritzen.

10. Eine Lage Cannelloni auf die Sauce in die Form legen und etwas von der Béchamelsauce gleichmäßig daraufgeben.

11. Wieder eine Lage Cannelloni darauflegen. Die restliche Béchamelsauce darauf verteilen. Restlichen Parmesan fein reiben und daraufstreuen.

12. Die Form auf dem Rost in den vorgeheizten Backofen (unteres Drittel) schieben. Die Cannelloni **40–45 Minuten goldbraun backen.**

13. Tomaten abspülen, trocken tupfen, entstielen, halbieren und die Stängelansätze herausschneiden. Nach etwa 30 Minuten Backzeit die beiseitegelegten Salbeistängel, Tomatenhälften und Oliven auf die Cannelloni legen.

14. Die Cannelloni mit grob gemahlenem Pfeffer bestreuen. Cannelloni fertig backen.

Champignon-Frikadellen

Raffiniert

2 Portionen

Pro Portion: E: 17 g, F: 19 g, Kh: 36 g, kJ: 1596, kcal: 381, BE: 3,0

400 g	*Champignons*
2	*Schalotten*
3–4 EL	*Speiseöl, z. B. Sonnenblumenöl*
1	*Brötchen (Semmel) vom Vortag*
1	*Knoblauchzehe*
1	*Ei (Größe M)*
	Salz
	gem. Pfeffer
1/2 TL	*gehackte Majoranblättchen oder 1 Msp. gerebelter Majoran*
3–4 EL	*Semmelbrösel*
evtl. einige	*Majoranblättchen*
evtl. einige	*Gewürzgurkenscheiben*

Zubereitungszeit: 35 Minuten, ohne Abkühlzeit
Bratzeit: etwa 8 Minuten

1. Champignons putzen, evtl. kurz abspülen, trocken tupfen und in kleine Würfel schneiden.

2. Schalotten abziehen und klein würfeln. 1 Esslöffel Speiseöl in einer großen Pfanne erhitzen. Schalottenwürfel darin glasig dünsten. Champignonwürfel hinzufügen und unter gelegentlichem Rühren bei mittlerer Hitze so lange dünsten, bis die Flüssigkeit verdampft ist (etwa 5 Minuten). Die Champignonmasse herausnehmen, in eine Schüssel geben und etwas abkühlen lassen.

3. Brötchen in kaltem Wasser einweichen. Knoblauch abziehen und klein schneiden. Eingeweichtes Brötchen gut ausdrücken, mit dem Knoblauch und Ei zu der Champignonmasse geben. Mit Salz, Pfeffer und Majoran würzen. Die Zutaten gut vermengen.

4. Semmelbrösel in einen tiefen Teller geben. Aus der Champignonmasse 6 flache Frikadellen formen und in den Semmelbröseln wenden.

5. Restliches Speiseöl in der Pfanne erhitzen. Die Frikadellen darin etwa 4 Minuten von jeder Seite bei mittlerer Hitze knusprig braun braten. Champignon-Frikadellen herausnehmen und auf einem Teller anrichten. Nach Belieben mit abgespülten und trocken getupften Majoranblättchen und Gurkenscheiben garnieren.

Beilage: Gewürzgurken.

Tipps: Am besten lassen sich die Champignon-Frikadellen mit einem Pfannenwender in den Semmelbröseln wenden, da die Pilzmasse sehr weich ist. Zu den Champignon-Frikadellen einen **Kräuterdip** reichen. Dafür je 75 g Joghurt (3,5 % Fett) und Crème fraîche verrühren. 2 Esslöffel gehackte Kräuter (frisch oder TK, z.B. Schnittlauch oder Petersilie) unterrühren. Dip mit Salz und Pfeffer abschmecken.

Champignongemüse mit Rucola

Raffiniert

4 Portionen

Pro Portion: E: 10 g, F: 22 g, Kh: 7 g, kJ: 1053, kcal: 252, BE: 0,0

4 Zwiebeln
1–2 Knoblauchzehen
500 g braune Champignons
300 g weiße Champignons
2 EL Olivenöl
1 TL Weizenmehl
200 g Schlagsahne
1 Bund Rucola (40 g, Rauke)
Salz
gem. Pfeffer

Zubereitungszeit: 30 Minuten

1. Zwiebeln und Knoblauch abziehen, Zwiebeln in Spalten und Knoblauch in dünne Scheiben schneiden. Beide Champignonsorten putzen, evtl. kurz abspülen, trocken tupfen und je nach Größe halbieren oder vierteln.

2. Olivenöl in einer großen Pfanne erhitzen. Zwiebelspalten und Knoblauchscheiben darin hellgelb andünsten. Die Champignons in 2 Portionen darin andünsten.

3. Alle Champignons in die Pfanne geben, mit Mehl bestäuben und kurz andünsten. Sahne hinzugießen und unterrühren. Champignons etwa 5 Minuten garen.

4. In der Zwischenzeit Rucola putzen und die dicken Stiele entfernen. Rucola abspülen, trocken tupfen und klein schneiden.

5. Das Champignongemüse mit Salz und Pfeffer abschmecken. Rucola unterheben. Das Champignongemüse sofort servieren.

Beilage: Kartoffelpuffer.

Champignon-Zucchini-Auflauf I

Etwas Besonderes

4 Portionen

Pro Portion: E: 19 g, F: 35 g, Kh: 10 g, kJ: 1802, kcal: 433, BE: 0,5

600 g Zucchini
250 g rote Paprikaschoten
Salz
300 g Champignons
40 g Butter
oder Margarine
1 Topf Basilikum

Für den Guss:

4 Eier (Größe M)
4 EL Milch
150 g Crème fraîche
2 Knoblauchzehen
gem. Pfeffer
ger. Muskatnuss
100 g ger., mittelalter Gouda

Zubereitungszeit: 50 Minuten
Garzeit: 40–50 Minuten

1. Die Zucchini abspülen, abtrocknen und die Enden abschneiden. Zucchini in Scheiben schneiden. Paprikaschoten halbieren, entstielen, entkernen und die weißen Scheidewände entfernen. Schoten abspülen, abtropfen lassen und in dünne Streifen schneiden.

2. Paprikastreifen in kochendem Salzwasser 1–2 Minuten blanchieren, in ein Sieb geben, mit kaltem Wasser übergießen und abtropfen lassen.

3. Den Backofen vorheizen.
Ober-/Unterhitze: etwa 200 °C
Heißluft: etwa 180 °C

4. Champignons putzen, evtl. kurz abspülen, trocken tupfen und in dicke Scheiben schneiden.

5. Etwas Butter oder Margarine in einer Pfanne zerlassen. Die Champignon- und Zucchinischeiben darin portionsweise kurz andünsten.

6. Basilikum abspülen und trocken tupfen. Die Blättchen von den Stängeln zupfen. Die Blättchen in feine Streifen schneiden.

7. Abwechselnd die Champignon-, Zucchinischeiben, Paprika- und Basilikumstreifen in eine ovale Auflaufform (gefettet) schichten.

8. Für den Guss die Eier mit Milch und Crème fraîche verschlagen. Knoblauch abziehen, durch eine Knoblauchpresse drücken und unterrühren. Mit Salz, Pfeffer und Muskat würzen. Den Guss auf dem Auflauf verteilen. Mit Käse bestreuen. Die Form auf dem Rost in den vorgeheizten Backofen schieben. Den Auflauf **40–50 Minuten garen.**

Channa Dal (Indische gelbe Erbsensuppe) I

Preiswert

1 Portion

VEGAN

Insgesamt: E: 16 g, F: 15 g, Kh: 39 g, kJ: 1492, kcal: 357, BE: 3,5

60 g getrocknete, gelbe Schälerbsen
250 ml Gemüsebrühe
1 kleines Lorbeerblatt
1 Prise gem. Zimt
1 Msp. Chilipulver
1/4 TL gem. Kardamom
1 EL Speiseöl
1/2 TL Currypulver
1 Msp. Kurkuma (Gelbwurz)
1/2 EL Kokosraspel
1 EL Rosinen
1 Msp. gem. Kreuzkümmel (Cumin)

Zubereitungszeit: 15 Minuten
Garzeit: etwa 60 Minuten

1. Schälerbsen in ein Sieb geben, mit kaltem Wasser abspülen und abtropfen lassen. Brühe mit den Schälerbsen in einem Topf zum Kochen bringen. Die Hitze reduzieren. Die Brühe mehrmals mit einer Schaumkelle abschäumen.

2. Lorbeerblatt, Zimt, Chili und Kardamom hinzugeben. Die Suppe zugedeckt etwa 60 Minuten bei mittlerer Hitze kochen lassen, bis die Erbsen weich sind und zerfallen. Dabei gelegentlich umrühren. Suppe mit einem Stabmixer fein pürieren.

3. Das Öl in einer kleinen Pfanne zerlassen. Curry, Kurkuma und Kokosraspel darin kurz andünsten, herausnehmen und vorsichtig in die pürierte Erbsensuppe rühren.

4. Rosinen und Kreuzkümmel hinzugeben. Die Suppe nochmals erwärmen. Nach Belieben mit den Gewürzen abschmecken.

Beilage: Fladenbrot.

Tipps: Das Rezept lässt sich für Gäste leicht verdoppeln bzw. vervierfachen. Schälerbsen müssen nicht eingeweicht werden (wie z. B. Kichererbsen oder getrocknete Erbsen), da die äußere harte Schale beim Schälvorgang bereits entfernt wurde.

Chicorée mit Kerbel-Ei-Sauce

Würziger Genuss

4 Portionen

Pro Portion: E: 11 g, F: 48 g, Kh: 4 g, kJ: 2389, kcal: 571, BE: 0,0

4	*Eier (Größe M)*
je 4	*rote und weiße Chicorée (je etwa 150 g)*
1	*Zwiebel*
je 1 Bund	*Kerbel und Petersilie*
50 g	*Knoblauchbutter*
500 ml	*Gemüsebrühe*
	Salz
	gem. Pfeffer
200 g	*Butter*
einige	*Petersilien- oder Kerbelstängel*

Zubereitungszeit: 50 Minuten
Garzeit: Chicorée etwa 10 Minuten

1. Eier in kochendem Wasser etwa 8 Minuten kochen lassen, in kaltem Wasser abschrecken, pellen, erkalten lassen und in kleine Würfel schneiden.

2. Vom Chicorée die äußeren, welken Blätter entfernen. Chicorée längs halbieren, abspülen, abtropfen lassen und die bitteren Strünke keilförmig herausschneiden.

3. Zwiebel abziehen und in kleine Würfel schneiden. Kerbel und Petersilie abspülen, trocken tupfen. Die Blättchen von den Stängeln zupfen. Blättchen klein schneiden.

4. Knoblauchbutter in einem Bräter zerlassen. Zwiebelwürfel darin glasig dünsten. Vorbereiteten Chicorée hineingeben und Brühe hinzugießen. Mit Salz und Pfeffer würzen. Die Brühe zum Kochen bringen. Den Chicorée etwa 10 Minuten garen.

5. Butter in einer Pfanne zerlassen. Kerbel, Petersilie und Eierwürfel darin vorsichtig andünsten.

6. Gedünsteten Chicorée mit einer Schaumkelle aus der Brühe nehmen, auf einer Platte anrichten und mit der Kerbel-Ei-Butter übergießen. Mit abgespülten und trocken getupften Kräuterstängeln garnieren.

Beilage: Kleine, neue Kartoffeln mit Schale gegart und in Butter gebraten.

Chili con Sojaschnetzel | Für Gäste

4 Portionen

Pro Portion: E: 32 g, F: 19 g, Kh: 38 g, kJ: 1958, kcal: 467, BE: 3,0

150 g	*Sojaschnetzel, fein*
950 ml	*Gemüsebrühe*
100 g	*Zwiebeln*
2	*Knoblauchzehen*
½–1	*rote Chilischote*
je 300 g	*rote und grüne Paprikaschoten*
4 EL	*Olivenöl*
1 TL	*gem. Kreuzkümmel (Cumin)*
1 TL	*Paprikapulver edelsüß*
500 g	*passierte Tomaten (aus der Dose)*
285 g	*abgetropfter Gemüsemais (aus der Dose)*
250 g	*abgetropfte Kidneybohnen (aus der Dose)*
	Salz
5 Stängel	*glatte Petersilie*
3 Stängel	*Koriander*
150 g	*saure Sahne*

Zubereitungszeit: 35 Minuten, ohne Quellzeit
Garzeit: etwa 15 Minuten

1. Sojaschnetzel in einer großen Schüssel mit 450 ml kochender Gemüsebrühe übergießen. Sojaschnetzel etwa 30 Minuten quellen lassen.

2. Zwiebeln und Knoblauch abziehen. Die Zwiebeln in kleine Würfel und Knoblauch in dünne Scheiben schneiden. Chilischote entstielen, abspülen, trocken tupfen und mit den Kernen in dünne Ringe schneiden. Paprikaschoten halbieren, entstielen, entkernen und die weißen Scheidewände entfernen. Schoten abspülen, abtropfen lassen und in etwa 2 cm große Stücke schneiden.

3. Olivenöl in einem weiten Topf erhitzen. Zwiebelwürfel und Knoblauchscheiben darin kräftig andünsten. Cumin und Paprika unterrühren, ganz kurz mitrösten lassen. Chilischotenringe unterrühren. Die restliche Gemüsebrühe mit den passierten Tomaten hinzugeben. Sojaschnetzel und die Paprikastücke unterheben. Chili zum Kochen bringen und etwa 15 Minuten bei schwacher Hitze kochen lassen.

4. Mais und Kidneybohnen jeweils in ein Sieb geben, mit kaltem Wasser abspülen und gut abtropfen lassen.

5. Mais und Kidneybohnen nach etwa 10 Minuten Garzeit zum Chili in den Topf geben und mitkochen lassen. Chili mit Salz abschmecken.

6. Petersilie und Koriander abspülen und trocken tupfen. Petersilie und Koriander getrennt klein schneiden. Petersilie unter das Chili mischen.

7. Das Chili auf Tellern anrichten und je einen Klecks saure Sahne hineingeben. Mit Koriander bestreuen.

Tipp: Servieren Sie zu dem Chili Taco-Chips oder warme Tortillafladen.

Chili sin Carne | Beliebt

4 Portionen ✓ VEGAN

Pro Portion: E: 14 g, F: 8 g, Kh: 31 g, kJ: 1071, kcal: 256, BE: 2,0

1 Gemüsezwiebel
2 Knoblauchzehen
1 dicke Möhre
je 1 rote, gelbe und grüne Paprikaschote
1 kleine Aubergine (etwa 250 g)
1 Zucchini (etwa 300 g)
2–3 EL Olivenöl
1 Stängel Rosmarin
1 Bund Thymian
800 g geschälte Tomaten (aus der Dose)
500 g Kidneybohnen (aus der Dose)
Salz, gem. Pfeffer

Zubereitungszeit: 60 Minuten
Garzeit: etwa 45 Minuten

1. Gemüsezwiebel und Knoblauch abziehen, in kleine Würfel schneiden. Möhre putzen, schälen, abspülen und abtropfen lassen. Die Paprikaschoten abspülen, abtropfen lassen, vierteln, entstielen, entkernen und die weißen Scheidewände entfernen. Aubergine und Zucchini abspülen, abtrocknen und die Enden bzw. Stängelansätze entfernen. Aubergine und Zucchini in ½–1 cm große Würfel schneiden.

2. Olivenöl in einem Topf erhitzen. Zuerst die Zwiebel- und Möhrenwürfel darin bei nicht zu starker Hitze leicht anbraten. Dann Paprikaviertel und Knoblauchwürfel und zuletzt Auberginen- und Zucchiniwürfel hinzugeben und mit andünsten.

3. Rosmarin und Thymian abspülen und trocken tupfen.

4. Die Tomaten pürieren, zusammen mit den Kidneybohnen (mit der Flüssigkeit) und den Kräuterstängeln in den Topf geben, zum Kochen bringen und zugedeckt etwa 45 Minuten bei schwacher Hitze kochen lassen. Dabei ab und zu umrühren. Mit Salz und Pfeffer abschmecken. Kräuterstängel entfernen.

Tipps: Schärfer wird das Chili mit einer frischen, gewürfelten Chilischote oder ein paar Spritzern Tabasco. Eine Nacht ziehen lassen und das Chili schmeckt doppelt so gut. Das Chili mit knackigen Nudeln (ohne Ei) essen oder Kartoffelwürfel in das Chili geben oder einfach frisches Baguette dazureichen. Statt frischen Kräutern können Sie auch je 1 Teelöffel getrocknete Kräuter verwenden.

Chili-Löffelkraut-Butter I

Etwas Besonderes

Insgesamt: E: 2 g, F: 216 g, Kh: 3 g, kJ: 8237, kcal: 1971, BE: 0,0

250 g	*Butter (Zimmertemperatur)*
½ gestr. TL	*Salz*
1 Spritzer	*Zitronensaft*
1 Prise	*Zucker*
1	*Schalotte oder sehr kleine Zwiebel*
2 TL	*Olivenöl*
1 Msp.	*Chiliflocken*
1 Handvoll	*frisches Löffelkraut*

Zubereitungszeit: 15 Minuten, ohne Abkühlzeit

1. Butter mit Salz, Zitronensaft und Zucker in einer Rührschüssel schaumig rühren.

2. Schalotte oder Zwiebel abziehen, in sehr kleine Würfel schneiden. Olivenöl in einer kleinen Pfanne erhitzen. Schalotten- oder Zwiebelwürfel darin glasig dünsten. Chiliflocken unterrühren, erkalten lassen.

3. Das Löffelkraut abspülen und trocken tupfen. Die Blättchen von den Stängeln zupfen, klein schneiden. Mit den Schalotten- oder Zwiebelwürfeln zu der Butter geben und gut untermischen.

4. Die geschmeidige Buttermasse sofort in ein hübsches Schälchen füllen oder evtl. die Butter in einen Spritzbeutel mit Stern- oder Lochtülle füllen und in das Schälchen spritzen. Butter bis zum Servieren in den Kühlschrank stellen.

Currykartoffeln | Raffiniert

2 Portionen

VEGAN

Pro Portion: E: 9 g, F: 32 g, Kh: 38 g, kJ: 2008, kcal: 479, BE: 3,0

- *500 g festkochende Kartoffeln*
- *4 EL Speiseöl, z. B. Sonnenblumenöl*
- *Salz*
- *2 Zwiebeln*
- *1–2 Knoblauchzehen*
- *1 kleines Stück frischer Ingwer*
- *3 TL Currypulver*
- *200 ml Wasser*
- *2–4 EL Sesamsamen*

Zubereitungszeit: 30 Minuten
Garzeit: etwa 30 Minuten

1. Kartoffeln schälen, abspülen, abtropfen lassen und in grobe Würfel schneiden. Das Speiseöl in einer Pfanne erhitzen. Kartoffelwürfel hinzufügen, mit Salz würzen und unter gelegentlichem Wenden 10–12 Minuten bei mittlerer Hitze goldbraun braten.

2. In der Zwischenzeit Zwiebeln und Knoblauch abziehen, in kleine Würfel schneiden. Ingwer schälen, abspülen, abtropfen lassen und sehr fein hacken (etwa 2 Teelöffel werden benötigt).

3. Die Zwiebel- und Knoblauchwürfel mit dem gehackten Ingwer zu den Kartoffelwürfeln in die Pfanne geben und weitere etwa 5 Minuten unter gelegentlichem Wenden braten.

4. Curry hinzufügen. Wasser hinzugießen. Die Currykartoffeln zugedeckt etwa 12 Minuten unter gelegentlichem Wenden bei mittlerer Hitze garen.

5. Currykartoffeln mit Salz und Curry abschmecken, mit Sesam bestreuen.

Beilage: Feldsalat mit Nusskernen.

Tipps: Wer kein Curry mag, ersetzt den Curry durch 1–2 Teelöffel getrocknete Kräuter wie Majoran, Rosmarin oder Thymian. Die Currykartoffeln sind auch eine gute Resteverwertung für übrig gebliebene Pell- oder Salzkartoffeln vom Vortag. Vorgekochte Kartoffeln würfeln, anbraten und dann mit Curry und Wasser zugedeckt nur etwa 5 Minuten garen.

Currywaffeln mit Mango-Mozzarella-Salat I

Für Gäste

4 Portionen

Pro Portion: E: 42 g, F: 72 g, Kh: 52 g, kJ: 4303, kcal: 1031, BE: 4,5

Für den Teig:

1 rote Peperoni
150 g weiche Butter
Salz
3 EL mildes Currypulver
4 Eier (Größe L, Zimmertemperatur)
200 g Weizenmehl
100 ml Milch

Für den Salat:

500 g Mini-Mozzarella
150 g Mango-Fruchtfleisch
1 Bio-Limette (unbehandelt, ungewachst)
150 g Joghurt (3,5 % Fett)
1–2 EL Wasabi-Paste (erhältlich im Asialaden)
4 Stängel Koriander
100 g Babysalat-Mix

Außerdem:

etwas Speiseöl für das Waffeleisen

Zubereitungszeit: 45 Minuten

1. Das Waffeleisen vorheizen und Backofen vorheizen.
Ober-/Unterhitze: etwa 80 °C

2. Für den Teig Peperoni abspülen, trocken tupfen und den Stängelansatz entfernen. Die Peperoni fein hacken.

3. Die Butter in einer Rührschüssel mit etwas Salz, Curry und Peperoni weiß-schaumig schlagen. Die Eier einzeln mit je 2 Esslöffeln Mehl unterrühren. Das restliche Mehl und die Milch unterrühren.

4. Das Waffeleisen mit Speiseöl bestreichen. Aus dem Teig 8 Waffeln backen. Für jede Waffel 4 Esslöffel Teig in die Mitte des Waffeleisens geben und etwa 4 Minuten backen. Die fertigen Waffeln herausnehmen und im vorgeheizten Backofen warm halten.

5. In der Zwischenzeit für den Salat Mozzarella gut abtropfen lassen. Mango-Fruchtfleisch in kleine Würfel schneiden. Limette heiß abwaschen, abtrocknen und die Schale abreiben. Limette halbieren, den Saft auspressen und 3 Esslöffel Saft abmessen.

6. Joghurt mit Wasabi-Paste und etwas Salz verrühren. Mozzarella hinzugeben. Koriander abspülen und trocken tupfen. Die Blättchen von den Stängeln zupfen. Blättchen klein schneiden und untermischen.

7. Baby-Salate putzen, abspülen, trocken tupfen oder trocken schleudern. Mozzarella-Salat mit den Salatblättern auf den Waffeln anrichten und sofort servieren.

Dillbutter | Schnell

Insgesamt: E: 2 g, F: 104 g, Kh: 2 g, kJ: 3985, kcal: 953, BE: 0,0

125 g weiche Butter
6 EL gehackter Dill
Salz
gem. Pfeffer
Zitronensaft

Zubereitungszeit: 15 Minuten

1. Butter geschmeidig rühren, Dill gut unterrühren.

2. Die Dillbutter mit Salz, Pfeffer und Zitronensaft würzen. Nach Belieben zu einer Rolle formen und in den Kühlschrank stellen.

3. Die Dillbutter in Scheiben schneiden, auf Tellern anrichten und servieren.

Dill-Gurken-Gemüse I

Schnell – raffiniert

4 Portionen

VEGAN

Pro Portion: E: 2 g, F: 7 g, Kh: 5 g, kJ: 404, kcal: 97, BE: 0,0

750 g Salatgurken
2 mittelgroße Tomaten
2 mittelgroße Zwiebeln
2 EL Speiseöl
Salz, gem. Pfeffer

2 EL frisch gehackter Dill

Zubereitungszeit: 25 Minuten
Garzeit: 12–13 Minuten

1. Die Gurken schälen und die Enden abschneiden. Gurken halbieren und evtl. die Kerne mit einem Löffel herausschaben. Gurkenhälften in etwa 2 cm breite Stücke schneiden. Tomaten kreuzweise einschneiden, mit kochendem Wasser übergießen. Nach 1–2 Minuten herausnehmen und mit kaltem Wasser abschrecken. Tomaten enthäuten, halbieren, entkernen und die Stängelansätze herausschneiden. Tomatenhälften in Stücke schneiden.

2. Die Zwiebeln abziehen und in kleine Würfel schneiden. Das Öl in einem Topf zerlassen. Zwiebelwürfel darin andünsten. Gurkenstücke hinzufügen, mit Salz und Pfeffer würzen. Die Gurkenstücke zugedeckt etwa 10 Minuten dünsten. Tomatenstücke hinzufügen und noch 2–3 Minuten mitdünsten lassen. Das Gemüse mit Salz und Pfeffer abschmecken, mit Dill bestreuen.

Eier in Senfsauce mit Kartoffelbrei I

Klassisch

2 Portionen

Pro Portion: E: 17 g, F: 29 g, Kh: 8 g, kJ: 1498, kcal: 358, BE: 0,5

4 Eier (Größe M)

Für die Senfsauce:

20 g Butter oder Margarine
2 gestr. EL Weizenmehl
250 ml Gemüsebrühe
1–2 TL mittelscharfer Senf
1–2 TL körniger Senf
Salz
gem. Pfeffer
2 EL Crème fraîche

Zubereitungszeit: 20 Minuten
Garzeit: Sauce etwa 10 Minuten

1. Eier an der Unterseite anstechen, damit sie beim Kochen nicht platzen. Die Eier in kochendes Wasser geben und in etwa 8 Minuten hart kochen. Die Eier in kaltem Wasser abschrecken, um den Garvorgang zu beenden.

2. Für die Senfsauce Butter oder Margarine in einem kleinen Topf zerlassen. Mehl hinzugeben und unter Rühren so lange erhitzen, bis es hellgelb ist.

3. Brühe nach und nach hinzugießen und mit einem Schneebesen durchschlagen. Dabei darauf achten, dass keine Klümpchen entstehen.

4. Die Sauce zum Kochen bringen und etwa 10 Minuten unter gelegentlichem Rühren bei mittlerer Hitze kochen lassen.

5. Beide Senfsorten unterrühren, mit Salz und Pfeffer würzen. Crème fraîche unterrühren. Die Sauce nach Belieben mit Senf und den Gewürzen abschmecken.

6. Eier pellen, nach Belieben halbieren und kurz vor dem Servieren in die Sauce geben.

Beilage: Kartoffelbrei (Kartoffelpüree, 2 Portionen). Dafür 250 g mehligkochende Kartoffeln schälen, abspülen, abtropfen lassen, in Stücke schneiden und in einen Topf geben. 2–3 Prisen Salz darüberstreuen und knapp mit Wasser bedeckt zum Kochen bringen. Kartoffeln zugedeckt in etwa 15 Minuten gar kochen, abgießen, abdämpfen und sofort durch die Kartoffelpresse geben oder mit einem Kartoffelstampfer zerdrücken. 1 Esslöffel (10 g) Butter oder Margarine mit 6–7 Esslöffeln heißer Milch (etwa 70 ml) hinzugeben und unter die Kartoffelmasse rühren. Kartoffelbrei mit Salz und frisch geriebener Muskatnuss abschmecken.

Variante: Eier mit Kräutersauce (2 Portionen). Dafür 6 Esslöffel Crème fraîche mit 2 Esslöffeln frisch gehackten Kräutern, z. B. Petersilie, Schnittlauch, Kresse, oder ersatzweise TK-Kräutern, verrühren. Die Kräutersauce mit Salz abschmecken und zu den Eiern servieren. Kartoffelbrei (Kartoffelpüree) oder Salzkartoffeln dazureichen.

Eier-Häckerle mit Kresse I

Beliebt – für die Party

etwa 800 g

Insgesamt: E: 54 g, F: 91 g, Kh: 33 g, kJ: 4922, kcal: 1175, BE: 2,5

6	*hart gekochte Eier*
100 g	*Salatmayonnaise*
150 g	*Joghurt (1,5 % Fett)*
1 TL	*mittelscharfer Senf*
	Salz, gem. Pfeffer
1	*kleine Schalotte*
140 g	*abgetropfter Gemüsemais (aus der Dose)*
1 Kästchen	*Kresse*
1 Bund	*Schnittlauch*

Zubereitungszeit: 15 Minuten, ohne Abkühlzeit
Haltbarkeit: im Kühlschrank 3–4 Tage

1. Die Eier pellen und fein hacken. Mayonnaise mit Joghurt, Senf, Salz und Pfeffer verrühren. Schalotte abziehen und in kleine Würfel schneiden. Schalottenwürfel mit Mais und den gehackten Eiern unter die Joghurtmayonnaise rühren.

2. Kresse abspülen, trocken tupfen und abschneiden. Schnittlauch ebenfalls abspülen, trocken tupfen und in sehr feine Röllchen schneiden. Eier-Häckerle nochmals mit Salz und Pfeffer abschmecken. Kresse und Schnittlauchröllchen unterrühren, in ein verschließbares Gefäß füllen und in den Kühlschrank stellen.

Beilage: Mischbrot, Roggen-Vollkornbrot, aber auch Toast oder Baguette.

Tipp: Auch köstlich mit roten Paprikawürfeln.

Extratipp: Eier-Häckerle ist auch eine ideale Basis für einen feinen Nudel- oder Kartoffelsalat. Dafür etwa 750 g gekochte, gepellte Kartoffeln in Scheiben schneiden und mit dem Aufstrich vermischen. Oder etwa 400 g gegarte, abgekühlte Nudeln mit dem Aufstrich vermischen. Die Salate etwa 30 Minuten durchziehen lassen, nochmals mit Salz und Pfeffer abschmecken. Falls die Konsistenz zu fest sein sollte, noch etwas Gemüsebrühe unterrühren.

Eierkuchenauflauf | Raffiniert

4–6 Portionen

Pro Portion: E: 21 g, F: 42 g, Kh: 50 g, kJ: 2771, kcal: 664, BE: 3,5

Für den Teig:

250 g Weizenmehl
4 Eier (Größe M)
½ gestr. TL Salz
375 ml Milch
125 ml Mineralwasser
1 Bund Frühlingszwiebeln

6 EL Speiseöl

Für die Füllung:

500 g gemischte Pilze, z. B. Pfifferlinge, Champignons, Austernpilze
1 Bund Frühlingszwiebeln
3 EL Speiseöl
Salz
gem. Pfeffer
1 geh. TL Weizenmehl
150 g Crème fraîche

100 g geraspelter Gratin-Käse

Zubereitungszeit: 45 Minuten
Garzeit: etwa 20 Minuten

1. Für den Teig Mehl in eine Rührschüssel geben. Eier mit Salz, Milch und Mineralwasser verschlagen. Nach und nach unter Rühren zum Mehl geben. Darauf achten, dass keine Klümpchen entstehen.

2. Die Frühlingszwiebeln putzen, abspülen, abtropfen lassen, in schmale Scheiben schneiden und unter den Teig rühren.

3. Etwas von dem Speiseöl in einer beschichteten Pfanne erhitzen. Den Teig gut durchrühren und eine dünne Teiglage mit einer drehenden Bewegung auf dem Boden der Pfanne verteilen. Den Eierkuchen von beiden Seiten goldgelb backen. Bevor der Eierkuchen gewendet wird, etwas Speiseöl in die Pfanne geben.

Aus dem Teig etwa 6 Eierpfannkuchen backen und übereinander auf einen flachen Teller legen.

4. Den Backofen vorheizen.
Ober-/Unterhitze: etwa 180 °C
Heißluft: etwa 160 °C

5. Für die Füllung Pilze evtl. kurz abspülen, trocken tupfen und in Stücke schneiden. Die Frühlingszwiebeln putzen, abspülen, abtropfen lassen und in schmale Scheiben schneiden (einige Frühlingszwiebelscheiben zum Garnieren beiseitelegen).

6. Das Speiseöl in der Pfanne erhitzen. Die Pilzstücke darin anbraten, mit Salz und Pfeffer würzen, mit Mehl bestäuben. Crème fraîche unterrühren. Die Frühlingszwiebelscheiben zu den Pilzstücken in die Pfanne geben und einmal aufkochen lassen.

7. Die Eierkuchen auf einer Arbeitsfläche ausbreiten. Jeweils etwas von der Pilzmasse auf die Eierkuchen geben. Die Eierkuchen aufrollen, nebeneinander in eine flache Auflaufform (gefettet) legen und mit Käse bestreuen. Die Form auf dem Rost in den vorgeheizten Backofen schieben. Auflauf **etwa 20 Minuten backen.**

Eisbergsalat mit fruchtigem Dressing | Fruchtig – schnell

4 Portionen

Pro Portion: E: 3 g, F: 3 g, Kh: 20 g, kJ: 529, kcal: 127, BE: 1,5

250 g Vanilla-Joghurt (3,5 % Fett, Fertigprodukt aus dem Kühlregal)
3–4 EL Zitronensaft
1 mittelgroßer Eisbergsalat
175 g abgetropfte Mandarinen ohne Zuckerzusatz (aus der Dose)

Zubereitungszeit: 15 Minuten

1. Den Joghurt mit Zitronensaft in eine Salatschüssel geben und mit einem Schneebesen schaumig aufschlagen.

2. Von dem Eisbergsalat die äußeren, welken Blätter entfernen. Salatblätter lösen, abspülen, gut abtropfen lassen oder trocken schleudern.

3. Salatblätter in mundgerechte Stücke zupfen und zu dem Dressing in die Salatschüssel geben. Mandarinen hinzufügen. Salat und Mandarinen vorsichtig unter das Dressing mischen.

Tipp: Auch in feine Streifen geschnittenen, zarten Chinakohl können Sie mit dem fruchtigen Dressing servieren.

Erbsen-Buttermilch-Suppe

Raffiniert

1 Portion

Insgesamt: E: 9 g, F: 21 g, Kh: 17 g, kJ: 1210, kcal: 289, BE: 1,5

1	*Schalotte*
2 EL	*Olivenöl*
einige	*getrocknete, rote Chilibrösel*
200 ml	*Gemüsebrühe*
75 g	*TK-Erbsen*
	gem. Meersalz
1 gestr. TL	*Speisestärke*
5	*Minzeblättchen*
50 g	*Buttermilch*

Zubereitungszeit: 20 Minuten, ohne Kühlzeit
Garzeit: 8–9 Minuten

1. Schalotte abziehen und in kleine Würfel schneiden. 1 Esslöffel des Olivenöls in einem Topf erhitzen. Die Schalottenwürfel und die Chilibrösel darin andünsten. Brühe hinzugießen, zum Kochen bringen und etwa 5 Minuten kochen lassen.

2. Die gefrorenen Erbsen hinzugeben, mit Meersalz würzen. Die Suppe wieder zum Kochen bringen und 3–4 Minuten kochen lassen.

3. Speisestärke mit etwas Wasser anrühren, in die Suppe rühren und unter Rühren einmal aufkochen lassen. Minzeblättchen abspülen und trocken tupfen. 3 Minzeblättchen in die Suppe geben. Die Suppe mit einem Stabmixer sehr fein pürieren.

4. Die Suppe im kalten Wasserbad kalt rühren, dann Buttermilch unterrühren. Die Suppe evtl. mit Salz abschmecken.

5. Restliche Minzeblättchen in feine Streifen schneiden. Die Suppe damit bestreuen und mit dem restlichen Olivenöl beträufeln. Die Suppe in eine Suppentasse geben.

Beilage: Gurken-Frischkäse-Pistazien-Sandwich.

Erbsen-Hummus mit Minze I

Etwas Besonderes

4 Portionen

Pro Portion: E: 12 g, F: 16 g, Kh: 32 g, kJ: 1343, kcal: 321, BE: 2,5

250 g TK-Erbsen
Salz
250 g Kichererbsen (aus der Dose)
2 Stängel Minze
25 g Tahini (Sesampaste, erhältlich im Asialaden oder in türkischen Lebensmittelläden)
50 g griechischer Sahnejoghurt (10 % Fett)
1 TL Kreuzkümmel
1 EL Limettensaft

Zum Dippen:

100 g Gemüsechips (aus der Tüte)

Zubereitungszeit: 20 Minuten

1. Erbsen unaufgetaut in kochendem Salzwasser etwa 5 Minuten garen. Die Erbsen mit eiskaltem Wasser abschrecken und gut abtropfen lassen.

2. Kichererbsen in ein Sieb geben, mit kaltem Wasser abspülen und abtropfen lassen. Die Minze abspülen und trocken tupfen. Die Blättchen von den Stängeln zupfen.

3. Erbsen, Kichererbsen, Tahini, Joghurt, die Hälfte der Minzeblättchen, Kreuzkümmel, Salz und Limettensaft in einen hohen Rührbecher geben. Die Zutaten mit einem Stabmixer zu einer feinen Paste pürieren.

4. Erbsen-Hummus in Schälchen anrichten und mit den restlichen Minzeblättchen garnieren.

5. Erbsen-Hummus mit den Gemüsechips zum Dippen servieren.

Falafel (Kichererbsenbällchen) I

Etwas aufwendiger

2 Portionen (16 Bällchen)

Pro Portion: E: 16 g, F: 32 g, Kh: 44 g, kJ: 2204, kcal: 526, BE: 3,0

Zum Vorbereiten:

125 g getrocknete Kichererbsen

150 ml Gemüsebrühe
1 kleine Gemüsezwiebel
1–2 Knoblauchzehen
½ Bund Petersilie
Salz
gem. Pfeffer, Kümmel, Koriander, Paprikapulver edelsüß
½ EL gehackte Minze
20 g Speisestärke
1 Ei (Größe S)
etwa 1 l Speiseöl, z. B. Sonnenblumenöl

Zubereitungszeit: 60 Minuten, ohne Quellzeit

1. Zum Vorbereiten die Kichererbsen in eine Schüssel geben, mit Wasser übergießen und über Nacht quellen lassen.

2. Eingeweichte Kichererbsen in einem Sieb etwas abtropfen lassen. Kichererbsen mit Brühe in einem Topf zum Kochen bringen und zugedeckt etwa 25 Minuten bei mittlerer Hitze garen.

3. In der Zwischenzeit die Gemüsezwiebel abziehen, halbieren und in grobe Würfel schneiden. Knoblauch abziehen und grob zerkleinern. Petersilie abspülen und trocken tupfen. Die Blättchen von den Stängeln zupfen.

4. Die Kichererbsen in ein Sieb geben und abtropfen lassen.

5. Kichererbsen, Zwiebelwürfel, Knoblauchstücke und Petersilienblättchen in eine hohe Rührschüssel geben und fein pürieren. Mit Salz, Pfeffer, Kümmel, Koriander, Paprika und Minze pikant würzen. Speisestärke und Ei hinzugeben, nochmals kurz pürieren.

6. Aus der Püreemasse mit angefeuchteten Händen etwa 16 gleich große Bällchen formen. Das Speiseöl in einem hohen Topf oder in der Fritteuse auf etwa 180 °C erhitzen. Das Öl hat die richtige Temperatur, wenn sich an einem ins Fett gehaltenen Holzlöffel kleine Bläschen bilden.

7. Die Kichererbsenbällchen portionsweise in dem erhitzten Speiseöl 2–3 Minuten goldbraun frittieren, dabei evtl. wenden. Die Bällchen mit einer Schaumkelle herausnehmen, auf Küchenpapier abtropfen lassen und warm stellen.

Beilage: Champignon-Zucchini-Salat (2 Portionen). Hierfür 200 g Champignons putzen, evtl. kurz abspülen, trocken tupfen, in sehr dünne Scheiben schneiden. 1 kleine Zucchini abspülen, abtropfen lassen und die Enden abschneiden. Zucchini in dünne Scheiben schneiden. 1 Knoblauchzehe abziehen und durch eine Knoblauchpresse drücken. Für die Sauce den Saft von 1 Zitrone mit ½ Teelöffel Zucker, 1 Teelöffel mittelscharfem Senf und Pfeffer verrühren. Nach und nach 100 g Schlagsahne unterschlagen, Sauce mit Salz abschmecken. Etwa 15 Basilikumblättchen abspülen und trocken tupfen. Die Hälfte der Blättchen in Streifen schneiden. Die Champignon-, Zucchinischeiben, Knoblauch und Basilikumstreifen mit der Sauce vermengen. Champignon-Zucchini-Salat mit restlichen Basilikumblättchen garnieren.

Tipp: Zu den Kichererbsenbällchen schmeckt ein Kräuterdip, Quark oder Zaziki aus dem Kühlregal.

Variante: Falafel-Tasche (Foto, 2 Portionen, 4 Taschen). Dafür die Kichererbsenmasse wie im Rezept beschrieben zubereiten. Statt der kleinen Bällchen 4 flache Frikadellen formen. 1 ½ Esslöffel Speiseöl in einer großen Pfanne erhitzen. Die Frikadellen von jeder Seite etwa 3 Minuten bei mittlerer Hitze goldbraun braten. Frikadellen herausnehmen und abkühlen lassen. 4 Pita-Taschen aus Weizenmehl (Fertigprodukt) nach Packungsanleitung rösten, kurz abkühlen lassen und in der Mitte aufschneiden. Die Pita-Taschen mit 4 Esslöffeln Kräuterquark oder Zaziki (aus dem Kühlregal), 4 vorbereiteten Salatblättern, Kichererbsenfrikadellen und 2 vorbereiteten, in Scheiben geschnittenen Tomaten füllen.

Farfalle mit Tomaten-Pesto-Ragout | Etwas Besonderes

4 Portionen

Pro Portion: E: 42 g, F: 26 g, Kh: 57 g, kJ: 2700, kcal: 644, BE: 4,0

2 ½ l Wasser
2 ½ gestr. TL Salz
250 g Farfalle (Schleifchennudeln)

½ Bund Frühlingszwiebeln
6 kleine Fleischtomaten
1 mittelgroße Aubergine
2 EL Olivenöl
Salz
gem. Pfeffer
1 Prise Zucker
3 EL Basilikum-Pesto (aus dem Glas)
125 g Mozzarella
4–5 EL ger. Parmesan

Zubereitungszeit: 20 Minuten
Überbackzeit: 15–20 Minuten

1. Das Wasser in einem großen Topf zugedeckt zum Kochen bringen. Dann Salz und Nudeln hinzugeben. Die Nudeln im geöffneten Topf bei mittlerer Hitze nach Packungsanleitung kochen lassen, dabei gelegentlich umrühren.

2. Anschließend die Nudeln in ein Sieb geben, mit heißem Wasser abspülen und abtropfen lassen.

3. In der Zwischenzeit die Frühlingszwiebeln putzen, abspülen, abtropfen lassen und in Scheiben schneiden. Tomaten abspülen, trocken tupfen, halbieren und die Stängelansätze herausschneiden. Tomatenhälften in grobe Stücke schneiden. Die Aubergine abspülen, abtrocknen und den Stängelansatz entfernen. Aubergine in Würfel schneiden.

4. Den Backofen vorheizen.
Ober-/Unterhitze: etwa 180 °C
Heißluft: etwa 160 °C

5. Einen Esslöffel des Olivenöls in einer Pfanne erhitzen. Frühlingszwiebelscheiben darin unter Rühren kräftig anbraten und herausnehmen.

6. Das restliche Olivenöl in die Pfanne geben und erhitzen. Auberginenwürfel darin kräftig anbraten.

7. Die Tomatenstücke hinzugeben und mit den Auberginenwürfeln etwa 4 Minuten unter Rühren dünsten. Mit Salz, Pfeffer und Zucker würzen. Basilikum-Pesto unterrühren.

8. Die Nudeln mit den Frühlingszwiebelscheiben und dem Tomaten-Ragout in eine Auflaufform (gefettet) geben und gut vermischen.

9. Mozzarella abtropfen lassen, in feine Scheiben schneiden und darauf verteilen. Mit Parmesan bestreuen.

10. Die Form auf dem Rost in den vorgeheizten Backofen schieben. Den Auflauf **15–20 Minuten überbacken.**

Tipps: Zusätzlich noch 2–3 Esslöffel schwarze Oliven unter das Tomaten-Ragout mischen. Wenn Sie keine Farfalle im Haus haben – Penne, kurze Makkaroni, Hörnchennudeln oder Spirelli passen ebenso gut.

Feigen in Karamellsirup mit Ananasminz-Zabaione

Etwas Besonderes – für Gäste

4 Portionen

Pro Portion: E: 5 g, F: 5 g, Kh: 49 g, kJ: 1095, kcal: 261, BE: 4,0

4 Stängel frische Ananasminze
50 g Zucker
250 ml Wasser
16 frische Feigen
2 Eigelb (Größe M)

Zubereitungszeit: 15 Minuten, ohne Abkühlzeit

1. Ananasminze abspülen und gut trocken tupfen. Die Spitzen von den Stängeln schneiden und zum Garnieren beiseitelegen. Spitzen am besten in kaltem Wasser aufbewahren, damit sie frisch bleiben. Restliche Blättchen von den Stängeln zupfen. Blättchen in feine Streifen schneiden. Die Stängel mit dem Messerrücken etwas schlagen, damit sie ihr Aroma nachher im Karamellsirup besser entfalten können.

2. Den Zucker in einem Topf goldgelb karamellisieren. Den Topf von der Kochstelle nehmen. Mit dem Wasser ablöschen (Vorsicht spritzt!). Die Minzestängel hinzugeben. Die Karamellmasse zum Kochen bringen und bei schwacher Hitze so lange kochen lassen, bis sich der Karamell aufgelöst hat. Dabei gelegentlich umrühren.

3. Die Feigen entstielen, vorsichtig schälen und in den Karamellsirup legen. Wieder zum Kochen bringen und 1–2 Minuten bei schwacher Hitze kochen lassen. Den Topf von der Kochstelle nehmen.

4. Die Feigen mit einer Schaumkelle aus dem Sirup heben, abtropfen lassen und beiseitelegen. Den Karamellsirup durch ein Sieb passieren, wieder in den Topf geben, zum Kochen bringen und um die Hälfte (etwa 150 ml) einkochen lassen. Sirup abkühlen lassen.

5. Eigelb in einer Edelstahlschüssel mit einem Schneebesen verrühren. Nach und nach Karamellsirup unterrühren. Die Eigelb-Sirup-Masse über dem heißen Wasserbad schlagen, bis ein dicklicher Schaum entstanden ist (Wasser im Topf sollte kurz vorm Kochen sein/nicht kochen). Dann die Minzestreifen unter die Zabaione heben.

6. Feigen mit der Zabaione anrichten und mit beiseitegelegten Minzespitzen garniert sofort servieren.

Frankfurter Grüne Sauce (Kräutersauce) I

Klassisch

4 Portionen

Pro Portion: E: 4 g, F: 13 g, Kh: 7 g, kJ: 677, kcal: 162, BE: 0,5

etwa 150 g	*frische Kräuter für Frankfurter Grüne Sauce*
150 g	*Crème fraîche oder saure Sahne*
1	*kleine Zwiebel*
150 g	*Joghurt (3,5 % Fett)*
1–2 EL	*Olivenöl*
1 TL	*mittelscharfer Senf*
1 Spritzer	*Zitronensaft*
½ TL	*Zucker*
	Salz
	gem. Pfeffer

Zubereitungszeit: 20 Minuten

1. Kräuter abspülen und trocken tupfen. Die Blättchen von den Stängeln zupfen. Blättchen grob zerschneiden, mit 2 Esslöffeln Crème fraîche oder saurer Sahne in einen Rührbecher geben und mit einem Stabmixer pürieren. Oder die Kräuter sehr fein schneiden und mit Crème fraîche oder saurer Sahne verrühren. Die Zwiebel abziehen und in kleine Würfel schneiden.

2. Die restliche Crème fraîche oder saure Sahne, Joghurt, Zwiebelwürfel, Olivenöl und den Senf mit der Kräuter-Crème-fraîche-Masse verrühren. Die Sauce mit Zitronensaft, Zucker, Salz und Pfeffer würzen und bis zum Servieren in den Kühlschrank stellen.

Tipp: Frankfurter Grüne Sauce zu neuen Kartoffeln mit hart gekochten Eiern reichen.

Extratipps: In die „echte" Frankfurter Grüne Sauce gehören 7 frische Kräuter. Je nach Jahreszeit kann die Zusammenstellung variiert werden. Es gibt abgepackte Kräutermischungen für die Sauce zu kaufen (etwa 150 g). Sie können auch 1 Bund gemischte Kräuter, z. B. Petersilie, Schnittlauch, Kerbel, Pimpinelle, Borretsch, Zitronenmelisse und Kresse oder Sauerampfer, verwenden. Oder die frischen Kräuter durch TK-Kräuter ersetzen.

French-Toast-Auflauf I

Raffiniert

4 Portionen

Pro Portion: E: 29 g, F: 36 g, Kh: 51 g, kJ: 2696, kcal: 646, BE: 4,0

3 rote Paprikaschoten (je etwa 250 g)
275 g Zucchini
1 Knoblauchzehe
2 EL Olivenöl
Salz
gem. Pfeffer
12 Scheiben Toastbrot
50 g Pesto Rosso (aus getrockneten Tomaten)
200 g Mozzarella
2 Eier (Größe M)
200 ml Milch
75 g fein ger. Parmesan
1 Stängel Rosmarin

Zubereitungszeit: 45 Minuten
Garzeit: 30–35 Minuten

1. Den Backofengrill vorheizen.

2. Paprikaschoten vierteln, entstielen, entkernen und die weißen Scheidewände entfernen. Schotenviertel abspülen, trocken tupfen und mit der Hautseite nach oben auf ein Backblech (gefettet) legen. Das Backblech unter den vorgeheizten Backofengrill schieben. Die Paprikaviertel so lange rösten, bis die Haut dunkel wird und Blasen wirft (6–8 Minuten).

3. Das Backblech auf einen Rost stellen. Paprikaviertel mit einem feuchten Geschirrtuch belegen und etwas abkühlen lassen. Paprikastücke enthäuten.

4. Zucchini abspülen, abtrocknen und die Enden abschneiden. Zucchini in etwa 1 cm dicke Scheiben schneiden. Den Knoblauch abziehen und in dünne Scheiben schneiden.

5. Olivenöl in einer großen Pfanne erhitzen. Zucchini- und Knoblauchscheiben darin bei starker Hitze von beiden Seiten kurz anbraten. Mit Salz und Pfeffer würzen.

6. Die Toastbrotscheiben im Toaster goldbraun rösten oder unter dem vorgeheizten Backofengrill von beiden Seiten rösten.

7. Den Backofen vorheizen.
Ober-/Unterhitze: etwa 180 °C
Heißluft: etwa 160 °C

8. Die Toastbrotscheiben auf einer Seite mit Pesto bestreichen. Die Hälfte der Brotscheiben mit der bestrichenen Seite nach oben nebeneinander in eine rechteckige Auflaufform (gefettet) legen. Mit Paprikavierteln und Zucchinischeiben belegen.

9. Mozzarella abtropfen lassen, etwas auseinanderzupfen und auf den Brotscheiben verteilen. Die restlichen Brotscheiben mit der bestrichenen Seite nach unten darauflegen und etwas andrücken.

10. Eier mit Milch und Parmesan verschlagen, mit Salz und Pfeffer würzen. Die Eier-Parmesan-Milch auf dem Auflauf verteilen.

11. Rosmarin abspülen und trocken tupfen. Die Nadeln von den Stängeln zupfen. Den Auflauf mit Rosmarinnadeln bestreuen. Die Form auf dem Rost in den vorgeheizten Backofen (unteres Drittel) schieben. Den Auflauf **30–35 Minuten garen.**

12. Die Form aus dem Backofen nehmen. Den Auflauf sofort servieren.

Frühlingszwiebeln in Bierteig I

Mit Alkohol

6 Portionen

Pro Portion: E: 6 g, F: 25 g, Kh: 30 g, kJ: 1547, kcal: 371, BE: 1,5

6 Bund Frühlingszwiebeln (etwa 1 ½ kg, möglichst dünne Zwiebeln)

Für den Bierteig:

250 g Weizenmehl
3 Eier (Größe M)
250 ml helles Bier oder Malzbier
Salz
gem. Pfeffer

Zum Ausbacken:

750 g Frittierfett

Zum Dippen:

200 g Kräuter-Crème-fraîche

Zubereitungszeit: 30 Minuten, ohne Ruhezeit
Ausbackzeit: 3–5 Minuten je Portion

1. Ein Drittel des Frühlingszwiebelgrüns entfernen. Wurzeln abschneiden. Die Frühlingszwiebeln gründlich waschen und mit Küchenpapier trocken tupfen.

2. Für den Teig Mehl in eine Rührschüssel geben und mit den Eiern gut verrühren. Bier unterrühren. Mit Salz und Pfeffer würzen. Den Teig etwa 20 Minuten ruhen lassen.

3. Zum Ausbacken Frittierfett in einem großen Topf oder in einer Fritteuse auf etwa 180 °C erhitzen.

4. Den Bierteig nochmals durchrühren. Die Frühlingszwiebeln durch den Bierteig ziehen, am Schüsselrand abstreifen und portionsweise in dem siedenden Ausbackfett 3–5 Minuten ausbacken.

5. Die Frühlingszwiebeln mit einem Schaumlöffel aus dem Fett nehmen, auf eine vorgewärmte Platte legen und warm stellen.

6. Zu den Frühlingszwiebeln Kräuter-Crème-fraîche zum Dippen reichen.

Tipp: Sie können auch Blumenkohl und Brokkoli im Bierteig zubereiten. Dazu je 750 g Blumenkohl und Brokkoli putzen, abspülen, abtropfen lassen, in kleine Röschen teilen und in kochendem Salzwasser etwa 5 Minuten vorgaren. Den Bierteig wie angegeben zubereiten, evtl. 50 ml weniger Bier verwenden. Röschen mithilfe von zwei Gabeln durch den Teig ziehen und wie angegeben backen.

Variante: Gemüse der Saison in Bierteig. Sie können auch sehr gut frisches Gemüse der Saison, z.B. kleine Möhren, kleine Zucchini, Zuckerschoten, Kohlrabi und Champignons, im Bierteig ausbacken. Dafür Möhren putzen, schälen, abspülen und abtropfen lassen. Zucchini abspülen, trocken tupfen und die Enden abschneiden. Zucchini in Scheiben schneiden. Von den Zuckerschoten die Enden abschneiden, evtl. abfädeln, abspülen und abtropfen lassen. Kohlrabi putzen, schälen, abspülen, abtropfen lassen, zuerst in Scheiben, dann in Stifte schneiden. Champignons putzen, evtl. kurz abspülen, gut trocken tupfen und in Scheiben schneiden. Möhren, Zucchinischeiben, Zuckerschoten und Kohlrabistifte nach Belieben in kochendem Salzwasser kurz blanchieren und anschließend gut trocken tupfen. Vorbereitetes Gemüse wie im Rezept unter Punkt 4 beschrieben portionsweise durch den Bierteig ziehen und im siedenden Ausbackfett ausbacken.

Gebackene Kartoffelspalten mit Avocadodip I

Für Gäste

VEGAN

4 Portionen

Pro Portion: E: 9 g, F: 30 g, Kh: 48 g, kJ: 2095, kcal: 500, BE: 4,0

1 ½ kg festkochende Kartoffeln
2 EL Olivenöl
2–3 gestr. TL grobes Meersalz

Für den Avocadodip:
300 g kleine Tomaten
1 Knoblauchzehe
3 reife Avocados (etwa 550 g)
4 EL Orangensaft
Salz
1 Msp. gem. Koriander
Cayennepfeffer
1 Bund glatte Petersilie

Zubereitungszeit: 25 Minuten
Backzeit: etwa 45 Minuten

1. Den Backofen vorheizen.
Ober-/Unterhitze: etwa 200 °C
Heißluft: etwa 180 °C

2. Kartoffeln unter fließendem kalten Wasser gründlich abbürsten und abtropfen lassen. Die Kartoffeln je nach Größe der Länge nach in 4 oder 6 Spalten schneiden.

3. Die Kartoffelspalten auf einem Backblech verteilen. Mit Olivenöl und Meersalz vermischen. Das Backblech in den vorgeheizten Backofen schieben. Kartoffelspalten unter gelegentlichem Wenden etwa **45 Minuten backen.**

4. In der Zwischenzeit für den Dip Tomaten abspülen, abtropfen lassen, halbieren und die Stängelansätze herausschneiden. Die Tomatenhälften entkernen und in kleine Würfel schneiden. Den Knoblauch abziehen, durch eine Knoblauchpresse drücken und zu den Tomatenwürfeln geben.

5. Avocados in der Mitte längs durchschneiden und jeweils den Stein herausnehmen. Das Fruchtfleisch mit einem Löffel aus den Schalen lösen und mit einem Pürierstab grob pürieren. Püree unter die Tomatenwürfel rühren. Orangensaft unterrühren. Mit Salz, Koriander und Cayennepfeffer würzen.

6. Petersilie abspülen und trocken tupfen. Die Blättchen von den Stängeln zupfen. Die Blättchen klein schneiden und unter den Avocadodip rühren. Mit Salz, Orangensaft und Cayennepfeffer abschmecken. Die gebackenen Kartoffelspalten mit dem Avocadodip servieren.

Gebackene Käsewürfel auf Kohlrabiragout I

Raffiniert – schnell

2 Portionen

Pro Portion: E: 33 g, F: 51 g, Kh: 17 g, kJ: 2761, kcal: 660, BE: 1,0

etwa 400 g Kohlrabi
1 kleine Zwiebel
25 g Butter
1 Msp. gerebelter Majoran
Salz
gem. Pfeffer
50 ml Gemüsebrühe

Für die gebackenen Käsewürfel:
200 g Gouda oder Edamer (am Stück)
1 Ei (Größe M)
2 EL Semmelbrösel
etwa 80 g Butterschmalz
½ EL frisch gehackte Petersilie oder TK-Petersilie

Zubereitungszeit: 30 Minuten
Garzeit: Kohlrabiragout etwa 10 Minuten

1. Von dem Kohlrabi die Blätter entfernen. Die zarten Blätter abspülen, trocken tupfen, in feine Streifen schneiden und zum Garnieren beiseitelegen. Kohlrabi schälen, abspülen, abtropfen lassen und in etwa 1 cm große Würfel schneiden.

2. Zwiebel abziehen und klein würfeln. Die Butter in einem Topf zerlassen. Die Zwiebelwürfel darin glasig dünsten. Kohlrabiwürfel mit Majoran, Salz und Pfeffer hinzufügen, unter Rühren kurz mitdünsten lassen. Die Brühe hinzugießen und zum Kochen bringen. Kohlrabiragout zugedeckt etwa 10 Minuten unter gelegentlichem Rühren bei schwacher Hitze dünsten.

3. Für die Käsewürfel in der Zwischenzeit den Käse in etwa 2 cm große Würfel schneiden. Ei in einem tiefen Teller verschlagen. Semmelbrösel ebenfalls in einen tiefen Teller geben.

4. Die Käsewürfel zunächst durch das verschlagene Ei ziehen, am Tellerrand abstreifen und dann in den Semmelbröseln wenden. Panade leicht andrücken.

5. Jeweils die Hälfte des Butterschmalzes in einer großen Pfanne erhitzen. Käsewürfel darin in 2 Portionen von allen Seiten bei mittlerer Hitze goldgelb braten. Käsewürfel herausnehmen und auf Küchenpapier abtropfen lassen.

6. Das Kohlrabiragout auf einer Platte anrichten. Mit Petersilie und beiseitegelegten Kohlrabiblattstreifen garnieren. Die gebackenen Käsewürfel auf dem Kohlrabiragout verteilen und servieren.

Gebackene Rote Bete mit Nuss-Schmand | Raffiniert

4 Portionen

Pro Portion: E: 11 g, F: 38 g, Kh: 31 g, kJ: 2144, kcal: 512, BE: 2,5

600 g Rote Bete
1 EL Kümmelsamen
3 Lorbeerblätter
Salz

Für den Nuss-Schmand:

80 g geröstete Nusskerne, z. B. Haselnuss-, Walnuss-, Erdnusskerne, Mandeln
200 g Schmand (Sauerrahm)
5 Stängel Thymian
1 Bio-Zitrone (unbehandelt, ungewachst)
2–3 EL Schlagsahne
gem. Pfeffer
ger. Muskatnuss

1 Mini-Roma-Salat

2 Eier (Größe M)
etwa 50 g Weizenmehl
etwa 60 g feine Semmelbrösel
4 EL Butterschmalz

Zubereitungszeit: 50 Minuten, ohne Abkühlzeit
Garzeit: Rote Bete 60–90 Minuten

1. Von der Roten Bete Wurzeln und Blätter etwa 3 cm hoch über den Knollen abschneiden. Die Knollen mit der Bürste unter fließendem kalten Wasser gründlich säubern.

2. Die Knollen mit Kümmel und Lorbeerblättern in kochendes Salzwasser geben, zum Kochen bringen und je nach Größe in 60–90 Minuten weich kochen lassen.

3. Für den Nuss-Schmand Nusskerne fein mahlen, in eine Schüssel geben und mit dem Schmand verrühren.

4. Thymian abspülen und trocken tupfen. Von 2 Stängeln die Blättchen von den Stängeln zupfen. Blättchen klein schneiden. Restliche Stängel beiseitelegen.

5. Die Zitrone heiß abwaschen, abtrocknen und die Hälfte der Schale abreiben.

6. Klein geschnittenen Thymian, Zitronenschale und etwas Sahne zum Nuss-Schmand geben und unterrühren. Mit Salz, Pfeffer und etwas Muskat abschmecken. Nuss-Schmand in den Kühlschrank stellen.

7. Salat putzen, in einzelne Blätter teilen, abspülen und trocken tupfen oder schleudern. Die Salatblätter zugedeckt in den Kühlschrank stellen.

8. Rote Bete mit einem Schaumlöffel aus dem Kochwasser nehmen, mit kaltem Wasser abschrecken, abkühlen lassen, schälen und in Scheiben schneiden.

9. Eier in einem tiefen Teller verschlagen. Rote-Bete-Scheiben zuerst in Mehl wenden, überflüssiges Mehl abklopfen. Dann die Scheiben durch die verschlagenen Eier ziehen, am Tellerrand abstreifen und zuletzt in Semmelbröseln wenden. Panade gut andrücken.

10. Die Rote-Bete-Scheiben portionsweise in Butterschmalz braten. Dafür jeweils etwas Butterschmalz in einer großen Pfanne erhitzen. Die Rote-Bete-Scheiben darin von beiden Seiten goldbraun braten und kurz auf Küchenpapier abtropfen lassen.

11. Rote-Bete-Scheiben mit den Salatblättern und beiseitegelegten Thymianstängeln auf einer Platte anrichten.

12. Evtl. die restliche Sahne unter den Nuss-Schmand rühren. Nuss-Schmand mit den Rote-Bete-Scheiben servieren.

Beilage: Frischer Kopfsalat.

Tipps: Rote Bete am besten schon am Vortag kochen. Es gibt auch küchenfertige Rote Bete vakuumverpackt zu kaufen. Sie sind nicht gesäuert und nicht gewürzt. Wer diese Ware verwendet, spart sich Zeit und schmutzige Hände.

Gebratener Reis (Fried Rice) I

Asiatisch inspiriert

4 Portionen

Pro Portion: E: 12 g, F: 23 g, Kh: 67 g, kJ: 2197, kcal: 524, BE: 5,5

225 g Vollkorn-Basmatireis
Salz
3 Knoblauchzehen
40 g frischer Ingwer
½–1 rote Chilischote
2 rote Zwiebeln
250 g Möhren
250 g Paksoi (chinesischer Senfkohl)
150 g Mungobohnensprossen
150 g Ananasfruchtfleisch
2 Eier (Größe M)
1 TL Currypulver, mild
7 EL Speiseöl
2 EL brauner Rohrzucker
3 EL asiatische Pilzsauce, z. B. Mushroom-Sojasauce
3 EL Sojasauce
fein abger. Schale von
1 Bio-Limette (unbehandelt, ungewachst)

Zum Bestreuen:
8 Stängel Koriander

Zubereitungszeit: 45 Minuten

1. Reis in kochendem Salzwasser nach Packungsanleitung garen. Den Reis in einem Sieb abtropfen lassen, in eine Schüssel geben und erkalten lassen. Den Reis mit einer Gabel auflockern.

2. Knoblauch abziehen. Den Ingwer schälen, beides in kleine Würfel schneiden. Chilischote abspülen, trocken tupfen und entstielen. Chilischote mit den Kernen fein hacken.

3. Zwiebeln abziehen und in etwa 1 cm breite Spalten schneiden. Möhren putzen, schälen, abspülen, abtropfen lassen, in dünne Streifen schneiden.

4. Paksoi putzen, gründlich abspülen, abtropfen lassen, die Blätter abschneiden und grob zerzupfen. Die Stiele einmal längs durchschneiden.

5. Sprossen abspülen und gut abtropfen lassen. Ananasfruchtfleisch in etwa 1 cm breite Stücke schneiden. Die Eier mit etwas Salz und Curry verschlagen.

6. Das Speiseöl in einem großen Wok erhitzen. Möhrenstreifen, Zwiebelspalten, Chili, Ingwer- und Knoblauchwürfel darin etwa 2 Minuten unter Rühren anbraten. Reis hinzugeben und kurz mitbraten lassen.

7. Die Paksoi-Stiele und Sprossen untermischen, etwa ½ Minute mit anbraten. Dann die Paksoi-Blätter und Ananasstücke mit Zucker, Pilzsauce, Sojasauce und Limettenschale unterrühren. Alle Zutaten an den Wokrand schieben.

8. Die verschlagenen Eier in die Mitte des Woks geben, stocken lassen und mit dem Pfannenwender grob zerteilen.

9. Koriander abspülen und trocken tupfen. Die Blättchen von den Stängeln zupfen. Blättchen grob zerkleinern. Fried Rice auf vorgewärmten Tellern anrichten und mit Koriander bestreuen.

Tipps: Der Reis kann schon am Vortag gegart werden. Die Pilzsauce kann auch durch Sojasauce ausgetauscht werden.

Gebratenes Gemüse mit Sesam-Grießnocken I

Raffiniert

2 Portionen

Pro Portion: E: 14 g, F: 30 g, Kh: 37 g, kJ: 2007, kcal: 478, BE: 2,5

Für die Sesam-Grießnocken:

30 g geschälte Sesamsamen
100 ml Gemüsebrühe
20 g Butter oder Margarine
60 g Dinkelgrieß
1 Ei (Größe M)
Salz

Für das Gemüse:

1 Kohlrabi (etwa 300 g)
300 g Möhren
1 Bund Frühlingszwiebeln (etwa 150 g)
2 EL Speiseöl
½ Bund Koriander
70 ml Gemüsebrühe
gem. Pfeffer
ger. Muskatnuss
1–2 TL Zitronensaft

Zubereitungszeit: 45 Minuten

1. Für die Grießnocken Sesam in einer Pfanne ohne Fett unter Rühren goldbraun rösten, herausnehmen und auf einem Teller erkalten lassen.

2. Brühe und Butter oder Margarine in einem Topf zum Kochen bringen. Grieß unter Rühren einstreuen. So lange mit einem Kochlöffel weiterrühren, bis sich die Masse als Kloß vom Topfboden löst. Die Grießmasse in eine Rührschüssel geben. Zuerst Sesam, dann das Ei unterrühren. Die Grießmasse mit Salz würzen und etwas abkühlen lassen.

3. Für das Gemüse Kohlrabi und Möhren putzen, schälen, abspülen, abtropfen lassen und in dünne, etwa 4 cm lange Stifte schneiden. Frühlingszwiebeln putzen, abspülen, abtropfen lassen, schräg in etwa 2 cm lange Stücke schneiden.

4. In einem breiten Topf etwa 2 ½ Liter Wasser zum Kochen bringen. 1–2 Teelöffel Salz hinzufügen. Von der Grießmasse mit zwei kalt abgespülten Esslöffeln 12 Nocken abstechen und in das siedende Wasser (Wasser darf sich nur leicht bewegen) geben. Nocken etwa 10 Minuten ohne Deckel gar ziehen lassen.

5. Speiseöl in einer großen Pfanne erhitzen. Kohlrabi- und Möhrenstreifen darin bei starker Hitze anbraten. Das Gemüse etwa 8 Minuten bei mittlerer Hitze unter Wenden braten.

6. In der Zwischenzeit Koriander abspülen und trocken tupfen (einige Spitzen zum Garnieren beiseitelegen). Die Blättchen von den Stängeln zupfen.

7. Frühlingszwiebelstücke zu dem Gemüse in die Pfanne geben und etwa 3 Minuten bei schwacher Hitze mitgaren.

8. Die Brühe hinzugießen und zum Kochen bringen. Das Gemüse mit Salz, Pfeffer, Muskat und Zitronensaft würzen. Zwei Drittel der Korianderblättchen unterheben. Das Gemüse auf einer Platte anrichten.

9. Die Nocken mit einer Schaumkelle aus dem Salzwasser nehmen, abtropfen lassen und auf dem Gemüse verteilen. Mit restlichen Korianderblättchen bestreuen und mit beiseitegelegten Korianderspitzen garnieren.

Tipp: Anstelle des frischen Korianders können Sie auch Kerbel oder Petersilie verwenden.

Gefüllte Kartoffelplätzchen I

Etwas Besonderes

2 Portionen (8 Plätzchen)

Pro Portion: E: 12 g, F: 27 g, Kh: 44 g, kJ: 1994, kcal: 476, BE: 3,5

Für die Kartoffelplätzchen:

600 g mehligkochende Kartoffeln
Salz
1/2 Zwiebel
gem. Pfeffer
ger. Muskatnuss

Für die Füllung:

1 Knoblauchzehe
60 g getrocknete Tomaten, in Öl
1/2 Bund glatte Petersilie
30 g geraspelter Emmentaler

4 EL Olivenöl

Zubereitungszeit: 45 Minuten, ohne Abkühlzeit

1. Für die Kartoffelplätzchen die Kartoffeln schälen, abspülen, abtropfen lassen. Die Kartoffeln in einem großen Topf knapp mit Wasser bedeckt zum Kochen bringen, Salz hinzufügen. Kartoffeln zugedeckt etwa 10 Minuten kochen.

2. Kartoffeln abgießen, abdämpfen, etwas abkühlen lassen und auf der Haushaltsreibe grob raspeln. Zwiebelhälfte abziehen und fein würfeln. Zwiebelwürfel mit den Kartoffelraspeln vermengen. Mit Salz, Pfeffer und Muskat würzen.

3. Für die Füllung Knoblauch abziehen und durch eine Knoblauchpresse drücken. Tomaten in einem Sieb abtropfen lassen und in kleine Würfel schneiden.

4. Petersilie abspülen und trocken tupfen. Die Blättchen von den Stängeln zupfen. Blättchen klein schneiden. Petersilie, Knoblauch und Tomatenwürfel mit den Käseraspeln vermischen.

5. Aus dem Kartoffelteig eine Rolle formen und in 16 gleich große Stücke teilen. Teigstücke etwas flach drücken. Jeweils 1 Teigplatte mit 2 Teelöffeln von der Füllung belegen, mit einer zweiten Teigplatte belegen und etwas andrücken. Die gefüllten Teigplatten zu runden Plätzchen formen.

6. Olivenöl in einer großen Pfanne erhitzen. Die Kartoffelplätzchen darin von jeder Seite 5–6 Minuten knusprig braun braten.

Beilage: Erbsen in Parmesansauce (2 Portionen). Dafür 1/2 Zwiebel und 1 Knoblauchzehe abziehen, klein würfeln. Zwiebel- und Knoblauchwürfel in 1/2 Esslöffel zerlassener Butter glasig dünsten. 300 g TK-Erbsen hinzugeben, kurz mitdünsten lassen. 125 g Schlagsahne hinzugießen, aufkochen lassen, mit Salz und Pfeffer würzen. Erbsen zugedeckt bei schwacher Hitze etwa 10 Minuten garen, dabei ab und zu umrühren. Zuletzt 50 g frisch geriebenen Parmesan unterrühren.

Tipp: Statt der Tomaten- eine Kräuterfüllung zubereiten. Dafür je 1 Bund Petersilie und Schnittlauch abspülen, trocken tupfen. Die Blättchen von den Petersilienstängeln zupfen und klein schneiden. Schnittlauch in feine Röllchen schneiden. Kräuter mit Knoblauch und Käseraspeln vermengen. Die Kartoffelplätzchen wie im Rezept beschrieben füllen und braten.

Gemischtes, gedünstetes Kohlgemüse | Gut vorzubereiten

12 Portionen

VEGAN

Pro Portion: E: 14 g, F: 23 g, Kh: 15 g, kJ: 1337, kcal: 319, BE: 1,0

1 Blumenkohl (etwa 1 kg)
2 Brokkoli (je etwa 500 g)
2 Kohlrabi (je etwa 400 g)
800 g Rosenkohl
1 kleiner Wirsing (etwa 700 g)
Salz
gem. Pfeffer
ger. Muskatnuss
200 g Margarine
200 g gehackte Erdnusskerne
100 g Semmelbrösel

Zubereitungszeit: 70 Minuten
Garzeit: etwa 20 Minuten

1. Von dem Blumenkohl und Brokkoli die Blätter und schlechten Stellen entfernen. Von dem Blumenkohl den Strunk abschneiden. Blumenkohl und Brokkoli abspülen, abtropfen lassen, in Röschen teilen. Kohlrabi putzen, schälen, abspülen, abtropfen lassen. Kohlrabi zunächst in Scheiben, dann in Stifte schneiden.

2. Rosenkohl von den schlechten, äußeren Blättern befreien und etwas vom Strunk abschneiden. Die Röschen am Strunk kreuzweise einschneiden, abspülen und abtropfen lassen. Von dem Wirsing die groben, äußeren Blätter lösen. Wirsing vierteln und den Strunk herausschneiden. Wirsingviertel abspülen, abtropfen lassen und grob würfeln.

3. Den Backofen vorheizen.
Ober-/Unterhitze: etwa 180 °C
Heißluft: etwa 160 °C

4. Das vorbereitete Gemüse getrennt voneinander in kochendem Salzwasser einige Minuten bissfest garen. Anschließend das Gemüse in ein Sieb geben, mit eiskaltem Wasser abschrecken und abtropfen lassen.

5. Die einzelnen Gemüsesorten nebeneinander auf ein Backblech (gefettet, mit Backpapier belegt) legen. Mit Salz, Pfeffer und Muskat würzen.

6. Anschließend Margarine in einer Pfanne zerlassen. Erdnusskerne und Semmelbrösel darin unter Rühren leicht anrösten, herausnehmen und auf dem Gemüse verteilen. Das Backblech in den vorgeheizten Backofen schieben. Kohlgemüse **etwa 20 Minuten garen.**

Tipp: Dazu passen eine holländische Sauce und gebratene Rosmarinkartoffeln.

Gemüse mit chinesischen Nudeln | Für Gäste

4 Portionen

VEGAN

Pro Portion: E: 9 g, F: 15 g, Kh: 33 g, kJ: 1303, kcal: 312, BE: 2,5

Für die Würzsauce:

2 EL helle Sojasauce
Saft von
1 Limette
2 EL Kokosmilch
1 TL Currypulver

Für das Gemüse:

2 Möhren
je 1 grüne und gelbe Zucchini
2 gelbe Paprikaschoten
2 Chilischoten
1 Knoblauchzehe
20 g frischer Ingwer
1–2 Stängel Basilikum
4 EL Speiseöl
100 g Wok-Nudeln (ohne Vorkochen)
170 ml Gemüsebrühe
Salz
Zucker

Zubereitungszeit: 45 Minuten

1. Für die Sauce Sojasauce, Limettensaft, Kokosmilch und Curry in einer kleinen Schüssel mit einem Schneebesen verrühren.

2. Für das Gemüse Möhren putzen, schälen, abspülen und abtropfen lassen. Möhren schräg in Scheiben schneiden.

3. Die Zucchini abspülen, abtrocknen und die Enden abschneiden. Zucchini halbieren und in etwas dickere Scheiben schneiden.

4. Die Paprikaschoten halbieren, entstielen, entkernen und die weißen Scheidewände entfernen. Schotenhälften abspülen, trocken tupfen, in Streifen schneiden. Chilischoten längs einschneiden, entkernen, abspülen, trocken tupfen und in schräge Ringe schneiden. Den Knoblauch abziehen, sehr klein würfeln. Ingwer schälen und in kleine Würfel schneiden. Basilikum abspülen und trocken tupfen. Blättchen von den Stängeln zupfen. Blättchen in Streifen schneiden.

5. Speiseöl in einem Wok erhitzen. Knoblauch- und Ingwerwürfel darin andünsten. Möhren- und Zucchinischeiben hinzugeben, unter ständigem Rühren etwa 3 Minuten braten. Paprikastreifen und Chilischotenringe unterrühren, weitere etwa 2 Minuten mitbraten lassen.

6. Die Würzsauce, Wok-Nudeln und Gemüsebrühe hinzugeben, zum Kochen bringen. Die Gemüsenudeln unter mehrmaligem Wenden bissfest garen. Mit Salz und Zucker abschmecken. Basilikumstreifen unterheben.

7. Das Gemüse mit chinesischen Nudeln auf einer Platte oder in Schälchen anrichten und sofort servieren.

Tipp: Geputzten Mangold und Chinakohl abspülen, trocken tupfen, in Streifen schneiden und kurz in kochendem Salzwasser blanchieren. Gemüsestreifen in kaltem Wasser abschrecken und zusammen mit den Chilischotenringen unterrühren und mitbraten lassen.

Gemüsecurry mit Brokkoli und Minz-Joghurt I

Etwas Besonderes

4 Portionen

Pro Portion: E: 18 g, F: 28 g, Kh: 60 g, kJ: 2418, kcal: 581, BE: 4,5

Für den Minz-Joghurt:

4 Stängel Minze
250 g Joghurt (3,5 % Fett)
Salz
1 Msp. gem. Koriander

Für das Gemüsecurry:

3 Zwiebeln (etwa 150 g)
2 Knoblauchzehen
500 g Brokkoli
300 g TK-Brechbohnen
20 g Butterschmalz
80 g gelbe Linsen
1–2 EL Currypulver, z. B. Madras-Curry
400 ml Kokosmilch
125 ml Wasser

Für den Reis:

200 g Basmatireis
2 Kapseln grüner Kardamom
1 EL schwarze Sesamsamen (erhältlich im Asialaden)

Zubereitungszeit: 35 Minuten
Garzeit: Gemüsecurry etwa 25 Minuten

1. Für den Minz-Joghurt die Minze abspülen und trocken tupfen. Die Blättchen von den Stängeln zupfen (einige Blättchen zum Garnieren beiseitelegen). Blättchen in feine Streifen schneiden.

2. Minzestreifen mit dem Joghurt verrühren. Mit Salz und Koriander würzen. Den Minz-Joghurt in den Kühlschrank stellen.

3. Für das Curry Zwiebeln abziehen, halbieren und in feine Spalten schneiden. Knoblauch abziehen und in dünne Streifen schneiden.

4. Von dem Brokkoli die Blätter entfernen. Brokkoli in kleine Röschen teilen. Brokkolistiele schälen und in etwa 1 cm große Würfel schneiden. Brokkoliröschen und -würfel abspülen, abtropfen lassen.

5. Gefrorene Bohnen in kochendem Salzwasser etwa 7 Minuten garen.

6. In der Zwischenzeit Butterschmalz in einem Topf erhitzen. Zwiebelspalten und Knoblauchstreifen darin andünsten.

7. Gelbe Linsen und Curry hinzugeben, kurz mit andünsten. Kokosmilch und Wasser hinzugießen, zum Kochen bringen. Linsen etwa 15 Minuten bei schwacher Hitze garen.

8. Gegarte Bohnen in ein Sieb geben, mit eiskaltem Wasser abspülen und abtropfen lassen.

9. Die Brokkoliröschen und -würfel in kochendem Salzwasser etwa 3 Minuten kochen.

10. Brokkoli in ein Sieb geben, mit eiskaltem Wasser abspülen und abtropfen lassen.

11. Für den Reis den Reis 2–3-mal waschen und in einem Sieb abtropfen lassen. Reis nach Packungsanleitung mit kaltem Wasser und Kardamom in einem Topf zum Kochen bringen und bei schwacher Hitze garen.

12. Sesam in einer Pfanne ohne Fett rösten, bis er duftet. Sesam herausnehmen und auf einem Teller abkühlen lassen.

13. Bohnen und Brokkoli zum Linsen-Gemüse geben. Das Gemüse unter Rühren aufkochen. Mit Salz abschmecken.

14. Die Hälfte des gerösteten Sesams unter den Reis rühren. Den Reis mit Salz abschmecken.

15. Gemüsecurry mit Reis und Minze-Joghurt anrichten. Den Reis mit restlichem Sesam bestreuen, Gemüsecurry mit beiseitegelegten Minzeblättchen garnieren.

Gemüsecurry mit Koriander

Asiatisch inspiriert

2 Portionen

VEGAN

Pro Portion: E: 5 g, F: 23 g, Kh: 21 g, kJ: 1280, kcal: 309, BE: 1,5

1 rote Paprikaschote
100 g frische Shiitakepilze
2 Frühlingszwiebeln
100 g Zuckerschoten
1–2 Knoblauchzehen
½ rote Chilischote (etwa 20 g)
20 g frischer Ingwer
1 EL Speiseöl
200 ml Gemüsebrühe
200 ml Kokosmilch
1 Bio-Limette (unbehandelt, ungewachst)
Salz
1 TL Speisestärke
3–4 Stängel Koriander

Zubereitungszeit: 30 Minuten
Garzeit: etwa 3 Minuten

1. Die Paprikaschote halbieren, entstielen, entkernen und die weißen Scheidewände entfernen. Die Schote abspülen, abtropfen lassen und in sehr feine Streifen schneiden.

2. Pilze putzen, dabei die Stiele abschneiden. Pilze evtl. kurz abspülen, trocken tupfen und in sehr dünne Scheiben schneiden.

3. Frühlingszwiebeln putzen, abspülen und abtropfen lassen. Frühlingszwiebeln mit dem hellen Grün schräg in Scheiben schneiden.

4. Von den Zuckerschoten die Enden abschneiden, evtl. abfädeln. Zuckerschoten abspülen, abtropfen lassen und längs durchschneiden. Knoblauch abziehen und in sehr kleine Würfel schneiden.

5. Die Chilischote abspülen, trocken tupfen, entstielen und mit den Kernen in dünne Streifen schneiden. Den Ingwer schälen und fein reiben.

6. Das Speiseöl in einem Wok erhitzen. Zuerst Zuckerschotenhälften, Paprikastreifen und Pilzscheiben darin etwa 1 Minute unter Wenden stark andünsten. Dann Frühlingszwiebelscheiben, Chilistreifen, Knoblauchwürfel und Ingwer hinzugeben, kurz mitdünsten lassen. Die Brühe und Kokosmilch hinzugießen, zum Kochen bringen und etwa 2 Minuten kochen lassen.

7. Limette heiß abwaschen, abtrocknen, die Schale fein abreiben. Limette halbieren und den Saft auspressen. Limettenschale und 2 Esslöffel des Limettensaftes unter das Gemüsecurry rühren. Mit Salz würzen.

8. Speisestärke mit etwas Wasser anrühren, in das Curry rühren und unter Rühren aufkochen lassen.

9. Koriander abspülen und trocken tupfen. Die Blättchen von den Stängeln zupfen. Die Blättchen grob zerschneiden und unter das Curry mischen.

Gemüsemuffins mit Käsedip I

Raffiniert (ohne Foto)
12 Muffins

Pro Stück: E: 13 g, F: 22 g, Kh: 20 g, kJ: 1410, kcal: 337, BE: 1,5

Zum Vorbereiten:

1 gelbe Paprikaschote
2 Strauchtomaten
1 kleine Zucchini
1 Bund Basilikum

Für den Teig:

150 g Weizenmehl
100 g Maismehl
2 gestr. TL Dr. Oetker Backin
1 TL Paprikapulver edelsüß
2 gestr. TL Natron
200 g Joghurt (3,5 % Fett)
100 ml Milch (3,5 % Fett)
1 Ei (Größe M)
40 ml Olivenöl
1 gestr. TL Salz
50 g gehackte Mandeln

Für den Käsedip:

1 Bund Schnittlauch
1 Bund Frühlingszwiebeln
400 g Doppelrahm-Frischkäse
200 g Joghurt (3,5 % Fett)
150 g würziger Bergkäse
Salz
gem. Pfeffer

Außerdem:

12 Papierbackförmchen

Zubereitungszeit: 60 Minuten
Backzeit: etwa 25 Minuten

1. Zum Vorbereiten die Paprikaschote mit einem Sparschäler grob schälen, halbieren, entstielen, entkernen und die weißen Scheidewände entfernen. Die Schote abspülen, abtropfen lassen und in Würfel schneiden.

2. Die Tomaten abspülen, trocken tupfen, halbieren, die Stängelansätze herausschneiden und entkernen. Tomatenhälften würfeln.

3. Zucchini abspülen, abtrocknen und die Enden abschneiden. Zucchini zuerst längs in Scheiben, dann in kleine Würfel schneiden.

4. Das Basilikum abspülen und trocken tupfen. Die Blättchen von den Stängeln zupfen. Blättchen klein schneiden.

5. Den Backofen vorheizen.
Ober-/Unterhitze: etwa 180 °C
Heißluft: etwa 160 °C

6. Für den Teig Mehl mit Maismehl und Backpulver in einer Rührschüssel mischen. Paprika und Natron untermischen. Joghurt, Milch, Ei, Olivenöl und Salz hinzugeben. Die Zutaten mit einem Mixer (Knethaken) zunächst kurz auf niedrigster, danach auf höchster Stufe zu einem glatten Teig verkneten.

7. Vorbereitetes Gemüse, Basilikum und Mandeln unterarbeiten.

8. Den Teig in eine Muffinform (für 12 Muffins, mit Papierbackförmchen ausgelegt) geben und glatt streichen.

9. Die Form auf dem Rost in den vorgeheizten Backofen schieben. Muffins **etwa 25 Minuten backen.**

10. In der Zwischenzeit für den Käsedip Schnittlauch abspülen, trocken tupfen und in Röllchen schneiden. Die Frühlingszwiebeln putzen, abspülen, abtropfen lassen und in feine Scheiben schneiden.

11. Schnittlauchröllchen, Frühlingszwiebelscheiben, Frischkäse und Joghurt in eine Schüssel geben. Käse grob reiben und hinzugeben. Die Zutaten zu einer glatten Masse verrühren. Den Dip mit Salz und Pfeffer kräftig abschmecken.

12. Die Muffins aus der Form heben und auf Tellern verteilen. Die Muffins warm oder kalt mit dem Dip servieren.

Gemüseragout mit Dill

Klassisch

4 Portionen

VEGAN

Pro Portion: E: 7 g, F: 16 g, Kh: 25 g, kJ: 1145, kcal: 274, BE: 2,0

4 Möhren (etwa 400 g)
2 Kohlrabi (etwa 400 g)
1 Salat- oder Schmorgurke (etwa 400 g)
500 g grüner Spargel
400 g kleine, festkochende Kartoffeln
Salz
1 Bund Dill
2 Knoblauchzehen
6 EL Olivenöl
200 ml Gemüsebrühe
gem. Pfeffer

Zubereitungszeit: 45 Minuten
Garzeit: 5–10 Minuten

1. Die Möhren putzen, schälen, abspülen, abtropfen lassen und in Scheiben schneiden. Die Kohlrabi schälen, abspülen und abtropfen lassen. Kohlrabi zuerst in Scheiben, dann in Stifte schneiden.

2. Salat- oder Schmorgurke abspülen, trocken tupfen und die Enden abschneiden. Gurke längs halbieren und die Kerne mit einem Löffel entfernen. Gurkenhälften in etwa 2 cm dicke Stücke schneiden.

3. Vom Spargel das untere Drittel schälen und die unteren Enden abschneiden. Spargelstangen abspülen, abtropfen lassen, je nach Größe halbieren oder dritteln.

4. Kartoffeln unter fließendem Wasser sehr gründlich abbürsten und zugedeckt in kochendem Salzwasser etwa 15 Minuten garen.

5. In der Zwischenzeit den Dill abspülen und trocken tupfen. Die Spitzen von den Stängeln zupfen. Spitzen klein schneiden. Knoblauch abziehen und in kleine Würfel schneiden.

6. Möhrenscheiben und Spargelspitzen in kochendem Salzwasser je etwa 5 Minuten, Kohlrabistifte in kochendem Salzwasser 3–5 Minuten garen.

7. Die Gemüsezutaten jeweils in einem Sieb abtropfen lassen.

8. Die garen Kartoffeln abgießen und in einem Sieb abtropfen lassen.

9. Jeweils etwas Olivenöl in einer Pfanne erhitzen. Die Kartoffeln und vorbereiteten Gemüsezutaten darin nacheinander unter Rühren andünsten, herausnehmen und in einen großen Topf geben.

10. Brühe hinzugießen. Mit Salz und Pfeffer würzen. Dill und Knoblauchwürfel unterrühren. Die Zutaten zum Kochen bringen und zugedeckt 5–10 Minuten bei schwacher Hitze garen. Das Gemüse sollte noch etwas Biss haben.

Beilage: Baguette oder Zwiebelbaguette mit Kräuter-Knoblauch-Butter.

Tipps: Das Gemüseragout nach Belieben mit etwas angerührter Stärke binden. Zu dem Gemüseragout aus Frühlingsgemüse passen statt des Dills auch 1 Bund Kerbel oder 1 kleines Bund Kräuter für Frankfurter Sauce.

Variante: Im Sommer können Sie auch 2 kg gemischtes Sommergemüse verwenden (Paprika, Auberginen, Gemüsezwiebeln, Zucchini, Tomaten und Kartoffeln). Dafür Gemüse und Kartoffeln waschen, schälen, abspülen und abtropfen lassen. Die vorbereiteten Zutaten in etwa 2 x 2 cm große Würfel schneiden. Thymian und Majoran abspülen und trocken tupfen. Die Blättchen von den Stängeln zupfen. Einige Majoranblättchen zum Garnieren beiseitelegen. Knoblauch abziehen und durch eine Knoblauchpresse drücken. Olivenöl in einer großen Pfanne erhitzen. Die Gemüse- und Kartoffelwürfel darin in 3 Portionen bei mittlerer Hitze andünsten. Thymian-, Majoranblättchen und Knoblauch unterrühren. Mit Salz und Pfeffer kräftig abschmecken. Die Gemüsemasse in eine Auflaufform (gefettet) geben. Bei 160 °C für etwa 40 Minuten in den vorgeheizten Backofen geben.

Gemüseschnitzel | Einfach

1 Portion

Insgesamt: E: 12 g, F: 21 g, Kh: 51 g, kJ: 1851, kcal: 442, BE: 4,0

200 g ***Gemüse, z. B. Knollensellerie, Zucchini, Steckrübe, Süßkartoffel, Rote Bete***
Salz
gem. Pfeffer
2 EL ***Weizenmehl***
4 EL ***Semmelbrösel***
1 ***Ei (Größe S)***
1 ½ EL ***Speiseöl, z. B. Rapsöl***
15 g ***Butter***

Zubereitungszeit: 30 Minuten

1. Gemüse putzen, schälen, abspülen und abtropfen lassen. Das Gemüse in etwa ½ cm dicke Scheiben schneiden und in kochendem Salzwasser 3–5 Minuten garen. Gemüsescheiben in einem Sieb gut abtropfen lassen. Mit Salz und Pfeffer würzen.

2. Mehl, Semmelbrösel und Ei in je einen tiefen Teller geben. Ei verschlagen. Die Gemüsescheiben zunächst in Mehl wenden, dann durch das verschlagene Ei ziehen, am Tellerrand abstreifen und zuletzt in Semmelbröseln wenden. Panade leicht andrücken.

3. Speiseöl in einer großen Pfanne erhitzen. Gemüsescheiben darin von jeder Seite etwa 2 Minuten goldgelb braten. Kurz vor Ende der Bratzeit die Butter zu den Gemüsescheiben in die Pfanne geben und zerlassen. Gemüsescheiben herausnehmen und auf einem Teller anrichten.

Beilage: **Champignon-Reis-Salat** (2 Portionen). Dafür 50 g Naturreis mit 150 ml Gemüsebrühe in einem Topf zum Kochen bringen und zugedeckt etwa 30 Minuten bei schwacher Hitze nach Packungsanleitung garen. Reis in einem Sieb abtropfen und abkühlen lassen. 1 Frühlingszwiebel putzen, abspülen, abtropfen lassen, in feine Scheiben schneiden. 50 g Joghurt (3,5 % Fett) mit 25 g Joghurt-Salatcreme verrühren, mit Salz, Pfeffer, Zucker und etwas Cayennepfeffer abschmecken. Mit Frühlingszwiebelscheiben unter den Reis heben. Den Salat mit Frischhaltefolie zugedeckt etwa 30 Minuten in den Kühlschrank stellen. 50 g Champignons putzen, evtl. kurz abspülen, trocken tupfen, halbieren oder in Scheiben schneiden. 1 Esslöffel Speiseöl in einer kleinen Pfanne erhitzen. Die Champignonhälften oder -scheiben darin etwa 2 Minuten unter Rühren braten. Mit Salz und Pfeffer würzen, abkühlen lassen. Etwa 100 g Möhren putzen, schälen, abspülen, abtropfen lassen und in feine Stifte schneiden. ½ gelbe Paprikaschote entstielen, entkernen, weiße Scheidewände entfernen. Schote abspülen, abtrocknen, fein würfeln. Pilze, Möhren und Paprika unter den kalt gestellten Reissalat mischen.

Tipps: Die Gemüseschnitzel als vegetarisches Hauptgericht z. B. mit einem **Kräuterquark** (1 Portion) servieren. Für den Quark 1 kleine Zwiebel abziehen und fein würfeln. 100 g Magerquark mit 1 Esslöffel Milch, 2 Esslöffeln Crème fraîche und den Zwiebelwürfeln verrühren. Mit Salz und Pfeffer würzen. 2 Esslöffel gemischte, frisch gehackte Kräuter, z. B. Schnittlauch, glatte Petersilie, Kerbel, Dill, unterrühren. Knollensellerie, Zucchini und Steckrübe müssen nicht unbedingt in kochendem Salzwasser vorgegart werden. Hier reicht es, wenn die panierten Gemüsescheiben gleich in der Pfanne gebraten werden. Wichtig: Dann die Gemüsescheiben 3–4 Minuten pro Seite braten.

Variante: Sie können Gemüseschnitzel auch mit unterschiedlichen Panaden zubereiten. Dafür nur 3 Esslöffel Semmelbrösel mit 1 Esslöffel frisch geriebenem Parmesan oder 10 g fein gehackten Sonnenblumenkernen mischen. Ersetzen Sie die Semmelbrösel durch 50 g zerkleinerte Cornflakes, dann erhalten Sie eine knusprige Panade.

Gemüsesuppe mit Grießnocken I

Klassisch – für Kinder

4 Portionen

Pro Portion: E: 9 g, F: 24 g, Kh: 26 g, kJ: 1487, kcal: 355, BE: 2,0

Für die Gemüsesuppe:

3	*Zwiebeln*
2	*Knoblauchzehen*
2 Bund	*Suppengrün (Sellerie, Möhren, Porree)*
etwa 100 g	*Petersilienwurzeln*
50 ml	*Speiseöl, z. B. Rapsöl*
3 l	*Wasser*
1 gestr. EL	*Salz*
2	*Lorbeerblätter*
1 TL	*Pfefferkörner*

Für die Grießnocken:

500 ml	*Milch*
25 g	*Butter*
½ gestr. TL	*Salz*
	ger. Muskatnuss
100 g	*Hartweizengrieß*
1	*Ei (Größe M)*
	Salz
½ Bund	*Schnittlauch*

Zubereitungszeit: 40 Minuten
Garzeit: Suppe etwa 60 Minuten, Nocken etwa 4 Minuten

1. Für die Suppe Zwiebeln und Knoblauch abziehen, in kleine Würfel schneiden. Suppengrün putzen, schälen, abspülen und abtropfen lassen. Das Suppengrün grob würfeln. Petersilienwurzeln putzen, schälen, abspülen, abtropfen lassen und ebenfalls würfeln.

2. Speiseöl in einem großen Topf erhitzen. Zwiebel- und Knoblauchwürfel darin andünsten. Vorbereitete Gemüsewürfel hinzugeben und unter Rühren kurz mit andünsten. Das Wasser hinzugießen. Salz, Lorbeerblätter und Pfefferkörner hinzufügen. Die Zutaten zum Kochen bringen. Gemüse ohne Deckel etwa 60 Minuten bei schwacher bis mittlerer Hitze kochen lassen.

3. Für die Grießnocken in der Zwischenzeit Milch, Butter, Salz und Muskat in einem Topf zum Kochen bringen. Den Grieß unter Rühren einstreuen und unter Rühren einmal gut aufkochen. Grieß 3–4 Minuten bei schwacher Hitze kochen lassen, bis ein dicker Grießbrei entstanden ist.

4. Den Grießbrei in eine Rührschüssel geben, Ei unterrühren. Mit Salz und Muskat abschmecken.

5. Salzwasser in einem Topf zum Kochen bringen. Mithilfe von zwei Esslöffeln Nocken von dem Grießbrei abstechen und in das kochende Salzwasser geben. Die Nocken etwa 4 Minuten bei schwacher Hitze gar ziehen lassen. Die Nocken sind gar, wenn sie an der Oberfläche schwimmen.

6. Die Grießnocken mit einer Schaumkelle aus dem Salzwasser nehmen, abtropfen lassen und auf einen Teller legen. Schnittlauch abspülen, trocken tupfen und in feine Röllchen schneiden.

7. Die gare Brühe durch ein Sieb in einen Topf gießen. Die Nocken in die Brühe geben und etwa 4 Minuten erhitzen. Suppe auf Tellern anrichten und mit Schnittlauchröllchen bestreut servieren.

Tipps: Falls die Nocken beim Garen auseinanderfallen zusätzlich 1 Esslöffel Speisestärke unter den Grießbrei rühren. Es ist ratsam, zuerst eine Probenocke zuzubereiten.

Glasnudel-Rohkost | Raffiniert – schnell

1 Portion

VEGAN

Insgesamt: E: 6 g, F: 19 g, Kh: 66 g, kJ: 1947, kcal: 463, BE: 5,0

1 EL ungeschälter Sesamsamen
10 g frischer Ingwer
Saft von
½ rosa oder weißen Grapefruit (50 ml)
1 EL dunkles Sesamöl
gem. Meersalz
75 g Mango (ohne Stein gewogen)
½ rote Paprikaschote (etwa 100 g)
1 Möhre (etwa 100 g)
50 g Glasnudeln
etwas Koriandergrün oder Minze oder Zitronenmelisse

Zubereitungszeit: 20 Minuten

1. Den Sesam in einer Pfanne ohne Fett unter Rühren rösten, herausnehmen und auf einem Teller erkalten lassen. Den Ingwer schälen und in sehr kleine Würfel schneiden.

2. Grapefruitsaft mit Ingwerwürfeln in einer Schüssel verrühren. Das Sesamöl unterschlagen. Mit Meersalz würzen.

3. Die Mango halbieren und den Stein herausnehmen. Mangohälften schälen und in feine Streifen schneiden. Paprikaschotenhälfte entstielen, entkernen und die weißen Scheidewände entfernen. Schotenhälfte abspülen, abtropfen lassen und in feine Streifen schneiden. Möhre putzen, schälen, abspülen, abtropfen lassen und in feine Streifen hobeln oder raffeln. Mango-, Paprika- und Möhrenstreifen oder -raffel zu der Vinaigrette in die Schüssel geben und untermischen.

4. Glasnudeln in einer Schüssel mit reichlich kochendem Wasser übergießen und in 4–5 Minuten weich werden lassen. Glasnudeln in ein Sieb geben, mit kaltem Wasser abspülen, abtropfen lassen und mit der Küchenschere kürzer schneiden.

5. Die Glasnudeln unter den Salat mischen. Koriandergrün oder Minze oder Melisse abspülen und trocken tupfen. Die Blättchen von den Stängeln zupfen. Blättchen in Streifen schneiden. Glasnudel-Rohkost mit dem gerösteten Sesam und den Kräuterstreifen bestreuen.

Gnocchi in Salbeibutter

Für Gäste – klassisch

2–3 Portionen

Pro Portion: E: 13 g, F: 28 g, Kh: 56 g, kJ: 2251, kcal: 538, BE: 4,5

500 g Kartoffeln
100 g Weizenmehl
2 Eigelb (Größe M)
1 Ei (Größe M)
Salz
gem. Pfeffer
ger. Muskatnuss

60 g Butter
3 EL Tomatenwürfel (von enthäuteten, entkernten Tomaten)
2 EL in Streifen geschnittene Salbeiblätter

Zubereitungszeit: 30 Minuten
Garzeit: etwa 20 Minuten

1. Kartoffeln schälen, abspülen, knapp mit Wasser bedeckt zum Kochen bringen und zugedeckt in etwa 20 Minuten gar kochen. Die Kartoffeln abgießen, abdämpfen und sofort durch eine Kartoffelpresse in eine Schüssel drücken. Mehl, Eigelb und Ei unterarbeiten. Mit Salz, Pfeffer und Muskat würzen.

2. Den Teig auf einer leicht bemehlten Arbeitsfläche zu länglichen Rollen formen und in etwa 2 cm lange Stücke schneiden. Mit einer Gabel ein Muster eindrücken.

3. Gnocchi in kochendem Salzwasser etwa 5 Minuten kochen lassen, bis sie an der Oberfläche schwimmen. Gnocchi mit einem Schaumlöffel herausnehmen und abtropfen lassen.

4. Butter in einer Pfanne zerlassen. Tomatenwürfel und Salbeistreifen darin andünsten. Gnocchi hinzufügen und kurz durchschwenken.

Tipp: Sie können die Gnocchi auch in einer fruchtigen Tomatensauce servieren.

Gnocchi mit braunen Champignons I

Etwas Besonderes

4 Portionen

Pro Portion: E: 10 g, F: 14 g, Kh: 75 g, kJ: 1948, kcal: 465, BE: 6,0

100 g	*weiß blühende Vogelmiere*
etwa 800 g	*Gnocchi (aus dem Kühlregal)*
	Salz
300 g	*braune, kleine Champignons*
4	*Roma- oder Fleischtomaten (etwa 400 g)*
2	*Knoblauchzehen*
40 g	*Butter*
2 EL	*Olivenöl*
	gem., bunter Pfeffer

Zubereitungszeit: 30 Minuten

1. Die Vogelmiere verlesen, abspülen, trocken tupfen und klein schneiden.

2. Gnocchi in kochendem Salzwasser etwa 2 Minuten blanchieren. Anschließend in ein Sieb geben und abtropfen lassen.

3. Champignons putzen, evtl. kurz abspülen, trocken tupfen und in Scheiben schneiden.

4. Die Tomaten abspülen, trocken tupfen, halbieren, entkernen und die Stängelansätze herausschneiden. Tomatenhälften in Würfel schneiden. Knoblauch abziehen und durch eine Knoblauchpresse drücken oder in kleine Würfel schneiden.

5. Butter in einer Pfanne zerlassen, Olivenöl miterhitzen. Zuerst Champignonscheiben, dann Vogelmiere und zuletzt Gnocchi darin unter vorsichtigem Wenden leicht anbraten. Mit Salz, Pfeffer und Knoblauch würzen. Tomatenwürfel unterheben.

Tipp: Alternativ anstelle von Vogelmiere eine pikantere Version mit Pfefferblatt (auf Vorbestellung erhältlich in Gärtnereien oder guten Gemüsegeschäften) verwenden.

Gratinierte Möhren mit Quinoa und Schafskäse I

Für Gäste

4 Portionen

Pro Portion: E: 19 g, F: 25 g, Kh: 41 g, kJ: 1943, kcal: 464, BE: 3,5

170 g einfarbiges Quinoa
2 Schalotten (etwa 70 g)
200 g Staudensellerie
20 g getrocknete Tomaten
5 EL Olivenöl
500 ml Gemüsebrühe
1 1/2 kg kleine Möhren
Salz, gem. Pfeffer
200 g Schafskäse

Zubereitungszeit: 45 Minuten
Gratinierzeit: etwa 15 Minuten

1. Das Quinoa gründlich waschen und in einem Sieb abtropfen lassen. Die Schalotten abziehen, zuerst in Scheiben schneiden, dann in Ringe teilen.

2. Staudensellerie putzen und die harten Außenfäden abziehen. Stangen abspülen, abtropfen lassen und in schmale Scheiben schneiden. Selleriegrün beiseitelegen. Tomaten in schmale Streifen schneiden.

3. Zwei Esslöffel des Olivenöls in einem Topf erhitzen. Die Schalottenringe, Quinoa und Tomatenstreifen darin unter Rühren andünsten. 375 ml von der Brühe hinzugießen, zum Kochen bringen und zugedeckt etwa 12 Minuten bei mittlerer Hitze vorgaren. Selleriescheiben hinzugeben, etwa 5 Minuten mitgaren lassen.

4. In der Zwischenzeit Möhren putzen, schälen, dabei etwa 1 cm von den Stängelansätzen stehen lassen. Möhren abspülen und abtropfen lassen. Dicke Möhren der Länge nach halbieren oder vierteln.

5. Zwei weitere Esslöffel Olivenöl in einem großen, flachen Topf erhitzen. Die Möhren darin portionsweise andünsten. Die restliche Brühe hinzugießen und zum Kochen bringen. Möhren zugedeckt etwa 12 Minuten bei mittlerer Hitze dünsten.

6. Den Backofen vorheizen.
Ober-/Unterhitze: etwa 200 °C
Heißluft: etwa 180 °C

7. Quinoa-Gemüse mit Salz und Pfeffer würzen und in eine flache Auflaufform (etwa 2 1/2-Liter-Inhalt, gefettet) geben. Möhren darauf verteilen.

8. Schafskäse trocken tupfen, in kleine Stücke teilen und auf die Möhren legen. Mit restlichem Olivenöl beträufeln. Die Form auf dem Rost in den vorgeheizten Backofen schieben. Möhren mit Quinoa etwa 15 Minuten goldbraun überbacken.

9. Beiseitegelegtes Selleriegrün klein zupfen. Die gratinierten Möhren mit dem Selleriegrün garnieren.

Tipps: Quinoa stammt aus Südamerika. Es hat sehr kleine, runde Körner, sieht ähnlich aus wie Hirse und kann auch so verwendet werden. Es ist glutenfrei. Im Bio-Handel werden rote oder weiße Körner oder eine Mischung aus weißen, roten und schwarzen Körnern angeboten. Im Geschmack ist Quinoa etwas feiner als Hirse.

Gratinierte Pfannkuchentürme I

Raffiniert – etwas aufwendiger

4 Portionen

Pro Portion: E: 34 g, F: 40 g, Kh: 50 g, kJ: 2936, kcal: 698, BE: 3,5

Für den Pfannkuchenteig:

220 g Dinkel-Vollkornmehl
4 Eier (Größe M)
1 TL flüssiger Blütenhonig
350 ml Milch
100 ml Mineralwasser mit Kohlensäure
½ gestr. TL Salz

Für die Füllung:

2 Schalotten (etwa 40 g)
500 g Fenchel
600 g Zucchini
2 EL Olivenöl
Salz
gem. Pfeffer

etwa 4 EL Olivenöl

Für den Belag:

200 g Mozzarella
8 Tomaten (etwa 350 g)
40 g ger. Parmesan

Zubereitungszeit: 60 Minuten, ohne Ruhezeit
Backzeit: etwa 20 Minuten

1. Für den Teig Mehl in eine Rührschüssel geben. Eier mit Honig, Milch, Mineralwasser und Salz verschlagen. Die Eiermilch nach und nach unter Rühren zum Mehl geben. Dabei darauf achten, dass keine Klümpchen entstehen. Den Teig zugedeckt etwa 30 Minuten ruhen lassen.

2. Für die Füllung die Schalotten abziehen, halbieren und in Streifen schneiden. Fenchelknollen putzen, abspülen, abtropfen lassen, halbieren und quer in Streifen schneiden. Das Fenchelgrün in eine kleine Schüssel mit Wasser geben und beiseitestellen. Zucchini abspülen, abtrocknen und die Enden abschneiden. Zucchini in schmale Scheiben schneiden.

3. Olivenöl in einem Topf erhitzen. Schalottenstreifen darin etwa 2 Minuten andünsten. Die Fenchelstreifen hinzugeben und zugedeckt etwa 5 Minuten bei mittlerer Hitze dünsten.

4. Zucchinischeiben hinzugeben und weitere etwa 3 Minuten dünsten. Mit Salz und Pfeffer würzen, Gemüsemasse etwas abkühlen lassen.

5. Pfannkuchenteig durchrühren. Für jeden Pfannkuchen etwa ½ Teelöffel Olivenöl in einer beschichteten Pfanne (Ø etwa 16 cm) erhitzen. 3–4 Esslöffel des Teiges mit einer drehenden Bewegung auf dem Boden der Pfanne verteilen und goldbraun backen. Den Pfannkuchen wenden, wieder etwas Olivenöl hinzugeben und goldbraun fertig backen. Den Pfannkuchen herausnehmen und auf einen Kuchenrost legen. Auf diese Weise insgesamt 16 Pfannkuchen backen.

6. Den Backofen vorheizen.
Ober-/Unterhitze: etwa 200 °C
Heißluft: etwa 180 °C

7. Für den Belag den Mozzarella abtropfen lassen und in dünne Scheiben schneiden. Die Tomaten abspülen, trocken tupfen und die Stängelansätze herausschneiden. Die Tomaten in Scheiben schneiden. Parmesan reiben.

8. Vier Pfannkuchen nebeneinander auf ein Backblech (mit Backpapier belegt) legen. Insgesamt ein Drittel Gemüsemasse darauf verteilen und mit einem Drittel des Parmesans bestreuen. Nacheinander 2 weitere Lagen Pfannkuchen darauflegen, wie zuvor beschrieben mit der Gemüsemasse belegen und mit Parmesan bestreuen. Die letzten 4 Pfannkuchen darauflegen und die Tomaten- und Mozzarellascheiben darauf verteilen.

9. Backblech in den vorgeheizten Backofen schieben. Pfannkuchentürme **etwa 20 Minuten backen,** bis der Mozzarella geschmolzen und goldbraun ist. Mit Pfeffer bestreuen.

10. Das beiseitegestellte Fenchelgrün trocken tupfen. Die Pfannkuchentürme damit garnieren und sofort servieren.

Gratinierter Spargel I

Einfach

2 Portionen

Pro Portion: E: 15 g, F: 26 g, Kh: 17 g, kJ: 1549, kcal: 367, BE: 1,0

1 kg frischer, weißer Spargel
Salz
1 mittelgroße Tomate
50 g ger. Gratin-Käse
25 g Semmelbrösel
2 EL Pesto (aus dem Glas)
2 EL Olivenöl

Zubereitungszeit: 10 Minuten
Gratinierzeit: 10–15 Minuten

1. Den Spargel von oben nach unten schälen. Darauf achten, dass die Schalen vollständig entfernt, die Köpfe aber nicht verletzt werden. Die unteren Enden abschneiden (holzige Stellen vollständig entfernen). Die Spargelstangen abspülen und abtropfen lassen.

2. Salzwasser in einem hohen Topf zum Kochen bringen. Spargelstangen darin 10–13 Minuten bissfest kochen. Spargelstangen herausnehmen, abtropfen lassen und in eine längliche Auflaufform legen.

3. Den Backofen vorheizen.
Ober-/Unterhitze: etwa 220 °C
Heißluft: etwa 200 °C

4. Die Tomate abspülen, abtrocknen, halbieren, entkernen und den Stängelansatz herausschneiden. Die Tomatenhälften in Würfel schneiden.

5. Den Gratin-Käse und die Semmelbrösel vermischen. Die Spargelstangen mit Pesto bestreichen (nicht zu viel Pesto daraufgeben, sonst schmeckt alles nur nach Pesto). Die Tomatenwürfel darauf verteilen und mit der Käse-Semmelbrösel-Mischung bestreuen. Mit Olivenöl beträufeln. Die Form auf dem Rost in den vorgeheizten Backofen schieben. Den Spargel **10–15 Minuten gratinieren.**

Beilage: Neue Kartoffeln und ein knackiger Blattsalat.

Gratiniertes Brokkoli-Kartoffel-Pfännchen | Raffiniert

4 Portionen

Pro Portion: E: 19 g, F: 14 g, Kh: 51 g, kJ: 1736, kcal: 413, BE: 3,5

1 ¼ kg	*Brokkoli*
150 ml	*Gemüsebrühe*
	Saft von
1	*Bio-Zitrone (unbehandelt, ungewachst)*
	Salz
	gem. Pfeffer
2 Msp.	*ger. Muskatnuss*
1 kg	*kleine, gegarte Pellkartoffeln*
4	*Tomaten (etwa 250 g)*
100 g	*Schmand (24 % Fett, Sauerrahm)*
4 Scheiben	*Vollkorn-Knäckebrot*
	abger. Schale von
½–1	*Bio-Zitrone (unbehandelt, ungewachst)*
50 g	*ger. Parmesan*

Zubereitungszeit: 30 Minuten
Gratinierzeit: etwa 15 Minuten

1. Von dem Brokkoli die Blätter entfernen. Brokkoli in Röschen teilen, die Stängel am Strunk schälen und klein schneiden. Brokkoliröschen und klein geschnittene Stängel abspülen und abtropfen lassen.

2. Brühe mit Zitronensaft, Salz, Pfeffer und Muskat in einem Topf verrühren und zum Kochen bringen. Den Brokkoli hinzufügen, wieder zum Kochen bringen und etwa 5 Minuten kochen lassen.

3. Den Backofen vorheizen.
Ober-/Unterhitze: etwa 200 °C
Heißluft: etwa 180 °C

4. Die Kartoffeln pellen. Den Brokkoli abgießen, dabei die Brühe auffangen. Tomaten abspülen, abtrocknen, vierteln und die Stängelansätze herausschneiden. Die Kartoffeln, Brokkoli und Tomatenviertel in eine Auflaufform (gefettet) geben. Die aufgefangene Brühe mit Schmand verrühren und daraufträufeln.

5. Knäckebrotscheiben in einen Gefrierbeutel geben. Beutel fest verschließen. Knäckebrot mit einer Teigrolle fein zerbröseln. Knäckebrotbrösel mit Zitronenschale und Parmesan vermischen. Den Auflauf damit bestreuen. Die Form auf dem Rost in den vorgeheizten Backofen schieben. Den Auflauf **etwa 15 Minuten gratinieren.**

Griechische Pfannkuchenröllchen | Etwas aufwendiger

4 Portionen

Pro Portion: E: 29 g, F: 38 g, Kh: 53 g, kJ: 2823, kcal: 676, BE: 4,0

250 g Weizenmehl
3 Eier (Größe M)
250 ml Milch
75 ml Mineralwasser
Salz
2 EL Speiseöl, z. B. Olivenöl

Für die Füllung:
600 g frischer Spinat oder 300 g TK-Spinat
1 Knoblauchzehe
1 TL Butter oder Margarine
gem. Pfeffer
ger. Muskatnuss
200 g milder Schafskäse
450 g abgetropfte, geröstete Paprikahälften (aus dem Glas)
150 g Crème fraîche
2 Eigelb (Größe M)

1–2 EL gehackte Kräuter

Zubereitungszeit: 60 Minuten, ohne Teigruhezeit
Garzeit: etwa 20 Minuten

1. Mehl in eine Rührschüssel geben und in die Mitte eine Vertiefung drücken. Eier mit Milch, Mineralwasser und 1 Teelöffel Salz verschlagen. Etwas davon in die Vertiefung geben. Von der Mitte aus die Eierflüssigkeit und das Mehl verrühren. Nach und nach die restliche Eierflüssigkeit hinzugeben. Dabei darauf achten, dass keine Klümpchen entstehen. Den Teig etwa 10 Minuten ruhen lassen.

2. Etwas Speiseöl in einer Pfanne erhitzen. Eine dünne Teiglage mit einer drehenden Bewegung gleichmäßig auf dem Boden der Pfanne verteilen. Sobald die Ränder goldgelb sind, den Pfannkuchen vorsichtig mit einem Pfannenwender wenden. Die zweite Seite ebenfalls goldbraun backen. Bevor der Pfannkuchen gewendet wird, wieder etwas Speiseöl in die Pfanne geben. Aus dem Teig 6–8 sehr dünne Pfannkuchen backen und warm stellen.

3. Den Backofen vorheizen.
Ober-/Unterhitze: etwa 180 °C
Heißluft: etwa 160 °C

4. Für die Füllung Spinat verlesen, gründlich waschen und gut abtropfen lassen. Knoblauch abziehen und klein würfeln. Die Butter oder Margarine in einem Topf zerlassen. Die Knoblauchwürfel und den vorbereiteten oder den gefrorenen Spinat darin unter Rühren andünsten, bis der Spinat zusammenfällt. Mit Salz, Pfeffer und Muskat würzen. Spinat in einem Sieb abtropfen lassen, dabei die Flüssigkeit auffangen.

5. Schafskäse zerbröseln, kräftig mit Pfeffer würzen.

6. Die Pfannkuchen ausbreiten. Die Hälfte der Pfannkuchen mit Spinat und der Hälfte des Schafskäses, die restlichen Pfannkuchen mit Paprikahälften und restlichem Schafskäse belegen. Die Pfannkuchen aufrollen und nebeneinander in eine große Auflaufform (gefettet) setzen.

7. Die aufgefangene Spinatflüssigkeit mit Crème fraîche und Eigelb verschlagen. Mit Salz und Pfeffer würzen, auf die Pfannkuchen träufeln. Die Form auf dem Rost in den vorgeheizten Backofen schieben. Pfannkuchenröllchen **etwa 20 Minuten garen** und mit gehackten Kräutern bestreut servieren.

Grüne Bohnen in Estragoncreme

Schnell

4 Portionen

Pro Portion: E: 5 g, F: 12 g, Kh: 7 g, kJ: 652, kcal: 157, BE: 0,5

750 g grüne Bohnen
Salz

Für die Estragoncreme:

150 g Crème fraîche
2 Knoblauchzehen
1–2 EL gehackte Estragonblättchen
1 EL gehackte Petersilie
Meersalz
gem. Pfeffer

Zubereitungszeit: 35 Minuten

1. Von den Bohnen die Enden abschneiden, evtl. abfädeln. Die Bohnen abspülen, abtropfen lassen und in Stücke schneiden.

2. Die Bohnenstücke in kochendem Salzwasser 15–20 Minuten gar kochen. Bohnen in einem Sieb abtropfen lassen.

3. Für die Estragoncreme in der Zwischenzeit Crème fraîche in einem Topf erhitzen. Knoblauch abziehen, durch eine Knoblauchpresse drücken, mit Estragon und Petersilie zu der Crème-fraîche-Creme geben und gut verrühren. Mit Salz und Pfeffer abschmecken.

4. Bohnen hinzufügen, durchschwenken und erhitzen, sofort servieren.

Grüner Spargel mit Ziegenkäse-Crêpes und Pinien-Honig-Butter

Für Gäste

4 Portionen

Pro Portion: E: 25 g, F: 37 g, Kh: 41 g, kJ: 2487, kcal: 595, BE: 3,0

Für den Teig:

100 g Weizenmehl
1 Ei (Größe M)
250 ml Milch
Salz, gem., schwarzer Pfeffer
12 Stängel Basilikum

4 TL Olivenöl
30 g getrocknete Soft-Tomaten (müssen ganz weich sein)
150 g Ziegenweichkäse, z. B. Picandou
40 g fein ger. Pecorino oder Parmesan
1 kg grüner Spargel
50 g Butter
50 g Pinienkerne
3 EL flüssiger Pinien- oder Akazienhonig
1 Bio-Zitrone (unbehandelt, ungewachst)

Zubereitungszeit: 25 Minuten
Überbackzeit: etwa 10 Minuten

1. Für den Teig Mehl in eine Rührschüssel geben. Ei und Milch verschlagen. Mit Salz und Pfeffer würzen. Die Eiermilch nach und nach unter Rühren zum Mehl in die Rührschüssel geben. Darauf achten, dass keine Klümpchen entstehen.

2. Basilikum abspülen und trocken tupfen. Die Blättchen von den Stängeln zupfen. Ein Drittel der Blättchen in feine Streifen schneiden und unter den Teig rühren.

3. Den Backofen vorheizen.
Ober-/Unterhitze: etwa 200 °C
Heißluft: etwa 180 °C

4. Knapp 1 Teelöffel Olivenöl in einer beschichteten Pfanne (Ø 20 cm) erhitzen. Den Teig gut durchrühren und eine dünne Teiglage gleichmäßig auf dem Boden der Pfanne verteilen. Den Crêpe von beiden Seiten goldbraun backen. Bevor der Crêpe gewendet wird, wieder etwas Speiseöl in die Pfanne geben. Aus dem restlichen Teig weitere 3 Crêpes backen.

5. Wieder ein Drittel der Basilikumblättchen in feine Streifen schneiden. Die Tomaten in feine Streifen schneiden. Ziegenkäse zerbröseln.

6. Basilikum-, Tomatenstreifen und Ziegenkäsebrösel gleichmäßig auf den Crêpes verteilen, zu je einem Dreieck falten und auf ein Backblech (mit Backpapier belegt) legen. Die Crêpes-Dreiecke mit dem Käse bestreuen. Das Backblech in den vorgeheizten Backofen (unteres Drittel) schieben. Die Crêpe-Dreiecke **etwa 10 Minuten überbacken.**

7. In der Zwischenzeit den Spargel im unteren Drittel schälen und die Enden abschneiden. Spargel abspülen, abtropfen lassen und in etwas kochendem Salzwasser 3–4 Minuten bissfest garen. Gleichzeitig die Butter in einer kleinen Pfanne zerlassen. Pinienkerne darin unter Rühren goldbraun rösten. Honig unterrühren. Mit Salz und Pfeffer würzen. Die Pfanne von der Kochstelle nehmen. Zitrone heiß abwaschen, abtrocknen und die Schale mit einem Zestenreißer abziehen. Zitronenschale zur Pinien-Honig-Butter geben.

8. Den gegarten Spargel in einem Sieb gut abtropfen lassen, mit den Crêpes auf vorgewärmten Tellern anrichten und mit Pinien-Honig-Butter beträufeln. Restliche Basilikumblättchen in Streifen schneiden und daraufstreuen.

Grünkernauflauf mit Wirsingstreifen I

Gut vorzubereiten

4 Portionen

Pro Portion: E: 33 g, F: 35 g, Kh: 36 g, kJ: 2463, kcal: 589, BE: 3,0

150 g Grünkern
400 ml Gemüsebrühe
2 Zwiebeln
1 Kopf Wirsing (etwa 600 g)
200 g Möhren
100 g rosé Champignons
2 EL Butter oder Margarine
Salz
gem. Pfeffer
ger. Muskatnuss
150 ml Instant-Steinpilz-Hefebrühe (erhältlich im Reformhaus)
100 g Schlagsahne

Für den Guss:

3 Eier (Größe M)
300 g körniger Frischkäse (Hüttenkäse)
1 Knoblauchzehe

125 g ger., würziger Bergkäse

Zubereitungszeit: 35 Minuten, ohne Quellzeit
Garzeit: etwa 30 Minuten

1. Grünkern abspülen und abtropfen lassen. Grünkern in einen Topf geben. Gemüsebrühe hinzugießen und zugedeckt aufkochen lassen. Grünkern zugedeckt etwa 10 Minuten bei schwacher Hitze kochen lassen (bitte Packungsanleitung beachten). Dann den Grünkern zugedeckt auf der ausgeschalteten Kochstelle etwa 45 Minuten ausquellen lassen.

2. Zwiebeln abziehen und in kleine Würfel schneiden. Von dem Wirsing die groben, äußeren Blätter ablösen. Den Wirsing halbieren und den Strunk herausschneiden. Wirsinghälften in feine Streifen schneiden, abspülen und trocken tupfen. Möhren putzen, schälen, abspülen, abtropfen lassen und in feine Scheiben schneiden.

3. Champignons putzen, evtl. kurz abspülen, trocken tupfen und in Scheiben schneiden.

4. Den Backofen vorheizen.
Ober-/Unterhitze: etwa 200 °C
Heißluft: etwa 180 °C

5. Die Butter oder Margarine in einer großen Pfanne zerlassen. Zwiebelwürfel darin andünsten. Die Wirsingstreifen, Möhren- und Champignonscheiben hinzugeben, etwa 3 Minuten unter mehrmaligem Wenden anbraten. Mit Salz, Pfeffer und Muskat würzen. Hefebrühe und Sahne hinzugießen. Zutaten zugedeckt etwa 10 Minuten unter gelegentlichem Wenden dünsten.

6. Für den Guss die Eier mit Frischkäse verschlagen. Mit Salz und Pfeffer würzen. Den Knoblauch abziehen, durch eine Knoblauchpresse drücken und unterrühren. Das vorbereitete Gemüse mit dem Grünkern in einer großen Auflaufform (gefettet) mischen. Den Guss darauf verteilen und mit Käse bestreuen. Die Form auf dem Rost in den vorgeheizten Backofen schieben. Den Auflauf **etwa 30 Minuten garen.**

Grünkern-Trifle-Salat | Fruchtig

4 Portionen

VEGAN

Pro Portion: E: 10 g, F: 31 g, Kh: 51 g, kJ: 2128, kcal: 507, BE: 4,0

200 g Grünkern, ganz

Für die Vinaigrette:

300 ml Orangensaft
3 EL süßer Senf
4 EL Rotweinessig
Salz, gem. Pfeffer
8 EL Traubenkernöl
1 Bund Schnittlauch

100 g Römersalat
40 g Walnusskerne
300 g Möhren
300 g Knollensellerie
200 g Äpfel

Zubereitungszeit: 30 Minuten, ohne Einweich-, Abkühl- und Durchziehzeit

1. Am Vortag den Grünkern in eine Schüssel geben, mit kaltem Wasser übergießen, sodass der Grünkern ganz bedeckt ist. Grünkern über Nacht einweichen.

2. Am nächsten Tag den Grünkern abgießen und in einen Topf geben. So viel Wasser hinzugießen, dass der Grünkern ganz bedeckt ist, zum Kochen bringen und etwa 30 Minuten bei schwacher Hitze kochen lassen.

3. Den Topf von der Kochstelle nehmen. Grünkern in dem Kochwasser erkalten lassen. Anschließend in einem Sieb abtropfen lassen.

4. Für die Vinaigrette inzwischen Orangensaft, Senf und Essig verrühren. Mit Salz und Pfeffer würzen. Traubenkernöl unterschlagen. Schnittlauch abspülen, trocken tupfen und in Röllchen schneiden. Schnittlauchröllchen unter die Vinaigrette rühren.

5. Römersalat putzen, abspülen, trocken tupfen und in etwa 1 cm breite Streifen schneiden. Walnusskerne grob hacken. Möhren und Sellerie putzen, schälen, abspülen und abtropfen lassen. Äpfel schälen, halbieren und entkernen. Möhren, Sellerie und Apfelhälften getrennt auf einer Haushaltsreibe grob raffeln. Grünkern, Möhren-, Sellerie-, Apfelraffel und Walnusskerne abwechselnd in Gläser schichten, dabei jede Schicht mit etwas von der Vinaigrette beträufeln. Etwas von der Vinaigrette für die Salatstreifen zurücklassen und beiseitestellen. Den Salat mindestens 15 Minuten gut durchziehen lassen.

6. Zum Servieren den eingeschichteten Salat mit den Salatstreifen belegen und mit der restlichen, beiseitegestellten Vinaigrette beträufeln.

Tipp: Den Grünkern-Trifle-Salat zum Mitnehmen in eine großes, verschließbares Glas füllen (Foto), mit dem Deckel verschließen und kurz vor dem Verzehr kräftig durchschütteln.

Grün-weißer Kohlauflauf I

Raffiniert

2 Portionen

Pro Portion: E: 29 g, F: 48 g, Kh: 26 g, kJ: 2742, kcal: 654, BE: 2,0

1 kleiner Blumenkohl (etwa 500 g)
500 g Brokkoli
1 gestr. TL Salz
1 kleine Zucchini (etwa 200 g)

Für die Sauce:

25 g Butter
30 g getrocknete Tomaten
20 g Weizenmehl
250 ml Gemüsebrühe
125 g Schlagsahne
50 g ger. Parmesan
Salz
gem. Pfeffer
ger. Muskatnuss

30 g ger. Gouda
1 EL Sonnenblumenkerne

Zubereitungszeit: 40 Minuten
Garzeit: etwa 35 Minuten

1. Den Backofen vorheizen.
Ober-/Unterhitze: etwa 180 °C
Heißluft: etwa 160 °C

2. Von dem Blumenkohl und Brokkoli die Blätter entfernen und den Strunk abschneiden. Blumenkohl und Brokkoli in Röschen teilen, abspülen und abtropfen lassen.

3. Wasser mit Salz in einem großen Topf zum Kochen bringen. Die Blumenkohlröschen hineingeben, zugedeckt etwa 8 Minuten kochen lassen, herausnehmen und in einem Sieb abtropfen lassen. Die Brokkoliröschen in dem Salzwasser zugedeckt etwa 5 Minuten kochen lassen, herausnehmen und ebenfalls in einem Sieb abtropfen lassen.

4. Zucchini abspülen, abtrocknen und die Enden abschneiden. Zucchini in Scheiben schneiden. Zucchinischeiben mit den Blumenkohl- und Brokkoliröschen in eine Auflaufform (gefettet) geben.

5. Für die Sauce die Butter in einem Topf zerlassen. Tomaten würfeln und in der Butter andünsten. Mehl hinzufügen und unter Rühren so lange erhitzen, bis es hellgelb ist. Nach und nach Brühe und Sahne hinzugießen, mit einem Schneebesen durchschlagen. Dabei darauf achten, dass keine Klümpchen entstehen.

6. Die Sauce zum Kochen bringen und etwa 5 Minuten bei schwacher Hitze ohne Deckel kochen lassen, dabei gelegentlich umrühren. 1 Esslöffel Parmesan (etwa 20 g) unterrühren. Die Sauce mit Salz, Pfeffer und Muskat würzen.

7. Das Gemüse mit der Sauce übergießen, mit restlichem Parmesan, Gouda und den Sonnenblumenkernen bestreuen.

8. Die Form auf dem Rost in den vorgeheizten Backofen schieben. Den Auflauf **etwa 35 Minuten garen.**

Tipp: Der Auflauf lässt sich einfach für 4 Personen verdoppeln.

Hafer-Quark-Keulchen mit Kompott | Raffiniert

4 Portionen

Pro Portion: E: 14 g, F: 12 g, Kh: 55 g, kJ: 1648, kcal: 393, BE: 4,5

2 Eigelb (Größe M)
50 g Zucker
200 g Magerquark
50 g kernige Haferflocken
2 geh. EL Weizenmehl (Type 550)
1 Bio-Zitrone (unbehandelt, ungewachst)
Salz
2 Eiweiß (Größe M)

Für das Erdbeer-Rhabarber-Kompott:

250 g Erdbeeren
500 g Rhabarber
250 ml Wasser
3–4 EL Zucker
1 Pck. Dr. Oetker Pudding-Pulver Vanille-Geschmack

3 EL Speiseöl, z. B. Sonnenblumenöl
1 EL Puderzucker

Zubereitungszeit: 20 Minuten, ohne Ruhe- und Abkühlzeit

1. Eigelb, Zucker, Quark, Haferflocken und Mehl in eine Rührschüssel geben und mit einem Mixer (Rührstäbe) zu einer cremigen Masse verrühren. Die Zitrone heiß abwaschen, abtrocknen, die Schale abreiben und 1 Teelöffel abmessen. Die Zitrone halbieren. Von einer Zitronenhälfte den Saft auspressen.

2. Zitronenschale, -saft und 1 Prise Salz unter die Quarkmasse rühren. Eiweiß steif schlagen und unterheben. Den Quarkteig etwa 10 Minuten ruhen lassen.

3. Für das Kompott die Erdbeeren putzen, abspülen, abtropfen lassen, entstielen und halbieren. Rhabarber abziehen, abspülen, abtropfen lassen, Stielenden und Blattansätze entfernen. Die Stangen in fingerdicke Stücke schneiden.

4. Erdbeerhälften und Rhabarberstücke in einem Topf vermischen. Wasser hinzugießen, zum Kochen bringen und etwa 4 Minuten bei schwacher Hitze kochen lassen. Zucker unterrühren und abschmecken.

5. Pudding-Pulver mit 4 Esslöffeln Wasser anrühren, unter das Kompott rühren und unter Rühren kurz aufkochen lassen. Das Kompott in eine Schüssel füllen und erkalten lassen.

6. Jeweils etwas Speiseöl in einer großen Pfanne erhitzen. Von dem Quarkteig mit einem Esslöffel Teighäufchen abnehmen und in die Pfanne setzen.

7. Die Keulchen portionsweise bei mittlerer Hitze leicht bräunen lassen, dann vorsichtig wenden und jede Portion in etwa 3 Minuten fertig backen.

8. Die Keulchen auf einer vorgewärmten Platte anrichten und mit Puderzucker bestäuben. Das Erdbeer-Rhabarber-Kompott dazureichen.

Tipp: Zu den Quark-Keulchen passt auch prima ein Obstsalat: Verrühren Sie Zitronensaft mit Honig und schneiden Sie Obst, z. B. Apfel, Birne, Banane, Melone, Orange – was Sie gerade im Hause haben –, in die Marinade.

Herzhafte Reisberge | Für die Party

etwa 40 Stück

Pro Stück: E: 1 g, F: 1 g, Kh: 4 g,
kJ: 117, kcal: 28, BE: 0,5

600 ml Gemüsebrühe
250 g Langkornreis

Für die gelben Reisberge:

1 gelbe Paprikaschote (etwa 160 g)
1 gestr. TL Kurkuma (Gelbwurz)
½ TL gem. Kreuzkümmel (Cumin)
1 TL flüssiger Honig
Salz
gem. Pfeffer
2 Eier (Größe M)

Für die grünen Reisberge:

1 grüne Paprikaschote (etwa 160 g)
2 EL gehackte TK-Kräuter der Provence
2 Eier (Größe M)

Nach Belieben zum Garnieren:

etwa 20 Oliven
etwa 20 Ananasstückchen (aus der Dose)
etwa 40 Holzstäbchen
etwa 40 Gurkenscheiben

Zubereitungszeit: 60 Minuten, ohne Abkühlzeit
Garzeit: etwa 15 Minuten

1. Gemüsebrühe in einem Topf zum Kochen bringen. Reis einstreuen und zugedeckt etwa 20 Minuten bei schwacher Hitze garen. Reis in einem Sieb abtropfen (aber nicht abschrecken) und etwas abkühlen lassen.

2. Für die gelben Reisberge Paprikaschote halbieren, entstielen, entkernen und die weißen Scheidewände entfernen. Schote abspülen, abtropfen lassen und in kleine Würfel schneiden.

3. Reis in zwei Schüsseln verteilen. Die gelben Paprikawürfel in eine Schüssel geben. Kurkuma, Cumin, Honig, Salz, Pfeffer und Eier hinzufügen, mit dem Reis vermischen.

4. Den Backofen vorheizen.
Ober-/Unterhitze: etwa 220 °C
Heißluft: etwa 200 °C

5. Für die grünen Reisberge die Paprikaschote wie unter Punkt 2 beschrieben putzen, abspülen, abtropfen lassen und ebenfalls in kleine Würfel schneiden. Die Paprikawürfel in die zweite Schüssel geben. Kräuter der Provence, Salz, Pfeffer und Eier hinzugeben, mit dem Reis vermischen.

6. Mit zwei Esslöffeln kleine runde Reisberge dicht auf ein Backblech (gefettet) setzen. Das Backblech in den vorgeheizten Backofen schieben. Die Reisberge **etwa 15 Minuten garen.**

7. Die Reisberge vom Backblech lösen und auf einem mit Backpapier belegten Kuchenrost erkalten lassen. Nach Belieben Oliven und Ananasstückchen auf Holzstäbchen spießen, in die Reisberge stecken und auf Gurkenscheiben anrichten.

Hirse-Möhren-Puffer mit Champignon-Gemüse I

Für Gäste

4 Portionen

Pro Portion: E: 15 g, F: 33 g, Kh: 40 g, kJ: 2188, kcal: 523, BE: 3,0

Für die Puffer:

150 g Hirse
2 Schalotten (etwa 70 g)
300 ml Gemüsebrühe
½ TL gerebelter Thymian

Für das Gemüse:

750 g Porree (Lauch)
500 g Champignons

1 Kartoffel (etwa 70 g)
3 Möhren (etwa 200 g)
2 Eier (Größe M)
1 EL Mascarpone (ital. Frischkäse)
2–3 EL Weizenmehl
Salz
gem. Pfeffer
6 EL Olivenöl

1 Zweig Rosmarin oder
1 TL getrocknete Rosmarinnadeln
2 EL Olivenöl
50 g Mascarpone (ital. Frischkäse)
ger. Muskatnuss

Zubereitungszeit: 50 Minuten, ohne Abkühlzeit
Garzeit: Gemüse etwa 11 Minuten

1. Für die Puffer die Hirse in ein Sieb geben, unter fließendem kalten Wasser abspülen und abtropfen lassen. Die Schalotten abziehen und in kleine Würfel schneiden. Brühe in einem Topf zum Kochen bringen. Hirse und Thymian unter Rühren einstreuen, aufkochen lassen. Hirse zugedeckt etwa 20 Minuten bei schwacher Hitze garen, bis die Brühe aufgesogen ist.

2. In der Zwischenzeit für das Gemüse Porree putzen, die Stangen längs halbieren, gründlich waschen, abtropfen lassen und in etwa 1 cm breite Stücke schneiden. Die Champignons putzen, evtl. kurz abspülen, gut trocken tupfen und in Scheiben schneiden. Die Porreestücke und Champignonscheiben beiseitestellen.

3. Für die Puffer die Kartoffel schälen, abspülen und abtropfen lassen.

4. Die Möhren putzen, schälen, abspülen, ebenfalls abtropfen lassen.

5. Die Möhren und die Kartoffel auf der groben Seite der Haushaltsreibe raspeln und unter die heiße Hirsemasse mischen.

6. Eier, Mascarpone und Mehl unterrühren. Mit Salz und Pfeffer würzen. Die Masse abkühlen lassen.

7. Jeweils 2 Esslöffel des Olivenöls in einer großen Pfanne erhitzen.

8. Hirse-Möhren-Masse esslöffelweise in die Pfanne geben, flach drücken und jeweils etwa 3 Minuten von jeder Seite bei mittlerer Hitze goldbraun braten. Hirse-Möhren-Puffer herausnehmen und warm halten.

9. Aus der Hirse-Möhren-Masse 12–14 Puffer backen, dabei immer wieder etwas Olivenöl in die Pfanne geben.

10. Für das Gemüse Rosmarin abspülen und trocken tupfen. Die Nadeln von den Stängeln zupfen.

11. Olivenöl in einem breiten Topf erhitzen. Porreestücke und Rosmarinnadeln darin andünsten, mit Salz würzen und zugedeckt etwa 5 Minuten bei schwacher Hitze dünsten.

12. Champignonscheiben hinzugeben, mit etwas Salz würzen. Das Gemüse zugedeckt weitere etwa 6 Minuten bei mittlerer Hitze dünsten.

13. Mascarpone unter das Gemüse rühren und kurz aufkochen. Mit Salz, Pfeffer und Muskat würzen.

14. Die Hirse-Möhren-Puffer mit dem Gemüse anrichten.

Hirsetopf mit Spargel und Brokkoli I

Etwas aufwendiger

4 Portionen

Pro Portion: E: 24 g, F: 26 g, Kh: 71 g, kJ: 2595, kcal: 621, BE: 5,5

800 g grüner Spargel
500 g Brokkoli
3 Zwiebeln (etwa 150 g)
800 ml Gemüsebrühe
350 g Hirse
40 g Butterschmalz
1 Döschen gem. Safran (0,1 g)
250 ml Milch
40 g gehobelte Mandeln
etwa 50 g Parmesan
grobes Meersalz
gem. Pfeffer
ger. Muskatnuss

Zubereitungszeit: 50 Minuten
Garzeit: etwa 20 Minuten

1. Von dem Spargel das untere Drittel schälen und die Enden abschneiden. Stangen abspülen, abtropfen lassen und in etwa 5 cm lange Stücke schneiden.

2. Von dem Brokkoli die Blätter entfernen. Brokkoli abspülen, abtropfen lassen und in kleine Röschen teilen. Brokkolistiele schälen und in Würfel schneiden. Zwiebeln abziehen und in Streifen schneiden.

3. Brühe in einem Topf zum Kochen bringen. Spargelstücke, Brokkoliröschen und -würfel hinzugeben, wieder zum Kochen bringen und etwa 3 Minuten bei mittlerer Hitze vorgaren.

4. In der Zwischenzeit Hirse in ein Sieb geben, unter fließendem kalten Wasser abspülen und abtropfen lassen. Die vorgegarten Spargelstücke, Brokkoliröschen und -würfel in einem Sieb abtropfen lassen, dabei die Brühe auffangen.

5. Die Hälfte von dem Butterschmalz in einem Topf erhitzen. Zwiebelstreifen und Hirse darin unter Rühren andünsten. Aufgefangene Brühe und Safran hinzugeben, unter Rühren zum Kochen bringen. Hirse zugedeckt etwa 15 Minuten bei schwacher Hitze garen. Milch nach und nach unterrühren.

6. Die Mandeln in einer Pfanne ohne Fett goldbraun rösten, herausnehmen und auf einem Teller abkühlen lassen. Parmesan reiben.

7. Restliches Butterschmalz in einer Pfanne erhitzen. Spargelstücke, Brokkoliröschen und -würfel darin unter Rühren anbraten. Mit Meersalz würzen.

8. Zwei Drittel des geriebenen Parmesans unter den Hirsetopf rühren. Mit Salz, Pfeffer und Muskat würzen. Mit restlichem Parmesan bestreuen. Das Gemüse auf dem Hirsetopf verteilen und mit gerösteten Mandeln bestreuen.

Tipp: Große Käsespäne erhält man, wenn man den Käse auf einem Käse-, Gemüse- oder Trüffelhobel in dünne Scheiben hobelt.

Hüttenkäse mit Tripmadam I

Schnell

2–4 Portionen

Pro Portion: E: 11 g, F: 7 g, Kh: 27 g, kJ: 930, kcal: 222, BE: 2,5

200 g	*Hüttenkäse*
2	*Äpfel, z. B. Cox Orange, Delicius*
100 g	*getrocknete Aprikosen*
1 TL	*körniger Pommery-Senf oder körniger Senf*
1 EL	*Olivenöl*
	Salz, gem. Pfeffer
1 kleine Handvoll	*Tripmadam (Felsen-Fetthenne, Würzkraut)*

Zubereitungszeit: 15 Minuten

1. Hüttenkäse in eine Rührschüssel geben. Die Äpfel schälen, halbieren, entkernen und auf einer Haushaltsreibe raspeln. Aprikosen in kleine Würfel schneiden. Apfelraspel, Aprikosenwürfel, Senf und Olivenöl zu dem Hüttenkäse in die Rührschüssel geben und gut vermischen. Mit Salz und Pfeffer würzen.

2. Tripmadam abspülen und gut trocken tupfen. Die Nadeln von den Stängeln zupfen. Die Nadeln sehr fein schneiden und unter die Hüttenkäse-Mischung rühren.

Beilage: Sonnenblumen- oder Kürbiskernbrot.

Tipp: Hüttenkäse kann auch durch Magerquark ersetzt werden.

Indisches Kürbiscurry I

Einfach

5 Portionen

VEGAN

Pro Portion: E: 4 g, F: 6 g, Kh: 12 g, kJ: 490, kcal: 117, BE: 1,0

1 kg	*Hokkaido-Kürbis*
2	*kleine Zwiebeln*
1 kleines Stück	*frischer Ingwer (etwa 10 g)*
2–3 EL	*Speiseöl*
je ½ TL	*Kurkuma, Kreuzkümmel, Anissamen, Fenchelsamen, Kardamom (alles gem.)*
	Salz
1 TL	*brauner Zucker (Rohrzucker)*
480 g	*geschälte Tomaten (aus der Dose)*
250 ml	*Gemüsebrühe*

Zubereitungszeit: 40 Minuten
Garzeit: etwa 37 Minuten

1. Den Kürbis abspülen, abtropfen lassen, halbieren und die Kerne mit einem Löffel herauskratzen. Die Kürbishälften in mundgerechte Stücke schneiden. Zwiebeln abziehen und in kleine Würfel schneiden. Ingwer schälen und ebenfalls klein würfeln.

2. Speiseöl in einem Topf erhitzen. Gewürze hinzugeben und unter Rühren einmal aufschäumen lassen. Zwiebel- und Ingwerwürfel hinzugeben, etwa 3 Minuten unter Rühren glasig dünsten. Kürbiswürfel hinzufügen und unter Rühren etwa 4 Minuten mitdünsten lassen. Mit Salz und Zucker würzen.

3. Geschälte Tomaten mit der Flüssigkeit und Gemüsebrühe hinzugeben. Mit Salz abschmecken. Kürbiscurry zum Kochen bringen und etwa 30 Minuten bei schwacher Hitze leicht kochen lassen.

Japanischer Tofu-Eintopf I

Gut vorzubereiten

VEGAN

2 Portionen

Pro Portion: E: 21 g, F: 15 g, Kh: 23 g, kJ: 1248, kcal: 298, BE: 1,0

etwa 500 ml Wasser
2 EL Weißweinessig
150 g Schwarzwurzeln
100 g Möhren
100 g vorwiegend festkochende Kartoffeln
100 g weißer Rettich oder Knollensellerie oder Petersilienwurzel
400 ml Gemüsebrühe
½ Bund Frühlingszwiebeln
150 g Shiitakepilze
200 g Tofu
1 EL Sesamöl
1 EL Sojasauce
Cayennepfeffer

Zubereitungszeit: 25 Minuten
Garzeit: 5–10 Minuten

1. Das Wasser mit Essig in einer Schüssel verrühren. Die Schwarzwurzeln unter fließendem kalten Wasser gründlich abbürsten, dünn schälen, abspülen und abtropfen lassen. Schwarzwurzeln zuerst in etwa 3 cm lange Stücke, danach in dünne Stifte schneiden. Die Schwarzwurzelstifte sofort in das Essigwasser legen, damit sie weiß bleiben.

2. Möhren putzen, schälen, abspülen und abtropfen lassen. Kartoffeln schälen, abspülen und abtropfen lassen. Rettich (Sellerie bzw. Petersilienwurzel) putzen, schälen, abspülen und abtropfen lassen. Die vorbereiteten Zutaten längs vierteln und in sehr dünne Scheiben schneiden. Schwarzwurzeln in einem Sieb abtropfen lassen.

3. Gemüsebrühe in einem Topf zum Kochen bringen. Das vorbereitete Gemüse hinzugeben, wieder zum Kochen bringen und zugedeckt 5–10 Minuten bei schwacher Hitze kochen lassen.

4. In der Zwischenzeit die Frühlingszwiebeln putzen, abspülen, abtropfen lassen und in etwa 1 cm lange Stücke schneiden. Shiitakepilze putzen, evtl. kurz abspülen und trocken tupfen. Die Stiele herausdrehen oder abschneiden. Pilzköpfe in feine Streifen schneiden. Tofu in Würfel schneiden.

5. Frühlingszwiebelstücke, Pilzstreifen und Tofuwürfel in den Eintopf geben und kurz aufkochen lassen. Den Eintopf mit Sesamöl, Sojasauce und Cayennepfeffer abschmecken und sofort servieren.

Tipps: Shiitakepilze wachsen zwar ganzjährig, sind aber nicht immer im Handel erhältlich. Stattdessen können Sie Champignons verwenden. Schwarzwurzeln gibt es frisch nur in den Monaten Oktober bis März zu kaufen. Alternativ Schwarzwurzeln aus dem Glas verwenden. Diese in einem Sieb abtropfen lassen, je nach Größe quer durchschneiden und mit den Gemüsezutaten in die Brühe geben.

Kartoffelaufstrich mit Petersilie und Schnittlauch | Einfach

etwa 450 g

Insgesamt: E: 11 g, F: 66 g, Kh: 45 g, kJ: 3400, kcal: 818, BE: 3,5

300 g mehligkochende Kartoffeln
1 gestr. TL Salz
1 Zwiebel
2 EL Leinöl
150 g Crème fraîche
1 Bund Petersilie
1 Bund Schnittlauch
gem. Pfeffer

Zubereitungszeit: 30 Minuten, ohne Abkühlzeit
Haltbarkeit: im Kühlschrank etwa 5 Tage

1. Kartoffeln schälen, abspülen und abtropfen lassen. Kartoffeln und Salz in einen Topf geben, knapp mit Wasser bedeckt zum Kochen bringen und zugedeckt etwa 20 Minuten kochen lassen. Kartoffeln abgießen, grob zerstampfen und erkalten lassen.

2. Zwiebel abziehen und in sehr kleine Würfel schneiden. Das Leinöl mit Crème fraîche verrühren, mit den Zwiebelwürfeln unter die Kartoffelmasse geben.

3. Petersilie und Schnittlauch abspülen, trocken tupfen. Die Blättchen von den Petersilienstängeln zupfen. Blättchen klein schneiden. Schnittlauch in feine Röllchen schneiden. Petersilie und Schnittlauchröllchen unter den Kartoffelaufstrich rühren. Mit Salz und Pfeffer abschmecken.

4. Den Kartoffelaufstrich in ein vorbereitetes, verschließbares Gefäß füllen und in den Kühlschrank stellen.

Beilage: Roggenmischbrot, Kasseler Brot oder Doppelbackbrot.

Kartoffelecken mit Kräutern und Cocktailtomaten | Schnell

4 Portionen

Pro Portion: E: 8 g, F: 15 g, Kh: 60 g, kJ: 1745, kcal: 415, BE: 5,0

1 1/2 kg große, festkochende Kartoffeln
je 1 Stängel Rosmarin und Thymian
6 EL Olivenöl
1 EL grobes Meersalz
gem. Pfeffer
200 g Cocktailtomaten

Zubereitungszeit: 15 Minuten
Garzeit: 30–40 Minuten

1. Kartoffeln unter fließendem kalten Wasser gründlich abbürsten und abtrocknen.

2. Den Backofen vorheizen.
Ober-/Unterhitze: etwa 200 °C
Heißluft: etwa 180 °C

3. Kartoffeln zuerst längs halbieren, dann vierteln. Rosmarin und Thymian abspülen und trocken tupfen. Die Nadeln bzw. Blättchen von den Stängeln zupfen.

4. Die Kartoffelviertel, Rosmarinnadeln und Thymianblättchen in einer Schüssel mischen. 5 Esslöffel des Olivenöls hinzufügen. Das Ganze mit Salz und Pfeffer würzen.

5. Die Kartoffelmischung auf einem Backblech (mit Backpapier belegt) verteilen. Das Backblech in den vorgeheizten Backofen schieben. Die Kartoffelecken **30–40 Minuten garen.**

6. In der Zwischenzeit Tomaten abspülen, abtrocknen und evtl. die Stängelansätze herausschneiden.

7. Tomaten mit dem restlichen Olivenöl beträufeln. Nach 15–20 Minuten Garzeit zu den Kartoffelecken auf das Backblech geben und mitgaren lassen. Die Kartoffelecken sollen goldgelb und knusprig sein.

Tipp: Dazu Zaziki und einen frischen Salat servieren.

+/-

Kartoffel-Ei-Curry mit Erbsen I

Preiswert – für Kinder

4 Portionen

Pro Portion: E: 18 g, F: 16 g, Kh: 36 g, kJ: 1507, kcal: 359, BE: 3,0

600 g kleine Kartoffeln
4–6 Eier (Größe M)
1 Zwiebel
25 g Butter oder Margarine
25 g Weizenmehl
mildes Currypulver nach Geschmack
300 ml Gemüsebrühe
250 ml Milch
300 g Möhren-Erbsen-Mischung (TK oder aus der Dose)
Salz, gem. Pfeffer

Zubereitungszeit: 25 Minuten
Garzeit: etwa 30 Minuten

1. Kartoffeln gründlich waschen, in einem Topf knapp mit Wasser bedeckt zum Kochen bringen und zugedeckt 15–18 Minuten garen. Die Kartoffeln abgießen, abdämpfen, heiß pellen und leicht abkühlen lassen. Kartoffeln halbieren.

2. Eier in kochendem Wasser etwa 8 Minuten hart kochen. Eier abschrecken und pellen.

3. Die Zwiebel abziehen und in kleine Würfel schneiden. Butter oder Margarine in einem Topf zerlassen. Zwiebelwürfel darin glasig dünsten. Mehl hinzufügen und unter Rühren so lange erhitzen, bis es hellgelb ist, Curry unterrühren. Brühe und Milch hinzugießen, mit einem Schneebesen durchschlagen. Dabei darauf achten, dass keine Klümpchen entstehen.

4. Die TK-Möhren-Erbsen-Mischung hinzugeben, zum Kochen bringen und 5–8 Minuten bei schwacher Hitze kochen lassen, dabei gelegentlich umrühren (abgetropfte Möhren-Erbsen-Mischung aus der Dose nur mit den Kartoffelhälften in der Sauce erhitzen).

5. Die Sauce mit Salz, Pfeffer und evtl. noch etwas Curry abschmecken. Kartoffelhälften unter die Sauce rühren und etwa 4 Minuten miterhitzen.

6. Eier waagerecht halbieren. Kartoffelcurry mit den Eierhälften anrichten.

Kartoffel-Gemüse-Salat mit Senfmarinade I

Raffiniert – ideal für ein Buffet VEGAN

10 Portionen

Pro Portion: E: 4 g, F: 3 g, Kh: 26 g, kJ: 655, kcal: 156, BE: 2,0

1 1/2 kg Kartoffeln
250 g Staudensellerie
300 g Möhren
200 g Radieschen
3 Frühlingszwiebeln
250 g Cocktailtomaten

Für die Senfmarinade:

2 EL grob körniger Senf
6 EL weißer Balsamico-Essig
Saft von
1 Zitrone
3 EL Olivenöl
Salz
1 Prise Zucker
gem. Pfeffer

Zubereitungszeit: 40 Minuten, ohne Abkühlzeit

1. Die Kartoffeln gründlich waschen, knapp mit Wasser bedeckt zum Kochen bringen und zugedeckt in etwa 25 Minuten gar kochen. Die Kartoffeln abgießen, mit kaltem Wasser abspülen, abtropfen und etwas abkühlen lassen. Die heißen Kartoffeln pellen, abkühlen lassen und in Scheiben schneiden.

2. In der Zwischenzeit den Staudensellerie putzen und die harten Außenfäden abziehen. Selleriestangen abspülen, abtropfen lassen und in dünne Scheiben schneiden. Die Möhren putzen, schälen, abspülen, abtropfen lassen und auf einem Gemüsehobel in feine Scheiben hobeln.

3. Radieschen putzen, abspülen, abtropfen lassen und ebenfalls in feine Scheiben schneiden. Frühlingszwiebeln putzen, abspülen, abtropfen lassen und in dünne Scheiben schneiden. Die Cocktailtomaten abspülen, trocken tupfen, halbieren und evtl. die Stängelansätze herausschneiden.

4. Die vorbereiteten Gemüsezutaten in eine große Salatschüssel geben und mit den Kartoffelscheiben vermischen.

5. Für die Marinade den Senf mit Essig und Zitronensaft verrühren. Olivenöl unterschlagen. Mit Salz und Zucker würzen.

6. Die Marinade kurz vor dem Servieren unter die Salatzutaten mischen. Den Salat nochmals mit Salz und Pfeffer abschmecken.

Tipp: Die Salatzutaten und die Senfmarinade können bereits getrennt am Vortag zubereitet und mit Frischhaltefolie zugedeckt im Kühlschrank aufbewahrt werden. Dann den Salat 2–3 Stunden vor dem Servieren aus dem Kühlschrank nehmen und bei Zimmertemperatur stehen lassen. Den Salat kurz vor dem Servieren marinieren und gut abgeschmeckt servieren.

Kartoffel-Gemüse-Topf I

Für Gäste – dauert länger

4 Portionen

VEGAN

Pro Portion: E: 9 g, F: 6 g, Kh: 33 g, kJ: 931, kcal: 223, BE: 2,0

500 g kleine, festkochende Kartoffeln
Salz
250 g kleine, weiße Champignons
100 g kleine Schalotten oder Perlzwiebeln
400 g Zucchini
250 g Cocktailtomaten
400 g Staudensellerie
2 EL Speiseöl
gem. Pfeffer
1–2 EL Rohrzucker oder weißer Zucker
1–2 EL Balsamico-Essig
1 EL Sojasauce
300 ml Gemüsebrühe
½ Bund glatte Petersilie

Zubereitungszeit: 70 Minuten, ohne Abkühlzeit
Garzeit: etwa 10 Minuten

1. Kartoffeln unter fließendem kalten Wasser gründlich abbürsten, knapp mit Salzwasser bedeckt zum Kochen bringen und zugedeckt etwa 20 Minuten fast gar kochen lassen (die Kartoffeln sollten noch Biss haben). Kartoffeln abgießen, abdämpfen und abkühlen lassen.

2. In der Zwischenzeit Champignons putzen, evtl. kurz abspülen und trocken tupfen. Schalotten oder Perlzwiebeln abziehen.

3. Die Zucchini abspülen, abtrocknen und die Enden abschneiden. Zucchini in Würfel schneiden. Tomaten abspülen, abtropfen lassen, halbieren und evtl. die Stängelansätze herausschneiden.

4. Staudensellerie putzen und die harten Außenfäden abziehen. Sellerie abspülen, abtropfen lassen und in Stücke schneiden.

5. Die Schalotten oder Perlzwiebeln in kochendem Salzwasser etwa 5 Minuten blanchieren. Mit einem Schaumlöffel herausnehmen, in ein Sieb geben, mit kaltem Wasser abschrecken und abtropfen lassen. Salzwasser wieder zum Kochen bringen, Selleriestücke darin etwa 3 Minuten blanchieren, in ein Sieb geben, mit kaltem Wasser abschrecken und abtropfen lassen.

6. Speiseöl in einem weiten Topf oder einer großen Pfanne erhitzen. Zuerst die Schalotten oder Perlzwiebeln, dann Kartoffeln, Selleriestücke, Zucchiniwürfel und Champignons darin portionsweise unter Rühren andünsten. Tomatenhälften hinzugeben, mit Salz und Pfeffer würzen. Zucker darüberstreuen und unter Rühren karamellisieren lassen. Essig und Sojasauce unterrühren, Brühe hinzugießen.

7. Den Gemüsetopf zum Kochen bringen und zugedeckt etwa 10 Minuten bei mittlerer Hitze kochen lassen.

8. Petersilie abspülen und trocken tupfen. Die Blättchen von den Stängeln zupfen. Blättchen klein schneiden. Gemüsetopf mit Petersilie bestreut servieren.

Tipps: Den Gemüsetopf zusätzlich mit Cashewkernen und Sesamsamen bestreuen. Balsamico-Essig reift lange in Weinfässern heran. Dabei bekommt er seine typisch braune Farbe, verliert seine scharfe Säure und entwickelt ein volles, würziges Aroma.

Kartoffel-Grünkohl-Frikadellen (Bubble and Squeak) I

Raffiniert

4 Portionen

Pro Portion: E: 19 g, F: 28 g, Kh: 33 g, kJ: 1936, kcal: 462, BE: 2,5

800 g festkochende Kartoffeln
Salz
450 g Grünkohlblätter
75 g Zwiebeln
30 g Butter
75 g Cheddar-Käse
5 sehr frische Eier (Größe M)
2 EL Speisestärke
gem. Pfeffer

1 l Wasser
100 ml Weißweinessig

6 EL Speiseöl zum Braten

1/2 Bund Schnittlauch
etwa 1/2 TL Chiliflocken

Zubereitungszeit: 60 Minuten

1. Kartoffeln schälen, abspülen, abtropfen lassen, in einem Topf knapp mit Salzwasser bedeckt zum Kochen bringen und in etwa 25 Minuten gar kochen.

2. In der Zwischenzeit von den Grünkohlblättern die dicken Blattrippen entfernen. Grünkohlblätter gründlich abspülen, abtropfen lassen und in kochendem Salzwasser etwa 4 Minuten kochen lassen. Grünkohl mit kalten Wasser abschrecken, in einem Sieb abtropfen lassen und anschließend mit den Händen gut ausdrücken und grob zerkleinern.

3. Die Zwiebeln abziehen und in kleine Würfel schneiden. Butter in einer Pfanne zerlassen. Zwiebelwürfel darin glasig dünsten. Cheddar grob reiben.

4. Die garen Kartoffeln abgießen, abdämpfen und sofort durch eine Kartoffelpresse in eine Rührschüssel drücken. Grünkohl, Zwiebelwürfel, geriebenen Käse, 1 Ei, Speisestärke, Salz und Pfeffer hinzufügen. Die Zutaten zu einem Teig verkneten und 8 Frikadellen daraus formen.

5. Wasser mit Essig in einem Topf zum Kochen bringen. Die Eier einzeln in einer Kelle aufschlagen und vorsichtig in das siedende (nicht sprudelnd kochendes) Wasser gleiten lassen. Eiweiß sofort mit 2 Esslöffeln an das Eigelb schieben.

6. Das Essigwasser mit den Eiern ganz kurz aufkochen lassen. Den Topf von der Kochstelle nehmen. Die Eier 3–5 Minuten gar ziehen lassen.

7. In der Zwischenzeit das Speiseöl in einer großen Pfanne erhitzen. Die Frikadellen darin von jeder Seite 3–4 Minuten goldbraun braten.

8. Schnittlauch abspülen, trocken tupfen und in Röllchen schneiden.

9. Bubble and Squeak (Frikadellen) mit den Eiern auf Tellern anrichten, mit Schnittlauchröllchen und Chiliflocken bestreut servieren.

Hinweis: Nur ganz frische Eier verwenden, die nicht älter als 5 Tage sind (Legedatum beachten!).

Kartoffel-Gurken-Salat I

Raffiniert – für Gäste

10 Portionen

VEGAN

Pro Portion: E: 5 g, F: 6 g, Kh: 32 g, kJ: 874, kcal: 208, BE: 2,5

2 kg festkochende Kartoffeln
Salz
1 EL Kümmelsamen
720 g abgetropfte Gewürzgurken (aus dem Glas)

Für die Marinade:

1 Knoblauchzehe
1 Bund Dill
80 ml Weißweinessig
1 EL mittelscharfer Senf
1 EL Ahornsirup
50 ml Zitronensaft
200 ml Gurkenflüssigkeit (aus dem Glas)
50 ml Olivenöl
gem. Pfeffer
1 Prise Zucker

2 Salatgurken

Zubereitungszeit: 45 Minuten, ohne Abkühlzeit

1. Kartoffeln gründlich waschen, knapp mit Wasser bedeckt zum Kochen bringen. Salz und Kümmel hinzugeben. Die Kartoffeln zugedeckt in 20–25 Minuten gar kochen. Die Kartoffeln abgießen, mit kaltem Wasser abspülen und abtropfen lassen. Kartoffeln heiß pellen, abkühlen lassen und in Scheiben schneiden. Kartoffelscheiben in eine große Schüssel geben.

2. Von den Gurken den Sud auffangen. Die Gurken in feine Scheiben schneiden und zu den Kartoffelscheiben geben.

3. Für die Marinade Knoblauch abziehen und in kleine Würfel schneiden. Dill abspülen und trocken tupfen. Die Spitzen von den Stängeln zupfen. Spitzen grob zerkleinern. Essig mit Senf, Ahornsirup, Zitronensaft und Gurkenflüssigkeit verrühren. Olivenöl unterschlagen. Mit Salz, Pfeffer und Zucker würzen. Knoblauchwürfel und Dill unterrühren.

4. Die Marinade vorsichtig unter die Kartoffel- und Gurkenscheiben heben. Den Kartoffel-Gurken-Salat kräftig mit Salz abschmecken.

5. Kurz vor dem Servieren die Salatgurken schälen und die Enden abschneiden. Gurken längs halbieren und entkernen. Gurkenhälften in Scheiben schneiden und unter den Salat mischen. Den Kartoffel-Gurken-Salat nochmals mit Salz und Pfeffer abschmecken.

Kartoffel-Ingwer-Suppe I

Dauert länger

4 Portionen

Pro Portion: E: 4 g, F: 26 g, Kh: 24 g, kJ: 1453, kcal: 347, BE: 2,0

Für die Suppe:

3	*Zwiebeln*
2	*Knoblauchzehen*
2 Bund	*Suppengrün (Sellerie, Möhren, Porree)*
etwa 100 g	*Petersilienwurzeln*
50 ml	*Speiseöl, z. B. Rapsöl*
3 l	*Wasser*
1 gestr. EL	*Salz*
2	*Lorbeerblätter*
1 TL	*Pfefferkörner*
1	*Zwiebel*
50 g	*frischer Ingwer*
600 g	*festkochende Kartoffeln*
2 EL	*Speiseöl*
100 g	*Schlagsahne*
	Zucker
½ Bund	*Koriander*

Zubereitungszeit: 50 Minuten
Garzeit: etwa 90 Minuten

1. Für die Suppe Zwiebeln und Knoblauch abziehen, in kleine Würfel schneiden. Suppengrün putzen, schälen, abspülen und abtropfen lassen. Das Suppengrün grob würfeln. Petersilienwurzeln putzen, schälen, abspülen, abtropfen lassen und ebenfalls würfeln.

2. Speiseöl in einem großen Topf erhitzen. Zwiebel- und Knoblauchwürfel darin andünsten. Vorbereitete Gemüsewürfel hinzugeben und unter Rühren kurz mit andünsten.

3. Das Wasser hinzugießen. Salz, Lorbeerblätter und Pfefferkörner hinzufügen. Die Zutaten zum Kochen bringen. Gemüse ohne Deckel etwa 60 Minuten bei schwacher bis mittlerer Hitze kochen lassen.

4. Das Gemüse aus der Brühe nehmen und entfernen. Die Brühe durch ein Sieb in einen Topf gießen.

5. Die Zwiebel abziehen und in grobe Würfel schneiden. Ingwer schälen und in kleine Würfel schneiden. Kartoffeln schälen, abspülen und abtropfen lassen. 350 g Kartoffeln grob würfeln. Die restlichen Kartoffeln (250 g) in kleine Würfel schneiden, mit Wasser bedeckt beiseitestellen.

6. Speiseöl in einem großen Topf erhitzen. Zwiebelwürfel darin glasig dünsten. Die grob geschnittenen Kartoffelwürfel und Ingwerwürfel hinzugeben, unter Rühren kurz mitdünsten lassen. Die Gemüsebrühe hinzugießen, zum Kochen bringen und etwa 30 Minuten bei schwacher Hitze leicht kochen lassen. Sahne hinzugießen und einmal aufkochen lassen. Die Suppe mit einem Pürierstab fein pürieren. Sollte die Suppe zu dick sein, etwas Wasser unterrühren. Mit Salz und Zucker abschmecken.

7. Die beiseitegestellten, kleinen Kartoffelwürfel in kochendem Salzwasser etwa 3 Minuten bissfest kochen. Kartoffelwürfel in ein Sieb geben, mit kaltem Wasser abspülen, abtropfen lassen, in die Suppe geben und nochmals erhitzen.

8. Koriander abspülen und trocken tupfen. Die Blättchen von den Stängeln zupfen. Blättchen grob zerkleinern. Die Suppe mit Koriander bestreut servieren.

Kartoffel-Omelett mit Steinpilzen und karamellisierten Walnusskernen | Deftig

4 Portionen

Pro Portion: E: 17 g, F: 41 g, Kh: 41 g, kJ: 2512, kcal: 600, BE: 3,5

200 g Steinpilze
2 Schalotten
600 g Kartoffeln
50 ml Traubenkernöl
Salz, gem. Pfeffer
1 EL Butterschmalz
4 Stängel glatte Petersilie
5 Eier (Größe M)

Für die karamellisierten Walnusskerne:
3 EL Wasser
80 g Zucker
100 g Walnusskerne
100 g Pflanzenfett

Zubereitungszeit: 50 Minuten, ohne Abkühlzeit
Backzeit: etwa 15 Minuten

1. Die Steinpilze putzen, evtl. kurz abspülen, trocken tupfen und in Scheiben schneiden. Schalotten abziehen und in kleine Würfel schneiden.

2. Die Kartoffeln schälen, abspülen und abtropfen lassen. Die Kartoffeln in sehr dünne Scheiben schneiden (am besten mit einer Aufschnittmaschine oder einem Gemüsehobel).

3. Traubenkernöl in einer großen, feuerfesten Pfanne erhitzen. Kartoffelscheiben darin etwa 10 Minuten unter mehrmaligem Wenden anbraten. Mit Salz und Pfeffer würzen.

4. Den Backofen vorheizen.
Ober-/Unterhitze: etwa 160 °C
Heißluft: etwa 140 °C

5. Butterschmalz in einer weiteren Pfanne erhitzen. Pilzscheiben darin andünsten, Schalottenwürfel hinzugeben und mit andünsten.

6. Die Petersilie abspülen und trocken tupfen (einige Zweige zum Garnieren beiseitelegen). Die Blättchen von den Stängeln zupfen. Blättchen klein schneiden und unter das Pilzgemüse mischen. Pilzgemüse aus der Pfanne nehmen und unter die gebratenen Kartoffelscheiben heben.

7. Eier verschlagen, mit Salz und Pfeffer würzen, auf der Kartoffel-Pilz-Masse verteilen und gut untermengen. Die Pfanne auf dem Rost in den vorgeheizten Backofen schieben. Kartoffel-Omelett **etwa 15 Minuten backen.**

8. In der Zwischenzeit für die karamellisierten Walnusskerne Wasser und Zucker in einem kleinen Topf zum Kochen bringen. So lange kochen lassen, bis der Zucker zu karamellisieren beginnt. Walnusskerne hinzufügen und unter Rühren goldbraun karamellisieren lassen. Karamellisierte Walnusskerne auf einen Bogen Backpapier geben und erkalten lassen.

9. Das Kartoffel-Omelett aus der Pfanne auf eine Platte stürzen und in Kuchenstücke schneiden. Mit den beiseitegelegten Petersilienzweigen garnieren und sofort servieren. Karamellisierte Walnusskerne nach Belieben hacken oder zerteilen und dazu servieren.

Tipp: Das Kartoffel-Omelett schmeckt auch sehr gut kalt mit einem Rucolasalat.

Kartoffel-Pastinaken-Stampf mit weiß-grünem Gemüse I

Für Gäste

4 Portionen ✓

Pro Portion: E: 14 g, F: 14 g, Kh: 44 g, kJ: 1519, kcal: 363, BE: 3,5

Für den Stampf:

300 g Pastinaken
1 kg mehligkochende Kartoffeln
250 ml Gemüsebrühe

Für das Gemüse:

1 kleiner Blumenkohl (etwa 800 g)
1 Bund Frühlingszwiebeln (etwa 200 g)
250 g Zuckerschoten
125 ml Gemüsebrühe

50 g Kürbiskerne

100 ml Milch
30 g Butter
Salz
gem. Pfeffer
ger. Muskatnuss

evtl.
etwa 4 EL Kürbiskernöl

Zubereitungszeit: 45 Minuten

1. Für den Stampf Pastinaken putzen, schälen, abspülen, abtropfen lassen und in etwa ½ cm dicke Scheiben schneiden. Kartoffeln schälen, abspülen, abtropfen lassen und vierteln.

2. Brühe, Kartoffelstücke und Pastinakenscheiben in einem Topf zum Kochen bringen und zugedeckt etwa 25 Minuten bei schwacher Hitze dünsten.

3. In der Zwischenzeit für das Gemüse von dem Blumenkohl die Blätter und schlechten Stellen entfernen. Blumenkohl in kleine Röschen teilen, abspülen und abtropfen lassen. Frühlingszwiebeln putzen, abspülen, abtropfen lassen und schräg in etwa 1 cm breite Stücke schneiden. Zuckerschoten putzen und evtl. abfädeln. Zuckerschoten abspülen, abtropfen lassen und 1–2-mal schräg durchschneiden.

4. Brühe in einem breiten Topf zum Kochen bringen. Blumenkohlröschen hinzugeben und zugedeckt etwa 5 Minuten bei mittlerer Hitze dünsten.

5. In der Zwischenzeit Kürbiskerne in einer Pfanne ohne Fett unter Rühren hellbraun rösten, bis sie aufspringen. Kürbiskerne herausnehmen und auf einem Teller abkühlen lassen.

6. Frühlingszwiebel- und Zuckerschotenstücke zum Blumenkohl in den Topf geben und etwa 3 Minuten mitgaren lassen.

7. Milch aufkochen. Die garen Kartoffelstücke und Pastinakenscheiben in der verbliebenen Brühe mit einem Kartoffelstampfer zerdrücken. Milch und Butter unter das Püree rühren. Mit Salz, Pfeffer und Muskat abschmecken.

8. Das Gemüse mit Salz und Pfeffer würzen und mit dem Kartoffel-Pastinaken-Stampf anrichten. Das Gemüse mit den Kürbiskernen bestreuen und nach Belieben mit Kürbiskernöl beträufeln.

Tipp: Wer anstelle der Kürbiskerne Nusskerne bevorzugt, kann auch gehobelte Haselnusskerne rösten und das Gemüse z. B. mit Nussöl oder leicht gebräunter Butter beträufeln.

Kartoffel-Petersilienwurzel-Püree | Raffiniert – mit Alkohol

4 Portionen

Pro Portion: E: 17 g, F: 35 g, Kh: 37 g, kJ: 2349, kcal: 560, BE: 3,0

150 g Schalotten
2 Knoblauchzehen
700 g Petersilienwurzeln
800 g große, festkochende Kartoffeln
150 g Brunnenkresse
250 g Schlagsahne
50 g Butter
125 ml trockener Weißwein
3 EL grobkörniger Senf
850 ml Gemüsebrühe
Salz, ger. Muskatnuss
75 g Comte-Käse (französischer Hartkäse)
1 Bund glatte Petersilie (oder das Grün der Petersilienwurzeln)
grob gem., schwarzer Pfeffer

Zubereitungszeit: 45 Minuten

1. Schalotten und Knoblauch abziehen. Schalotten in kleine Würfel und Knoblauch in dünne Scheiben schneiden. Petersilienwurzeln (evtl. vorhandenes Grün beiseitelegen) und Kartoffeln schälen, abspülen, abtropfen lassen und beides sehr fein würfeln. Von der Brunnenkresse (einige Stängel zum Garnieren beiseitelegen) die gelben Blätter und dicken Stiele entfernen. Kresse abspülen und trocken tupfen. 100 g Sahne steif schlagen und in den Kühlschrank stellen.

2. Butter in einem Topf zerlassen. Schalotten-, Kartoffel- und Petersilienwurzelwürfel darin unter Rühren andünsten. Mit Wein ablöschen und ganz einkochen lassen. Senf unterrühren. 800 ml Brühe und die restliche Sahne hinzugießen. Mit etwas Salz und Muskat würzen. Zutaten ohne Deckel unter gelegentlichem Rühren zum Kochen bringen und etwa 15 Minuten garen, bis die Kartoffeln weich sind. Käse entrinden und in dünne Scheiben schneiden.

3. Petersilie oder das beiseitegelegte Petersiliengrün abspülen, trocken tupfen und grob hacken. Petersilie mit der restlichen Brühe in einen hohen Rührbecher geben und mit einem Pürierstab sehr fein pürieren.

4. Beiseitegelegte Brunnenkressestängel abspülen und trocken tupfen.

5. Kurz vor dem Servieren das Kräuterpüree mit der steif geschlagenen Sahne unter das Püree heben.

6. Das Püree anrichten. Mit Brunnenkresse und Käsescheiben garnieren. Mit etwas grob gemahlenem Pfeffer bestreut servieren.

Kartoffel-Pilz-Topf I

Etwas Besonderes

4 Portionen

VEGAN

Pro Portion: E: 15 g, F: 19 g, Kh: 62 g, kJ: 2036, kcal: 486, BE: 4,5

1 Möhre (etwa 150 g)
1 1/2 kg große, festkochende Kartoffeln
300 g Zwiebeln
30 g getrocknete Steinpilze
6 Wacholderbeeren
7 EL Olivenöl
1 TL gerebelter Thymian
300 ml Gemüsebrühe
700 g braune Champignons
60 g Buchweizen
Salz, gem. Pfeffer
1/2 Bund glatte Petersilie

Zubereitungszeit: 45 Minuten

1. Möhre putzen, schälen, abspülen, abtropfen lassen, längs halbieren und in dünne Scheiben schneiden.

2. Kartoffeln schälen, abspülen, abtropfen lassen und in etwa 2 cm große Würfel schneiden.

3. Zwiebeln abziehen und in Streifen schneiden. Steinpilze in einem Sieb abspülen und abtropfen lassen. Wacholderbeeren in einem Mörser grob zerstoßen.

4. Zwei Esslöffel des Olivenöls in einem großen Topf erhitzen. Möhrenscheiben, Zwiebelstreifen, Steinpilze, Thymian und Wacholderbeeren darin unter Rühren andünsten.

5. Kartoffelwürfel und Brühe hinzugeben, zum Kochen bringen und zugedeckt etwa 20 Minuten bei mittlerer Hitze dünsten.

6. In der Zwischenzeit die Champignons putzen, evtl. kurz abspülen und trocken tupfen. Champignons je nach Größe halbieren oder vierteln.

7. Einen Esslöffel des restlichen Olivenöls in einer kleinen Pfanne erhitzen. Buchweizen darin bei mittlerer Hitze rösten, bis er duftet. Buchweizen mit Salz würzen und etwas abkühlen lassen. Anschließend im Mörser grob zerstoßen.

8. Restliches Olivenöl in einer großen Pfanne erhitzen. Champignons darin etwa 3 Minuten bei starker Hitze anbraten. Mit Salz und Pfeffer würzen. Sobald die Champignons Flüssigkeit abgeben, die Champignons mit der Flüssigkeit zu den Kartoffelwürfeln in den Topf geben und etwa 5 Minuten mitgaren.

9. Petersilie abspülen und trocken tupfen. Die Blättchen von den Stängeln zupfen. Blättchen in breite Streifen schneiden.

10. Den Kartoffel-Pilz-Topf aufkochen. Die Hälfte der Petersilienstreifen unterrühren. Den Kartoffel-Pilz-Topf mit Salz und Pfeffer würzen, mit Buchweizen und restlichen Petersilienstreifen bestreuen.

Kartoffelpuffer mit dreierlei Blitz-Salsa | Für Gäste – schnell

4 Portionen

Pro Portion: E: 11 g, F: 14 g, Kh: 38 g, kJ: 1357, kcal: 324, BE: 3,0

10–12 TK-Kartoffelpuffer

Für die Tomatensalsa:

1 große Fleischtomate (etwa 250 g)
2 EL Speiseöl
Salz, gem. Pfeffer
1 Schalotte
4 Stängel Basilikum
1 TL flüssiger Honig

Für den Schnittlauch-Eier-Dip:

2 hart gekochte Eier
½ Bund Schnittlauch
2 EL mittelscharfer Senf
1 EL saure Sahne

Für die Feta-Tomaten-Salsa:

3 Frühlingszwiebeln
100 g Fetakäse
Zucker

Zubereitungszeit: 20 Minuten

1. Den Backofen vorheizen.
Ober-/Unterhitze: etwa 200 °C
Heißluft: etwa 180 °C

2. Die gefrorenen Kartoffelpuffer auf einem Backblech (mit Backpapier belegt) verteilen. Das Backblech in den vorgeheizten Backofen schieben. Die Kartoffelpuffer nach Packungsanleitung **15–18 Minuten knusprig braun backen.**

3. In der Zwischenzeit für die **Tomatensalsa** Tomate abspülen, trocken tupfen, halbieren und den Stängelansatz herausschneiden. Tomatenhälften in sehr kleine Würfel schneiden. Die Hälfte der Tomatenwürfel in eine kleine Schüssel geben, Speiseöl untermischen. Mit Salz und Pfeffer würzen.

4. Schalotte abziehen und in kleine Würfel schneiden. Das Basilikum abspülen und trocken tupfen. Die Blättchen von den Stängeln zupfen. Blättchen klein schneiden. Schalottenwürfel und Basilikum zu den Tomatenwürfeln geben und untermischen. Salsa mit Honig, Salz und Pfeffer abschmecken.

5. Für den **Schnittlauch-Eier-Dip** Eier pellen und in kleine Würfel schneiden. Schnittlauch abspülen, trocken tupfen und in Röllchen schneiden. Senf mit der sauren Sahne verrühren. Mit Salz und Pfeffer würzen. Eierwürfel und Schnittlauchröllchen unterrühren.

6. Für die **Feta-Tomaten-Salsa** die Frühlingszwiebeln putzen, abspülen, abtropfen lassen und in sehr kleine Stücke schneiden. Fetakäse in kleine Würfel schneiden. Die restliche Tomatenwürfel mit den Käsewürfeln und Frühlingszwiebelstücken mischen. Mit Zucker und evtl. noch etwas Salz und Pfeffer abschmecken.

7. Die Kartoffelpuffer aus dem Backofen nehmen und anrichten. Tomatensalsa, Schnittlauch-Eier-Dip und die Feta-Tomaten-Salsa dazureichen.

Kartoffelpüree mit Tapenade aus getrockneten Tomaten |

Etwas Besonderes

4 Portionen

Pro Portion: E: 7 g, F: 30 g, Kh: 37 g, kJ: 1877, kcal: 450, BE: 3,0

1 kg festkochende Kartoffeln
Salz

Für die Tapenade:

1 TL frische Thymianblättchen
75 g getrocknete Tomaten, in Öl
3 EL Tomatenöl (von den Tomaten)
150 g Crème fraîche
100 g Schlagsahne oder 100 ml Milch
gem. Pfeffer
8–10 schöne Salbeiblättchen
2 EL Olivenöl

Zubereitungszeit: 40 Minuten

1. Kartoffeln schälen, abspülen und abtropfen lassen. Kartoffeln knapp mit Salzwasser bedeckt zum Kochen bringen und zugedeckt in 20–25 Minuten gar kochen.

2. In der Zwischenzeit für die Tapenade die Thymianblättchen abspülen und trocken tupfen. Die Tomaten grob zerkleinern, mit 3 Esslöffeln des Tomatenöls und den Thymianblättchen im Blitzhacker fein pürieren.

3. Die garen Kartoffeln in einem Sieb abtropfen lassen und sofort wieder in den heißen Topf geben. Kartoffeln mit einem Kartoffelstampfer grob zerdrücken. Crème fraîche und Sahne oder Milch mit einem Holzlöffel unterrühren. Mit Salz und Pfeffer würzen. Kartoffelpüree zugedeckt in dem Topf warm halten.

4. Von dem Crème-fraîche-Becher den Boden mit der Küchenschere abschneiden. Den Becher abspülen, abtrocknen und auf einen kleinen Teller stellen. Zuerst Kartoffelpüree zur Hälfte einfüllen. Dann etwas Tapenade (Tomatenpaste) daraufgeben. Eine weitere Schicht Kartoffelpüree einfüllen und leicht andrücken. Den Becher abheben. Die weiteren Pürees auf die gleiche Weise anrichten.

5. Die Salbeiblättchen abspülen und trocken tupfen. Olivenöl in einer Pfanne erhitzen. Die Salbeiblättchen darin von beiden Seiten knusprig anrösten, herausnehmen und mit dem Salbeiöl auf den Kartoffelpürees verteilen.

Kartoffel-Rösti mit Chicorée-Petersilien-Salat I

Für Gäste

4 Portionen

Pro Portion: E: 24 g, F: 49 g, Kh: 44 g, kJ: 2994, kcal: 714, BE: 3,0

1 kg festkochende Kartoffeln

Für den Salat:

1 Bund Radieschen (etwa 350 g)
1 Bund glatte Petersilie
½ Salatgurke (etwa 250 g)
Salz
2 Chicorée (etwa 500 g)
2–3 EL Weißweinessig
gem. Pfeffer
1–2 TL flüssiger Honig
1 TL mittelscharfer Senf
5 EL Olivenöl

6–8 EL Olivenöl
50 g Sonnenblumenkerne
1 l Wasser
3 EL Weißweinessig
8 Eier (Größe M)

Zubereitungszeit: 50 Minuten, ohne Abkühlzeit

1. Kartoffeln gründlich waschen, in einem Topf knapp mit Wasser bedeckt zum Kochen bringen und zugedeckt in etwa 25 Minuten gar kochen. Die Kartoffeln abgießen, mit kaltem Wasser abspülen, abtropfen lassen, heiß pellen und erkalten lassen.

2. Für den Salat in der Zwischenzeit die Radieschen putzen, abspülen, abtropfen lassen und in Scheiben schneiden. Petersilie abspülen und trocken tupfen. Die Blättchen von den Stängeln zupfen.

3. Salatgurke abspülen, trocken tupfen, der Länge nach halbieren und mit einem Teelöffel die Kerne herauskratzen. Gurke quer in dünne Scheiben schneiden, leicht mit Salz bestreuen und zum Saftziehen stehen lassen. Chicorée von den schlechten Blättern befreien. Chicorée halbieren und die bitteren Strünke keilförmig herausschneiden. Chicoréehälften quer in etwa 1 cm breite Streifen schneiden.

4. Essig mit Salz, Pfeffer, Honig und Senf verrühren. Olivenöl unterschlagen. Die Sauce abschmecken.

5. Für die Rösti die gegarten Kartoffeln auf der groben Seite der Haushaltsreibe raspeln. 1 Esslöffel des Olivenöls in einer beschichteten Pfanne (Ø 16 cm) erhitzen. Jeweils ein Viertel der Kartoffelraspel und der Sonnenblumenkerne in die Pfanne geben, kurz anbraten. Mit Salz und Pfeffer würzen. Die Röstimasse mit einem Pfannenwender zu einer runden Platte, einem Rösti formen, zusammendrücken und etwa 3 Minuten bei schwacher bis mittlerer Hitze braten.

6. Den Rösti auf einen Teller stürzen und wieder zurück in die Pfanne gleiten lassen. Etwas von dem restlichen Olivenöl in die Pfanne geben. Den Rösti von der zweiten Seite weitere etwa 3 Minuten braten. Den fertigen Rösti auf ein Backblech legen und im Ofen warm halten. Anschließend auf die gleiche Weise 3 weitere Rösti zubereiten.

7. Für die pochierten Eier Wasser mit Essig in einem Topf zum Kochen bringen. 1 Teelöffel Salz hinzugeben. Eier einzeln in einer Kelle aufschlagen, vorsichtig in das siedende (nicht sprudelnd kochende) Wasser gleiten lassen. Eiweiß sofort mit zwei Löffeln an das Eigelb schieben und formen. Bei schwacher Hitze etwa 4 Minuten ohne Deckel gar ziehen lassen (maximal 4 Eier auf einmal garen).

8. Die gegarten Eier mit einem Schaumlöffel herausnehmen, kurz in kaltes Wasser tauchen, abtropfen lassen und die Ränder glatt schneiden. Restliche Eier auf die gleiche Weise garen.

9. Gurkenscheiben etwas abtropfen lassen, mit den restlichen, vorbereiteten Salatzutaten in eine Salatschüssel geben und mit der Salatsauce vermischen. Rösti evtl. kurz unter dem Backofengrill rösten und auf 4 Teller legen. Jeweils 1 Salatportion und 2 Eier auf den Rösti anrichten. Sofort servieren.

Hinweis: Nur ganz frische Eier verwenden, die nicht älter als 5 Tage sind (Legedatum beachten!).

Kartoffel-Sahne-Tortilla

Für Gäste – einfach

8–10 Portionen

Pro Portion: E: 13 g, F: 20 g, Kh: 16 g, kJ: 1247, kcal: 298, BE: 1,0

750 g Kartoffeln
1 rote Paprikaschote
1 Bund Frühlingszwiebeln
150 g Zucchini
2 EL Olivenöl
Salz
gem. Pfeffer
14 Eier (Größe M)
250 g Schlagsahne
2 EL Schnittlauchröllchen

Zubereitungszeit: 55 Minuten
Backzeit: 30–40 Minuten

1. Kartoffeln schälen, abspülen, abtropfen lassen und in dünne Scheiben schneiden.

2. Paprikaschote halbieren, entstielen, entkernen und die weißen Scheidewände entfernen. Schotenhälften abspülen, gut trocken tupfen und in kleine Würfel schneiden.

3. Frühlingszwiebeln putzen, abspülen, abtropfen lassen und in dünne Scheiben schneiden. Die Zucchini abspülen, abtrocknen und die Enden abschneiden. Zucchini in dünne Scheiben schneiden.

4. Den Backofen vorheizen.
Ober-/Unterhitze: etwa 180 °C
Heißluft: etwa 160 °C

5. Olivenöl in einer großen Pfanne erhitzen. Kartoffelscheiben, Paprikawürfel, Frühlingszwiebel- und Zucchinischeiben hinzugeben. Die Zutaten unter mehrmaligem Wenden etwa 10 Minuten von allen Seiten goldbraun braten. Mit Salz und Pfeffer würzen. Die Kartoffel-Gemüse-Mischung herausnehmen und in eine Fettpfanne (gefettet) geben.

6. Eier mit Sahne verschlagen, mit Salz und Pfeffer würzen. Schnittlauchröllchen unterrühren. Die Kartoffel-Gemüse-Mischung mit der Eiersahne übergießen. Die Fettpfanne in den vorgeheizten Backofen schieben. Tortilla **30–40 Minuten backen.**

7. Die Fettpfanne auf einen Rost stellen. Die Tortilla in Rauten schneiden und auf einer Platte anrichten.

Tipp: Tortillarauten mit Zucchinistreifen, Basilikum- und Petersilienblättchen garnieren.

Kartoffelsalat mit Kresse

Raffiniert

VEGAN

4 Portionen

Pro Portion: E: 10 g, F: 21 g, Kh: 33 g, kJ: 1484, kcal: 354, BE: 2,5

750 g festkochende Kartoffeln

Für die Sauce:

375 ml Gemüsebrühe
3 EL weißer Balsamico-Essig
Salz
gem. Pfeffer
4 EL Olivenöl

190 ml abgetropfter Karottensalat (aus dem Glas)

500 g Champignons
4 EL Olivenöl
2 Kästchen rote Daikonkresse

Zubereitungszeit: 25 Minuten, ohne Abkühl- und Durchziehzeit
Garzeit: 20–25 Minuten

1. Die Kartoffeln gründlich waschen, knapp mit Wasser bedeckt zum Kochen bringen und zugedeckt in 20–25 Minuten gar kochen. Kartoffeln abgießen, abdämpfen, heiß pellen und lauwarm abkühlen lassen. Kartoffeln in Scheiben schneiden und in eine große Schüssel geben.

2. Für die Sauce Brühe mit Essig, Salz und Pfeffer verrühren. Olivenöl unterschlagen. Karottensalat und Sauce zu den Kartoffelscheiben geben, gut untermischen, etwa 30 Minuten durchziehen lassen.

3. In der Zwischenzeit die Champignons putzen, evtl. kurz abspülen, trocken tupfen, in Scheiben schneiden. Olivenöl in einer Pfanne erhitzen. Die Champignonscheiben darin in 2 Portionen unter Rühren hellbraun braten. Mit Pfeffer würzen. Champignonscheiben abkühlen lassen und unter den Kartoffelsalat heben.

4. Kresse abspülen und trocken tupfen. Die Blättchen von den Stängeln schneiden. Den Salat mit Salz und Pfeffer würzen. Kresseblättchen unterheben.

Tipps: Die rote Daikonkresse erinnert im Geschmack an Kreuzkümmel (Cumin). Sie kann durch einfache Kresse ersetzt werden.

Kartoffeltarte I

Etwas aufwendiger

8 Stücke

Pro Stück: E: 9 g, F: 23 g, Kh: 33 g, kJ: 1556, kcal: 373, BE: 2,5

500 g mittelgroße, festkochende Kartoffeln

Für den Teig:

200 g Vollkorn-Weizenmehl
1 Msp. Dr. Oetker Backin
1/2 gestr. TL Salz
120 g Butter

1 Süßkartoffel (etwa 300 g)

Für den Guss:

3 Eier (Größe M)
150 ml Milch
150 g Crème fraîche
Salz
gem. Pfeffer
ger. Muskatnuss

Außerdem:

etwa 20 g Alfalfa-Sprossen

Zubereitungszeit: 60 Minuten, ohne Abkühlzeit
Backzeit: etwa 42 Minuten

1. Kartoffeln gründlich waschen, in einem Topf knapp mit Wasser bedeckt zum Kochen bringen und zugedeckt in etwa 25 Minuten gar kochen.

2. Für den Teig in der Zwischenzeit Mehl mit Backpulver mischen und in eine Rührschüssel geben. Salz, Butter in kleinen Stücken und 2 Esslöffel kaltes Wasser hinzugeben.

3. Die Zutaten mit einem Mixer (Rührstäbe) zunächst kurz auf niedrigster, dann auf höchster Stufe zu einem glatten Teig verkneten. Sollte er kleben, ihn in Frischhaltefolie gewickelt eine Zeit lang in den Kühlschrank stellen.

4. Den Backofen vorheizen.
Ober-/Unterhitze: etwa 200 °C
Heißluft: etwa 180 °C

5. Die Hälfte des Teiges auf einer leicht bemehlten Arbeitsfläche zu einer runden Platte (Ø etwa 28 cm) ausrollen und in eine Tarteform (Ø 28 cm, gefettet) legen. Teigboden mehrmals mit einer Gabel einstechen.

6. Restlichen Teig in Frischhaltefolie gewickelt wieder in den Kühlschrank stellen.

7. Die Form auf dem Rost in den vorgeheizten Backofen schieben. Den Boden **etwa 12 Minuten vorbacken.**

8. Die Form auf einen Kuchenrost stellen. Den Boden etwas abkühlen lassen.

9. Die gegarten Pellkartoffeln abgießen, mit kaltem Wasser abspülen, abtropfen lassen und heiß pellen. Kartoffeln etwas abkühlen lassen.

10. Süßkartoffel schälen, abspülen, abtropfen lassen, der Länge nach halbieren und quer in etwa 1/2 cm dicke Scheiben schneiden. Die abgekühlte Kartoffeln ebenfalls in Scheiben schneiden.

11. Aus dem restlichen kalt gestellten Teig 2 etwa 38 cm lange Rollen formen, in die Tarteform legen und einen Rand andrücken. Die Kartoffelscheiben (auch Süßkartoffelscheiben) dachziegelartig auf dem vorgebackenen Boden verteilen.

12. Für den Guss die Eier mit Milch und Crème fraîche verschlagen. Mit Salz, Pfeffer und Muskat würzen. Die Kartoffelscheiben mit dem Eierguss übergießen.

13. Die Form wieder auf dem Rost in den vorgeheizten Backofen schieben. Die Kartoffeltarte **bei gleicher Backofentemperatur in etwa 30 Minuten fertig backen.**

14. Alfalfa-Sprossen in ein Sieb geben, mit warmem Wasser abspülen und abtropfen lassen. Die Tarte heiß oder kalt mit den Sprossen servieren.

Kartoffeltorte mit Oregano

Für Gäste

4 Portionen

Pro Portion: E: 23 g, F: 48 g, Kh: 28 g, kJ: 2689, kcal: 642, BE: 2,5

800 g	*festkochende Kartoffeln*
1 Bund	*Oregano*
	Salz
	gem. Pfeffer
	Knoblauchpulver
400 g	*Schlagsahne*
6	*Eier (Größe M)*
100 g	*ger. Käse, z. B. Gouda oder fester Mozzarella*
einige Zweige	*blühender Oregano*

Zubereitungszeit: 30 Minuten
Garzeit: etwa 60 Minuten

1. Den Backofen vorheizen.
Ober-/Unterhitze: etwa 200 °C
Heißluft: etwa 180 °C

2. Kartoffeln schälen, abspülen, abtropfen lassen und in sehr dünne Scheiben schneiden oder hobeln.

3. Oregano abspülen und trocken tupfen. Die Blättchen von den Stängeln zupfen, klein schneiden.

4. Kartoffelscheiben mit Oregano bestreuen, mit Salz, Pfeffer und Knoblauch würzen. Sahne und Eier verschlagen, mit Salz, Pfeffer und Knoblauch würzen.

5. Zwei Springformböden (Ø 18 cm, gefettet) mit Alufolie belegen und mit dem Springformrand (etwa 7 cm Höhe) festklemmen, damit die Formen dicht sind.

6. Jeweils die Hälfte der Kartoffelscheiben in eine Form schichten. Je die Hälfte der Eier-Sahne-Mischung darauf verteilen, sodass die Kartoffelscheiben ganz bedeckt sind.

7. Die Formen auf ein Backblech stellen und in den vorgeheizten Backofen schieben. Die Kartoffeltorten **etwa 60 Minuten garen.**

8. Die Kartoffeltorten nach etwa 45 Minuten Garzeit mit Käse bestreuen und fertig garen.

9. Die Formen auf einen Rost stellen. Die Kartoffeltorten etwa 5 Minuten in den Formen stehen lassen, dann aus den Formen lösen und in Stücke schneiden. Die Oreganozweige vorsichtig abspülen und trocken tupfen. Die Kartoffeltorten mit den Oreganozweigen garniert sofort servieren.

Käsestangen mit verschiedenen Saucen

Für die Party (Foto siehe Seite 142)
20 Stück

Pro Stück: E: 5 g, F: 14 g, Kh: 13 g, kJ: 822, kcal: 197, BE: 1,0

Für den Knetteig:

300 g Weizenmehl
200 g Butter
30 g ger. Parmesan
1 TL Paprikapulver edelsüß
1 EL gem. Pfeffer
1 Eigelb (Größe M)
1 EL Eiswasser

Zum Bestreichen und Bestreuen:

1 Eigelb
2 EL Milch
100 g ger. Parmesan
100 g geschälte Sesamsamen

Zubereitungszeit: 30 Minuten, ohne Kühlzeit
Backzeit: etwa 15 Minuten

1. Für den Teig das Mehl in eine Rührschüssel geben. Restliche Zutaten hinzufügen und mit einem Mixer (Knethaken) zunächst kurz auf niedrigster, dann auf höchster Stufe gut durcharbeiten. Anschließend auf einer leicht bemehlten Arbeitsfläche zu einem glatten Teig verkneten. Den Teig in Frischhaltefolie gewickelt etwa 2 Stunden in den Kühlschrank stellen.

2. Den Backofen vorheizen.
Ober-/Unterhitze: etwa 180 °C
Heißluft: etwa 160 °C

3. Den kalt gestellten Teig auf der leicht bemehlten Arbeitsfläche zu einem Quadrat (etwa 40 x 40 cm) ausrollen. Eigelb mit Milch verschlagen. Die Hälfte der Teigplatte damit bestreichen und mit Käse bestreuen.

4. Die nicht bestrichene Teighälfte darüberklappen, mit einer Teigrolle fest andrücken. Teigoberfläche mit der restlichen Eigelbmilch bestreichen und mit Sesam bestreuen.

5. Den Teig senkrecht in etwa 2 cm breite Streifen schneiden, auf ein Backblech (mit Backpapier belegt) legen. Das Backblech in den vorgeheizten Backofen schieben. Käsestangen **etwa 15 Minuten backen.**

6. Die Käsestangen mit dem Backpapier vom Backblech auf einen Kuchenrost ziehen. Käsestangen erkalten lassen.

Für die Paprikasalsa:
(im Foto Mitte)
10 Portionen

VEGAN

Pro Portion: E: 2 g, F: 3 g, Kh: 7 g, kJ: 287, kcal: 69, BE: 0,5

je 4 rote und gelbe Paprikaschoten
1 Zwiebel
1 Knoblauchzehe
4 Zweige Zitronenthymian
2 EL Balsamico-Essig
30 ml Olivenöl
1 TL mittelscharfer Senf
1 Prise Zucker
Salz
gem. Pfeffer

Zubereitungszeit: 30 Minuten, ohne Durchziehzeit

1. Paprikaschoten mit einem Sparschäler dünn schälen. Die Schoten halbieren, entstielen, entkernen und weiße Scheidewände entfernen. Schoten würfeln und in eine Schüssel geben.

2. Zwiebel und Knoblauch abziehen, in kleine Würfel schneiden. Die Zwiebelwürfel unter die Paprikawürfel mischen. Knoblauchwürfel in eine kleine Schüssel geben.

3. Thymian abspülen, trocken tupfen. Blättchen von den Stängeln zupfen. Blättchen zu den Knoblauchwürfeln geben. Essig unterrühren. Olivenöl unterschlagen. Mit Senf, Zucker, Salz und Pfeffer würzen. Die Marinade zu den Paprikawürfeln geben, gut untermischen. Salsa in den Kühlschrank stellen und über Nacht durchziehen lassen.

Für die Olivensalsa:
(im Foto links)
10 Portionen

VEGAN

Pro Portion: E: 1 g, F: 15 g, Kh: 4 g, kJ: 642, kcal: 153, BE: 0,0

je 200 g grüne und schwarze Oliven
1 Bund Frühlingszwiebeln
3 Stängel Petersilie
1 Bio-Orange (unbehandelt, ungewachst)
3 EL Zitronensaft
1 TL brauner Zucker
Salz
gem. Pfeffer
4 EL Olivenöl

Zubereitungszeit: 30 Minuten

1. Oliven abtropfen lassen, grob hacken. Frühlingszwiebeln putzen, abspülen, abtropfen lassen, sehr klein schneiden. Petersilie abspülen, trocken tupfen. Blättchen von den Stängeln zupfen. Blättchen grob zerschneiden. Vorbereitete Zutaten in einer Schüssel vermischen.

2. Orange heiß abwaschen, abtrocknen. Schale abreiben, in eine Schüssel geben. Orange halbieren und den Saft auspressen. Orangensaft, -schale, Zitronensaft, Zucker, Salz und Pfeffer in eine Schüssel geben. Olivenöl unterschlagen. Die Marinade mit den vorbereiteten Zutaten vermischen.

3. Die Salsa in den Kühlschrank stellen und vor dem Servieren in Gläser füllen.

Für die Tomatensalsa:
(im Foto rechts)
10 Portionen

Pro Portion: E: 3 g, F: 6 g, Kh: 5 g, kJ: 358, kcal: 85, BE: 0,0

400 g reife Strauchtomaten
200 g Cocktailtomaten
100 g getrocknete Tomaten, in Öl
1 rote Zwiebel
100 g grüne Oliven, ohne Stein
1 Bund Basilikum
2 EL Tomatenöl (von den getrockneten Tomaten) oder Olivenöl
50 g frisch gehobelter Parmesan
Salz
gem. Pfeffer

Zubereitungszeit: 30 Minuten

1. Strauch- und Cocktailtomaten abspülen, trocken tupfen. Strauchtomaten halbieren, entstielen, entkernen, Stängelansätze herausschneiden. Tomatenhälften in kleine Würfel schneiden. Cocktailtomaten halbieren, evtl. Stängelansätze herausschneiden. Getrocknete Tomaten abtropfen lassen, evtl. das Öl auffangen. Die Tomaten fein hacken.

2. Zwiebel abziehen, klein würfeln. Oliven abtropfen lassen, grob hacken. Die vorbereiteten Zutaten in eine Schüssel geben.

3. Basilikum abspülen, trocken tupfen. Die Blättchen von den Stängeln zupfen. Blättchen in feine Streifen schneiden und unter die Zutaten heben. Tomaten- oder Olivenöl hinzugießen, mit dem Parmesan unter die Salsa mischen. Mit Salz und Pfeffer abschmecken.

Käsesuppe mit Croûtons und Frühlingszwiebeln I

Klassisch – mit Alkohol

5 Portionen

Pro Portion: E: 20 g, F: 31 g, Kh: 21 g, kJ: 1987, kcal: 475, BE: 1,5

Für die Suppe:

50 g Butter oder Margarine
35 g Weizenmehl
250 ml Weißwein
250 ml Gemüsebrühe
500 ml Milch
Salz, gem. Pfeffer
ger. Muskatnuss
2 Knoblauchzehen
120 g Greyerzer Käse
120 g Emmentaler
1 kleines Bund Frühlingszwiebeln

Für die Croûtons:

4 Scheiben Weißbrot
25 g Butter

Zubereitungszeit: 50 Minuten
Garzeit: etwa 5 Minuten

1. Für die Suppe Butter oder Margarine in einem Topf zerlassen. Mehl hinzufügen und unter Rühren so lange erhitzen, bis es hellgelb ist.

2. Wein, Brühe und Milch hinzugießen. Mit einem Schneebesen durchschlagen. Dabei darauf achten, dass keine Klümpchen entstehen. Mit Salz, Pfeffer und Muskat würzen.

3. Knoblauch abziehen, halbieren und in die Suppe geben. Die Suppe zum Kochen bringen und etwa 5 Minuten bei schwacher Hitze kochen lassen. Die Knoblauchhälften entfernen.

4. Greyerzer Käse und Emmentaler auf einer Haushaltsreibe grob reiben und unter die Suppe rühren. Die Suppe unter Rühren erhitzen, bis der Käse geschmolzen ist.

5. Frühlingszwiebeln putzen, abspülen, abtropfen lassen und in feine Scheiben schneiden.

6. Für die Croûtons die Weißbrotscheiben entrinden und in kleine Würfel schneiden. Butter in einer großen Pfanne zerlassen. Die Brotwürfel darin von allen Seiten unter Rühren anrösten, herausnehmen und mit Salz bestreuen.

7. Käsesuppe nochmals mit Salz, Pfeffer und Muskat abschmecken. Mit den Frühlingszwiebelscheiben und Croûtons anrichten.

Tipp: Die Knoblauchhälften können auf eine Gabel gespießt und in die Suppe gegeben werden, dann lassen sie sich sehr einfach wieder herausholen.

Käse-Zwiebel-Muffins mit Tomaten-Chutney

Würziger Genuss

12 Muffins

Pro Stück: E: 8 g, F: 12 g, Kh: 66 g, kJ: 1719, kcal: 408, BE: 5,0

250 g Weizenmehl
1 TL Paprikapulver edelsüß
100 g Röstzwiebeln (Fertigprodukt)
2 gestr. TL Dr. Oetker Backin
1 gestr. TL Natron
1 gestr. TL Salz
250 ml Buttermilch
40 ml Olivenöl
150 g Parmesan (am Stück)

Für das Tomaten-Chutney:

600 g rote Zwiebeln
500 g Tomaten
500 g Extra Gelierzucker 2:1
100 ml weißer Balsamico-Essig

Außerdem:

12 Papierbackförmchen

Zubereitungszeit: 30 Minuten, ohne Abkühlzeit
Backzeit: etwa 25 Minuten

1. Den Backofen vorheizen.
Ober-/Unterhitze: etwa 180 °C
Heißluft: etwa 160 °C

2. Für den Teig das Mehl in eine Rührschüssel geben. Paprika, Röstzwiebeln, Backpulver, Natron und Salz untermischen. Buttermilch und Olivenöl hinzugeben. Die Zutaten mit einem Mixer (Knethaken) zunächst kurz auf niedrigster, dann auf höchster Stufe zu einem glatten Teig verkneten. Den Parmesan in kleine Würfel schneiden und unter den Teig arbeiten.

3. Den Teig in einer Muffinform (für 12 Muffins, mit Papierbackförmchen ausgelegt) verteilen. Die Form auf dem Rost in den vorgeheizten Backofen schieben. Die Muffins **etwa 25 Minuten backen.**

4. In der Zwischenzeit für das Chutney die Zwiebeln abziehen und in kleine Würfel schneiden. Tomaten abspülen, trocken tupfen, halbieren und die Stängelansätze herausschneiden. Tomatenhälften in Würfel schneiden. Die Zwiebel- und Tomatenwürfel mit dem Gelierzucker in einem Topf gut verrühren und zum Kochen bringen. Die Zutaten mindestens 3 Minuten unter ständigem Rühren sprudelnd kochen lassen. Essig unterrühren, nochmals aufkochen lassen. Den Topf von der Kochstelle nehmen. Chutney erkalten lassen.

5. Die Muffins aus der Form heben, auf Tellern anrichten und mit dem Chutney warm oder kalt servieren.

Kichererbseneintopf | Dauert länger

2 Portionen

Pro Portion: E: 17 g, F: 11 g, Kh: 57 g, kJ: 1724, kcal: 412, BE: 4,5

Zum Vorbereiten:

125 g getrocknete Kichererbsen
300 ml kaltes Wasser

375 ml Gemüsebrühe
1 Knoblauchzehe
1 kleine Zwiebel
½–1 rote Chilischote oder 1 Msp. Sambal Oelek
1 EL Speiseöl, z. B. Distel- oder Sonnenblumenöl
½ TL Garam Masala (indische Gewürzmischung)
1 TL Currypulver
150 g Staudensellerie
1 Möhre
4 getrocknete Aprikosen
1 Stange Porree (Lauch)
1 EL Rosinen
Saft von ½ Orange oder 4 EL Orangensaft (Fertigprodukt)
75 g Joghurt (3,5 % Fett)
Salz

Zubereitungszeit: 20 Minuten, ohne Einweichzeit
Garzeit: etwa 60 Minuten

1. Zum Vorbereiten Kichererbsen in einem Topf mit Wasser bedeckt über Nacht quellen lassen.

2. Die gequollenen Kichererbsen mit dem Einweichwasser und der Brühe in dem Topf zum Kochen bringen und zugedeckt etwa 50 Minuten bei schwacher Hitze kochen lassen, bis die Kichererbsen fast gar sind.

3. In der Zwischenzeit Knoblauch und Zwiebel abziehen, in kleine Würfel schneiden. Chilischote halbieren, entstielen, entkernen, abspülen, abtropfen lassen und in feine Streifen schneiden.

4. Speiseöl in einer kleinen Pfanne erhitzen. Knoblauch- und Zwiebelwürfel darin kurz andünsten. Chilistreifen oder Sambal Oelek, Garam Masala und Curry hinzufügen, unter gelegentlichem Rühren mitdünsten lassen. Die Pfanne von der Kochstelle nehmen.

5. Staudensellerie putzen und die harten Außenfäden abziehen. Etwas Selleriegrün beiseitelegen. Selleriestangen abspülen und abtropfen lassen.

6. Die Möhre putzen, schälen, abspülen und abtropfen lassen. Selleriestangen und die Möhre in dünne Scheiben schneiden.

7. Knoblauch-Zwiebel-Mischung, Sellerie- und Möhrenscheiben zu den Kichererbsen in den Topf geben, wieder zum Kochen bringen, weitere etwa 10 Minuten kochen lassen, bis alles gar ist.

8. Aprikosen in Würfel schneiden. Porree putzen, die Stange längs halbieren, gründlich waschen und abtropfen lassen.

9. Porree in feine Streifen schneiden. Etwa die Hälfte der Porreestreifen in den Eintopf geben. Die restlichen Porreestreifen zum Garnieren beiseitelegen.

10. Aprikosenwürfel, Rosinen, Orangensaft und Joghurt unter den Eintopf rühren und kurz erwärmen (nicht mehr kochen lassen). Eintopf mit etwas Salz abschmecken.

11. Den Eintopf vor dem Servieren mit den restlichen Porreestreifen und dem beiseitegelegten Selleriegrün garnieren.

Beilage: Fladenbrot.

Tipps: Statt mit Porreestreifen die Suppe mit Kresse garnieren. Dafür ½ Päckchen Gartenkresse abspülen, trocken tupfen und etwas Kresse abschneiden. Die Suppe damit bestreuen. Verwenden Sie, wenn es schnell gehen soll, 265 g Kichererbsen (aus der Dose). Dann Kichererbsen in ein Sieb geben, kalt abspülen und abtropfen lassen. Mit 500 ml Gemüsebrühe in einem Topf aufkochen. Den Eintopf weiter wie ab Rezeptpunkt 3 beschrieben zubereiten.

Kichererbsenpuffer mit Möhrensalat | Raffiniert

2 Portionen

Pro Portion: E: 25 g, F: 36 g, Kh: 77 g, kJ: 3079, kcal: 736, BE: 6,0

Für den Salat:

500 g Möhren
2 EL Sonnenblumenöl
Salz
3 EL Limettensaft
1–2 TL flüssiger Blütenhonig

Für die Kichererbsenpuffer:

1 Frühlingszwiebel (etwa 30 g)
1 Bund Koriander
450 g abgetropfte Kichererbsen (aus der Dose)
1 Eiweiß (Größe M)
50 g Weichweizengrieß

1 Bund Radieschen (etwa 250 g)
1 EL schwarze Sesamsamen
gem. Pfeffer
1 Msp. gem. Zimt
Cayennepfeffer
3 EL Sonnenblumenöl

Zubereitungszeit: 45 Minuten, ohne Abkühl- und Stehzeit

1. Für den Salat Möhren putzen, schälen, abspülen, abtropfen lassen und in dünne Scheiben schneiden. Sonnenblumenöl in einem Topf erhitzen. Die Möhrenscheiben darin etwa 3 Minuten unter Rühren dünsten. Möhrenscheiben mit Salz, Limettensaft und Honig würzen, erkalten lassen.

2. Für die Puffer Frühlingszwiebel putzen, abspülen, abtropfen lassen und in kleine Stücke schneiden. Den Koriander abspülen und trocken tupfen. Die Hälfte der Blättchen von den Stängeln zupfen. Blättchen klein schneiden. Restlichen Koriander für den Salat beiseitelegen.

3. Kichererbsen, Eiweiß und 30 g Weichweizengrieß in einen hohen Rührbecher geben, mit einem Stabmixer fein pürieren. Die Frühlingszwiebelstückchen und klein geschnittenen Koriander unterrühren. Die Masse etwa 15 Minuten stehen lassen.

4. Radieschen putzen, abspülen, abtropfen lassen und in feine Scheiben schneiden. Sesam in einer Pfanne ohne Fett rösten, bis er duftet, leicht salzen und im Mörser leicht zerstoßen. Sesam abkühlen lassen.

5. Von dem beiseitegelegten Koriander die Blättchen von den Stängeln zupfen.

6. Die Kichererbsenmasse mit Salz, Pfeffer, Zimt und Cayennepfeffer abschmecken. Aus der Masse 12 Bällchen formen, im restlichen Weichweizengrieß wälzen und etwas flach drücken.

7. Sonnenblumenöl in einer beschichteten Pfanne erhitzen. Kichererbsenpuffer hineingeben und von jeder Seite etwa 2 Minuten bei mittlerer Hitze goldbraun backen. Puffer herausnehmen und auf Küchenpapier abtropfen lassen.

8. Radieschen-, Möhrenscheiben und Korianderblättchen mischen. Den Möhrensalat mit Salz, Pfeffer und Cayennepfeffer würzen. Kichererbsenpuffer mit dem Möhrensalat anrichten und den Salat zum Schluss noch mit Sesam bestreuen.

Kichererbsen-Sambal mit Minze | Exotisch

VEGAN

2 Portionen

Pro Portion: E: 14 g, F: 14 g, Kh: 60 g, kJ: 1826, kcal: 436, BE: 4,5

240 g Kichererbsen (aus der Dose)
5 getrocknete Aprikosen
1 rote Zwiebel
100 g Baby-Spinat
12 Cocktailtomaten
2 EL Speiseöl
1 EL Currypulver, mild
1 EL Sambal Oelek
2 EL brauner Zucker (Rohrzucker)
250 ml Gemüsebrühe
Salz
1 TL Speisestärke
5–6 Minzeblättchen
1 EL Limettensaft

Zubereitungszeit: 40 Minuten
Garzeit: 2–3 Minuten

1. Die Kichererbsen in ein Sieb geben, unter kaltem Wasser abspülen und abtropfen lassen. Aprikosen in kleine Stücke schneiden. Zwiebel abziehen, halbieren und in etwa ½ cm breite Streifen schneiden. Den Spinat putzen, gründlich waschen und gut abtropfen lassen oder trocken schleudern. Tomaten abspülen, abtropfen lassen und halbieren. Evtl. Stängelansätze herausschneiden.

2. Speiseöl in einem Topf erhitzen. Zwiebelstreifen darin unter Rühren weich dünsten. Mit Curry, Sambal Oelek und Zucker würzen. Kichererbsen, Aprikosenstücke, Tomatenhälften und Spinat untermischen. Die Brühe hinzugießen, mit Salz würzen.

3. Die Zutaten zum Kochen bringen und 2–3 Minuten kochen lassen. Speisestärke mit etwas Wasser anrühren, unter das Gemüse rühren und kurz aufkochen lassen.

4. Die Minzeblättchen abspülen, trocken tupfen und grob zerschneiden. Minze und Limettensaft unter das Kichererbsen-Gemüse mischen.

Beilage: Basmatireis.

Kichererbsensuppe mit Aromaöl-Tropfen und Minze | Raffiniert

4 Portionen

Pro Portion: E: 11 g, F: 26 g, Kh: 44 g, kJ: 1933, kcal: 462, BE: 3,5

Für das Gewürzöl:

6 EL Olivenöl
1 TL gem. Schwarzkümmel
1 TL gem. Kurkuma (Gelbwurz)
2 TL Paprikapulver rosenscharf

250 g Kichererbsen (aus der Dose)
100 g Zwiebeln
2 geh. TL gem. Kreuzkümmel (Cumin)
400 ml Gemüsebrühe
100 g Schlagsahne
10 Minzeblättchen
Salz
3 EL Zitronensaft
Cayennepfeffer
8 dünne Scheiben Fladenbrot (je etwa 30 g)

Zubereitungszeit: 30 Minuten

1. Für das Gewürzöl 2 Esslöffel Olivenöl mit Schwarzkümmel, Kurkuma und Paprika verrühren.

2. Kichererbsen in ein Sieb geben, mit kaltem Wasser abspülen und gut abtropfen lassen. Zwiebeln abziehen und klein würfeln. Restliches Olivenöl in einem Topf erhitzen. Zwiebelwürfel darin kräftig andünsten. Cumin hinzugeben und mitdünsten lassen. Kichererbsen hinzugeben. Brühe und Sahne hinzugießen. Die Zutaten zum Kochen bringen und etwa 5 Minuten kochen lassen.

3. Minzeblättchen abspülen und trocken tupfen. Die Suppe mit Salz, Zitronensaft und Cayennepfeffer pikant würzen. Zwei Drittel der Minzeblättchen hinzugeben. Die Suppe mit einem Pürierstab sehr fein und cremig pürieren.

4. Den Backofengrill vorheizen.

5. Die Fladenbrotscheiben unter dem vorgeheizten Backofengrill kurz goldbraun rösten und anschließend in Streifen schneiden. Die restlichen Minzeblättchen in Streifen schneiden. Die Suppe in Tellern verteilen und mit dem Gewürzöl beträufeln. Mit den Minzestreifen garnieren und den Fladenbrotstreifen servieren.

Kleine Pilzquiches | Für Gäste

12 Stück

Pro Stück: E: 6 g, F: 15 g, Kh: 14 g, kJ: 898, kcal: 215, BE: 1,0

Für den Teig:

450 g TK-Blätterteig (6 Platten)

Für die Füllung:

500 g Champignons
2 Frühlingszwiebeln
2 EL Olivenöl
Salz
gem. Pfeffer
1 Scheibe Toastbrot
30 g ger. Emmentaler
200 g Schmand (Sauerrahm)
2 Eier (Größe M)
Paprikapulver rosenscharf

Zubereitungszeit: 50 Minuten, ohne Auftau-, Abkühl- und Ruhezeit
Backzeit: 25–30 Minuten

1. Für den Teig Blätterteigplatten zugedeckt nebeneinander nach Packungsanleitung auftauen lassen.

2. Für die Füllung Champignons putzen, evtl. kurz abspülen, trocken tupfen und vierteln. Frühlingszwiebeln putzen, abspülen, abtropfen lassen und in sehr dünne Scheiben schneiden.

3. Olivenöl in einer Pfanne erhitzen. Champignonviertel darin unter Rühren goldbraun braten. Mit Salz und Pfeffer würzen, Frühlingszwiebelscheiben unterheben. Die Champignonmasse erkalten lassen.

4. Den Backofen vorheizen.
Ober-/Unterhitze: etwa 200 °C
Heißluft: etwa 180 °C

5. Die Toastbrotscheibe mit einem Schneidstab zerbröseln, mit Emmentaler vermischen.

6. Schmand und Eier verschlagen, mit Salz, Pfeffer und Paprika würzen.

7. Je 3 Blätterteigplatten aufeinanderlegen, auf einer leicht bemehlten Arbeitsfläche zu je einem Rechteck (etwa 33 x 23 cm) ausrollen und etwa 5 Minuten ruhen lassen.

8. Aus den Blätterteigrechtecken jeweils 6 runde Platten (Ø etwa 11 cm) ausstechen. Die Teigplatten in eine Muffinform (für 12 Muffins, gefettet) legen. Teigboden jeweils mit einer Gabel mehrmals einstechen. Die Champignonmasse auf dem Teig verteilen. Schmand-Eier-Masse daraufgeben und mit der Brot-Käse-Mischung bestreuen. Die Form auf dem Rost in den vorgeheizten Backofen schieben. Pilzquiches **25–30 Minuten backen.**

9. Die Form auf einen Kuchenrost stellen. Die Pilzquiche etwa 10 Minuten in der Form abkühlen lassen, dann aus der Form lösen und sofort servieren.

Knusper-Päckchen | Raffiniert

6 Stück

Pro Stück: E: 10 g, F: 14 g, Kh: 30 g, kJ: 1222, kcal: 291, BE: 2,5

750 g	*frische Aprikosen oder 540 g abgetropfte Aprikosenhälften (aus der Dose)*
½	*Bio-Zitrone (unbehandelt, ungewachst)*
1 Prise	*gem. Zimt*
1 Pck.	*Dr. Oetker Vanillin-Zucker*
evtl. 3–4 EL	*flüssiger Honig*
12	*kleine, runde Blätter Filoteig (Fertigprodukt aus dem Kühlregal, erhältlich in türkischen Lebensmittelläden)*
3–4 EL	*zerlassene Butter*
250 g	*Magerquark*
1	*Ei (Größe M)*
2 gestr. EL	*Dr. Oetker Pudding-Pulver Vanille-Geschmack*
2 EL	*gehackte Pistazienkerne*

Zubereitungszeit: 20 Minuten
Backzeit: 25–30 Minuten

1. Die frischen Aprikosen abspülen, abtropfen lassen, halbieren und entsteinen. 8 Aprikosenhälften in kleine Würfel schneiden und in eine Schüssel geben.

2. Zitrone heiß abwaschen, abtrocknen und von einer Hälfte die Schale fein abreiben. Von der Zitrone den Saft auspressen. 2 Esslöffel Zitronensaft und Zimt zu den Aprikosenwürfeln geben und untermischen.

3. Restliche Aprikosenhälften mit Vanillin-Zucker und restlichem Zitronensaft in einem hohen Rührbecher fein pürieren, evtl. mit Honig abschmecken.

4. Den Backofen vorheizen.
Ober-/Unterhitze: etwa 180 °C
Heißluft: etwa 160 °C

5. Die Hälfte der Filoteigblätter auf der leicht bemehlten Arbeitsfläche ausbreiten. Die Filoteigblätter dünn mit etwas von der Butter bestreichen und jeweils mit einem zweiten Filoteigblatt belegen. Ebenfalls dünn mit Butter bestreichen.

6. Sechs Vertiefungen einer Muffinform mit Butter ausstreichen. Die doppelt aufeinanderliegenden Filoteigblätter in die Vertiefungen legen, dabei jeweils den Rand und Boden leicht andrücken. Überstehenden Teig am oberen Rand abschneiden.

7. Aprikosenwürfel in einem Sieb abtropfen lassen, dabei den Saft auffangen. Aprikosensaft mit Zitronenschale, Quark, restlichem Honig, Ei, Pudding-Pulver und 1 Esslöffel Pistazienkernen glatt rühren. Aprikosenwürfel unterheben. Die Quark-Aprikosen-Masse in die mit Filoteigblättern ausgelegten Förmchen geben. Mit den restlichen Pistazienkernen bestreuen.

8. Die Form auf dem Rost in den vorgeheizten Backofen schieben. Knusper-Päckchen **25–30 Minuten backen.** Die Knusper-Päckchen evtl. kurz vor Ende der Backzeit mit Backpapier zudecken, damit der Teig nicht zu stark bräunt.

9. Die Form auf einen Kuchenrost stellen. Knusper-Päckchen kurz in der Form ruhen lassen. Dann vorsichtig aus den Förmchen lösen, mit dem Aprikosenpüree anrichten und sofort servieren.

Kohlrabi-Kartoffel-Zuckerschoten mit pochiertem Ei | Preiswert

4 Portionen

Pro Portion: E: 14 g, F: 30 g, Kh: 27 g, kJ: 1869, kcal: 446, BE: 2,0

2 mittelgroße Kohlrabi
4 mittelgroße Kartoffeln
250 g Zuckerschoten
2 EL Butter oder Margarine
1 TL flüssiger Honig
1 EL Zitronensaft
Salz, gem. Pfeffer
ger. Muskatnuss
100 ml Wasser
200 g Schlagsahne
evtl. 1 Bund Kerbel

1 l Wasser
3 EL Weißweinessig
4 Eier (Größe M)

Zubereitungszeit: 20 Minuten
Garzeit: etwa 20 Minuten

1. Die Kohlrabi putzen, schälen, abspülen, abtropfen lassen und in kleine Würfel schneiden. Die Kartoffeln schälen, abspülen, abtropfen lassen und ebenfalls klein würfeln. Von den Zuckerschoten die Enden abschneiden, evtl. abfädeln. Zuckerschoten abspülen, trocken tupfen und halbieren.

2. Butter oder Margarine in einem weiten Topf zerlassen. Kohlrabi- und Kartoffelwürfel darin unter Rühren andünsten. Flüssigen Honig, Zitronensaft, Salz, Pfeffer und Muskat hinzugeben. Kohlrabi- und Kartoffelwürfel zugedeckt etwa 7 Minuten dünsten. Zuckerschotenhälften und Wasser hinzugeben, zum Kochen bringen und zugedeckt weitere etwa 5 Minuten garen.

3. Sahne unterrühren und etwas einkochen lassen. Nach Belieben Kerbel abspülen und trocken tupfen. Blättchen von den Stängeln zupfen. Blättchen klein schneiden und zu den Kohlrabi-Kartoffel-Zuckerschoten geben. Das Ganze nochmals mit den Gewürzen abschmecken.

4. Wasser mit Essig und 1 Esslöffel Salz in einem Topf aufkochen lassen. Die Temperatur reduzieren, sodass das Wasser sich nur leicht bewegt. Die Eier einzeln in einer Tasse oder Suppenkelle aufschlagen und vorsichtig in das siedende Wasser gleiten lassen. Die Eier nach etwa 4 Minuten mit einer Schaumkelle aus dem Salzwasser heben und mit den Kohlrabi-Kartoffel-Zuckerschoten servieren.

Kokosmilchnudeln mit Früchten

Für Kinder – schnell

4 Portionen als Hauptgericht,
8 Portionen als Dessert

Pro Portion (4 Portionen): E: 17 g, F: 22 g, Kh: 97 g, kJ: 2750, kcal: 659, BE: 8,0

400 ml Kokosmilch
600 ml Milch (1,5 % Fett)
2 EL flüssiger Honig
1 EL Zucker
300 g kleine Suppennudeln, z. B. Hörnchen

Für das Pflaumenkompott:

600 g Pflaumen
30 g Zucker
1/2 Stange Zimt
125 ml klarer Apfelsaft

Zubereitungszeit: 20 Minuten, ohne Abkühlzeit

1. Kokosmilch mit Milch, Honig und Zucker in einem Topf verrühren und zum Kochen bringen. Nudeln hinzugeben. Die Nudeln bei schwacher bis mittlerer Hitze bissfest garen, dabei gelegentlich umrühren.

2. In der Zwischenzeit für das Pflaumenkompott die Pflaumen abspülen, trocken tupfen, entstielen, halbieren und entsteinen. Pflaumenhälften grob zerkleinern.

3. Die Pflaumenstücke mit Zucker, Zimtstange und Apfelsaft in einem Topf zum Kochen bringen, etwa 2 Minuten bei schwacher bis mittlerer Hitze kochen lassen. Pflaumenkompott abkühlen lassen und die Zimtstange entfernen.

4. Sobald die Nudeln bissfest sind, die Temperatur erhöhen. Die verbliebene Flüssigkeit unter vorsichtigem Rühren kräftig einkochen lassen, bis die Nudelmasse leicht sämig ist.

5. Die Kokosmilchnudeln mit dem Pflaumenkompott in tiefen Tellern anrichten. Oder das Pflaumenkompott getrennt zu den Kokosmilchnudeln reichen.

Tipps: Verwenden Sie für dieses Gericht doch einmal helle Vollkornnudeln. Durch das Garen in der süßen Kokosmilch werden sie ganz weich und verlieren den typischen Vollkorn-Geschmack. So mögen auch kleine Kinder Vollkornnudeln ganz gern. Sie können auch Pflaumenhälften aus dem Glas dazureichen. Die Nudeln schmecken auch kalt sehr gut. Falls die Nudeln zu fest geworden sind, etwas Milch unterrühren.

Kokosmilch-Pilaw | Einfach

2 Portionen

VEGAN

Pro Portion: E: 12 g, F: 34 g, Kh: 57 g, kJ: 2465, kcal: 592, BE: 4,5

1 kleine Zwiebel
150 g Staudensellerie
1 gelbe Paprikaschote
1 EL Cashewkerne
1 Bio-Zitrone (unbehandelt, ungewachst)
1 EL Speiseöl
100 g Langkornreis
100 g TK-Erbsen
Salz, gem. Pfeffer
200 ml ungesüßte Kokosmilch
1 EL Kokosraspel
1 EL frisch gehackte Petersilie

Zubereitungszeit: 40 Minuten, ohne Abkühlzeit
Garzeit: etwa 15 Minuten

1. Zwiebel abziehen und klein würfeln. Staudensellerie putzen und die harten Außenfäden abziehen. Selleriestangen abspülen, abtropfen lassen und in Scheiben schneiden. Paprikaschote halbieren, entstielen, entkernen und die weißen Scheidewände entfernen. Die Schotenhälften abspülen, abtropfen lassen und in Streifen schneiden.

2. Cashewkerne grob hacken. Die Zitrone heiß abwaschen, abtrocknen und von der Schale einen dünnen Streifen abschneiden. Zitrone halbieren, den Saft auspressen und beiseitestellen.

3. Das Öl in einem Topf zerlassen. Zwiebelwürfel und Langkornreis darin unter Rühren glasig dünsten. Die Selleriescheiben, Paprikastreifen, Cashewkerne und gefrorene Erbsen hinzufügen, kurz mitdünsten lassen. Mit Salz und Pfeffer würzen. Kokosmilch hinzugießen, Zitronenschale unterrühren. Die Zutaten zum Kochen bringen. Den Reis mit dem Gemüse zugedeckt etwa 15 Minuten bei schwacher Hitze gar ziehen lassen.

4. In der Zwischenzeit Kokosraspel in einer Pfanne ohne Fett unter Rühren goldbraun rösten, herausnehmen und auf einem Teller abkühlen lassen.

5. Die Zitronenschale aus dem Pilaw entfernen. Pilaw mit etwa 3 Esslöffeln von dem beiseitegestellten Zitronensaft und der Petersilie vermengen. Mit Salz und Pfeffer kräftig abschmecken. Kokosmilch-Pilaw mit den Kokosraspeln bestreuen.

Kräuterbutter | Klassisch – gut vorzubereiten

4 Portionen

Pro Portion: E: 0 g, F: 21 g, Kh: 0 g, kJ: 799, kcal: 191, BE: 0,0

100 g	*weiche Butter*
2 TL	*gehackte Pimpinelleblättchen*
2 TL	*gehackte Basilikumblättchen*
1 TL	*Schalottenwürfel*
1	*abgezogene, zerdrückte Knoblauchzehe*
6 Blättchen	*fein gehackter Estragon*
1 TL	*Zitronensaft*
einige Tropfen	*Worcestersauce*
	Salz, gem. Pfeffer

Zubereitungszeit: 20 Minuten

1. Butter in einer Schüssel mit einem Mixer (Rührstäbe) geschmeidig rühren.

2. Pimpinelle, Basilikum, Schalottenwürfel, Knoblauch, Estragon und Zitronensaft gut unterrühren.

3. Die Butter mit Worcestersauce, Salz und Pfeffer abschmecken.

Tipps: Kräuterbutter mit jeweils nur einem Kraut zubereiten, z. B. Basilikumbutter, Estragonbutter, Salbeibutter, Thymianbutter. Die Butter jeweils in kleinen Schälchen servieren; einen Zweig des jeweiligen Krautes dazulegen. Passt zu Gemüsen vom Grill und zu knusprig aufgebackenem Baguette.

Kräuternudeln | Mit Alkohol

4 Portionen

Pro Portion: E: 20 g, F: 28 g, Kh: 76 g, kJ: 2749, kcal: 656, BE: 6,0

Für den Nudelteig:

400 g Weizenmehl
4 Eier (Größe M)
2 Eigelb (Größe M)
1 gestr. TL Salz

2 Bund junger Liebstöckel oder Salbei
4 Tomaten (etwa 450 g)
2 Knoblauchzehen
3 EL Olivenöl
100 ml trockener Weißwein
Salz, gem. Pfeffer

4 l Wasser
4 gestr. TL Salz
4 EL Olivenöl
vorbereitete frische Kräuter

Zubereitungszeit: 65 Minuten, ohne Ruhezeit

1. Für den Teig Mehl in eine Rührschüssel geben und eine kleine Vertiefung eindrücken. Eier, Eigelb und Salz in die Vertiefung geben. Die Zutaten von der Mitte aus mit einem Mixer (Knethaken) zu einem glatten Teig verarbeiten. Den Teig zu einer Kugel formen und in Frischhaltefolie gewickelt etwa 1 Stunde ruhen lassen.

2. Liebstöckel oder Salbei abspülen und trocken tupfen. Die Blättchen von den Stängeln zupfen.

3. Den Nudelteig halbieren. Jeweils eine Teighälfte auf einer leicht bemehlten Arbeitsfläche zu einer dünnen, rechteckigen Platte ausrollen. Eine Teigplatte mit Wasser bestreichen und mit einem Teil der Kräuterblättchen belegen.

4. Die zweite Teigplatte ebenfalls mit Wasser bestreichen, darauflegen und mit einer Teigrolle darüberrollen, bis beide Nudelplatten aneinanderhaften. Nochmals etwa 5 Minuten ruhen lassen. Die Teigplatte in beliebige Formen schneiden oder ausstechen.

5. Die Tomaten abspülen, trocken tupfen, vierteln, entkernen und die Stängelansätze herausschneiden. Tomatenviertel in Würfel schneiden. Knoblauch abziehen und in kleine Würfel schneiden.

6. Olivenöl in einer Pfanne erhitzen. Die Knoblauch-, Tomatenwürfel und restlichen Kräuterblättchen darin andünsten. Mit Wein ablöschen, mit Salz und Pfeffer würzen.

7. Wasser in einem großen Topf zum Kochen bringen. Salz und Nudeln hinzufügen. Die Nudeln im geöffneten Topf etwa 5 Minuten unter gelegentlichem Rühren garen.

8. Die Nudeln in ein Sieb geben, mit heißem Wasser abspülen und abtropfen lassen. Das Olivenöl in einer Pfanne erhitzen. Die Nudeln darin schwenken und in eine Schüssel geben. Tomaten-Kräuter-Sauce darauf verteilen. Mit den abgespülten und trocken getupften Kräutern garnieren.

Tipps: Statt Salbei können Sie auch glatte Petersilie oder Thai-Basilikum verwenden. Kräuternudeln lassen sich sehr gut einfrieren.

Kräuteroliven I

VEGAN

Für Gäste – ideal für ein Buffet

Insgesamt: E: 4 g, F: 187 g, Kh: 9 g, kJ: 7179, kcal: 1714, BE: 0,5

100 g abgetropfte, entsteinte, grüne Oliven (aus dem Glas)
65 g abgetropfte, entsteinte, schwarze Oliven (aus dem Glas)
6 Stängel Basilikum
½ Bund glatte Petersilie
2 Knoblauchzehen
2 rote Chilischoten
150 ml Olivenöl

Zubereitungszeit: 20 Minuten, ohne Durchziehzeit
Haltbarkeit: im Kühlschrank mindestens 1 Woche

1. Die Oliven mit Küchenpapier trocken tupfen.

2. Basilikum und Petersilie abspülen, trocken tupfen. Die Blättchen von den Stängeln zupfen. Blättchen in feine Streifen schneiden. Knoblauch abziehen und in dünne Scheiben schneiden.

3. Chilischoten abspülen, trocken tupfen, der Länge nach aufschneiden und entkernen. Chilischoten in sehr kleine Würfel schneiden.

4. Die Oliven mit Basilikum-, Petersilienstreifen, Knoblauchscheiben und Chiliwürfeln mischen, in ein vorbereitetes Glas geben und mit Olivenöl übergießen. Das Glas mit einem Twist-Off-Deckel® verschließen.

5. Die Oliven 2–3 Tage an einem kühlen Ort stehen lassen, dabei das Glas gelegentlich schütteln.

Kräuterquark mit Pellkartoffeln I

Beliebt – einfach

4 Portionen

Pro Portion: E: 21 g, F: 17 g, Kh: 42 g, kJ: 1727, kcal: 413, BE: 3,5

1 kg Kartoffeln
Salz

Für den Kräuterquark:

500 g Speisequark (20 % Fett)
125 g Schlagsahne
1 Bund Schnittlauch
1 Bund Petersilie
Salz, gem. Pfeffer

Zubereitungszeit: 35 Minuten

1. Kartoffeln unter fließendem kalten Wasser gründlich abbürsten, in einem Topf knapp mit Salzwasser bedeckt zum Kochen bringen und in 20–25 Minuten gar kochen.

2. Für den Kräuterquark in der Zwischenzeit Quark mit Sahne in einer Schüssel verrühren.

3. Schnittlauch und Petersilie abspülen, trocken tupfen. Schnittlauch in feine Röllchen schneiden. Von der Petersilie die Blättchen von den Stängeln zupfen. Blättchen klein schneiden.

4. Die Kräuter unter den Quark rühren. Mit Salz und Pfeffer würzen. Den Kräuterquark cremig aufschlagen.

5. Die garen Kartoffeln abgießen und abdämpfen. Die Kartoffeln mit zwei Gabeln aufbrechen. Je 1 Esslöffel Kräuterquark hineingeben und sofort servieren.

Tipp: Nach Belieben können noch fein geschnittene Radieschenscheiben unter den Quark gehoben werden.

Kürbis-Gnocchi mit Pfifferlingen und Salbeibutter | Für Gäste

4 Portionen

Pro Portion: E: 13 g, F: 26 g, Kh: 61 g, kJ: 2227, kcal: 532, BE: 5,0

400 g Pfifferlinge
300 g mehligkochende Kartoffeln
Salz
700 g Hokkaido-Kürbis
125 ml Wasser
1 Ei (Größe L)
175 g Weizenmehl für die Gnocchi
50 g Weichweizengrieß
ger. Muskatnuss
3 EL Olivenöl
75 g Butter
gem., schwarzer Pfeffer
16 schöne Salbeiblättchen
1 EL Paprikapulver edelsüß

Zubereitungszeit: 50 Minuten
Garzeit: etwa 25 Minuten

1. Die Pfifferlinge putzen, evtl. kurz abspülen, gut abtropfen lassen und auf einem Geschirrtuch trocknen lassen. Größere Pfifferlinge halbieren oder vierteln.

2. Kartoffeln gründlich waschen, knapp mit Wasser bedeckt zum Kochen bringen. Salz hinzugeben und zugedeckt etwa 25 Minuten garen.

3. Den Backofen vorheizen.
Ober-/Unterhitze: etwa 200 °C
Heißluft: etwa 180 °C

4. In der Zwischenzeit den Kürbis abspülen, abtropfen lassen, halbieren und die Kerne mit einem Löffel herausschaben. Die Kürbishälften mit der Schale in etwa 4 cm große Würfel schneiden und mit Salz würzen.

5. Die Kürbiswürfel auf einem Backblech (mit Backpapier belegt) verteilen. Wasser hinzugießen. Das Backblech in den vorgeheizten Backofen schieben. Die Kürbiswürfel **etwa 25 Minuten garen,** dabei die Kürbiswürfel einmal umdrehen.

6. Die Kartoffeln abgießen, abdämpfen und warm pellen. Kartoffeln mit den gegarten Kürbiswürfeln durch eine Kartoffelpresse in eine Rührschüssel drücken. Ei, Mehl und Grieß hinzugeben und noch warm unterkneten. Die Masse mit Salz und Muskat würzen.

7. Den Kartoffel-Kürbis-Teig auf einer leicht bemehlten Arbeitsfläche zu 3 etwa 50 cm langen Rollen formen. Rollen in 2 1/2–3 cm breite Stücke schneiden und die Gnocchi auf der leicht bemehlten Arbeitsfläche liegen lassen.

8. Olivenöl in einer sehr großen Pfanne erhitzen. Die Pfifferlinge darin 2–3 Minuten kräftig anbraten, dabei wenig rühren. Mit Salz leicht würzen.

9. Die Butter in einem kleinen Topf goldbraun rösten, mit Salz und Pfeffer würzen.

10. Gleichzeitig Wasser in einem Topf zum Kochen bringen. Etwas Salz hinzugeben. Die Gnocchi in das kochende Salzwasser geben und bei schwacher Hitze 4–5 Minuten gar ziehen lassen (das Wasser darf sich nur leicht bewegen). Gnocchi mit einer Schaumkelle herausnehmen und gut abtropfen lassen. In der Zwischenzeit die geröstete Butter nochmals erhitzen. Die abgespülten und trocken getupften Salbeiblättchen darin leicht rösten.

11. Die Gnocchi auf vorgewärmten Tellern anrichten, die Pfifferlinge darauf verteilen und mit der Salbeibutter beträufeln. Dann mit Paprika bestreuen und sofort servieren.

Kürbisgratin I

Für Gäste

4 Portionen

VEGAN

Pro Portion: E: 7 g, F: 22 g, Kh: 49 g, kJ: 1761, kcal: 421, BE: 4,0

Für das Gratin:

50 g Semmelbrösel
50 g abgezogene, gem. Mandeln
4 EL brauner Zucker (Rohrzucker)
700 g Kürbisfleisch, geputzt, ohne faserigen Innenteil

Zum Bestreichen und Bestreuen:

50 g Margarine
3 EL brauner Zucker (Rohrzucker)
2 EL Puderzucker
1 EL gehackte Pistazienkerne

Zubereitungszeit: 60 Minuten, ohne Abkühlzeit
Überbackzeit: etwa 35 Minuten

1. Für das Gratin Semmelbrösel und Mandeln in einer Pfanne ohne Fett unter Rühren goldbraun rösten. Den Zucker unterrühren. Masse abkühlen lassen.

2. Den Backofen vorheizen.
Ober-/Unterhitze: etwa 200 °C
Heißluft: etwa 180 °C

3. Kürbisfleisch in lange, dünne Scheiben schneiden.

4. Die Semmelbrösel-Mandel-Masse in eine Tarteform (Ø 28 cm, gut gefettet) geben. Die Kürbisscheiben rosettenförmig darauf verteilen.

5. Margarine zerlassen, Kürbisscheiben damit bestreichen und mit Zucker bestreuen. Die Form auf dem Rost in den vorgeheizten Backofen schieben. Das Gratin **etwa 35 Minuten überbacken.**

6. Die Form auf einen Kuchenrost stellen. Das Gratin sofort mit Puderzucker bestäuben und mit Pistazienkernen bestreuen.

Kürbiskernbrötchen | Für Gäste

16 Stück

Pro Stück: E: 7 g, F: 7 g, Kh: 24 g, kJ: 791, kcal: 189, BE: 2,0

Zum Vorbereiten:

100 g Kürbiskerne

Für den Hefeteig:

42 g frische Hefe
300 ml warmes Wasser
250 g Weizenmehl (Type 405)
1 TL Zucker
200 g Weizenmehl (Type 1050)
1 gestr. TL Salz
2 EL Olivenöl

Für den Belag:

4 hart gekochte Eier
4 Salatblätter
4 EL Remouladensauce (Fertigprodukt)
1 Bund Schnittlauch

Zubereitungszeit: 45 Minuten, ohne Teiggehzeit
Backzeit: 25–30 Minuten

1. Zum Vorbereiten Kürbiskerne in einer Pfanne ohne Fett unter Rühren anrösten, herausnehmen und auf einem Teller erkalten lassen.

2. Für den Teig Hefe zerbröseln, mit Wasser in einer Rührschüssel verrühren. Mehl (Type 405) und Zucker hinzugeben. Die Zutaten mit einem Mixer (Knethaken) zu einem glatten Vorteig verkneten.

3. Mehl (Type 1050), die Hälfte der gerösteten Kürbiskerne und Salz auf den Vorteig geben. Den Teig zugedeckt mindestens 30 Minuten an einem warmen Ort gehen lassen.

4. Wenn sich der Teig deutlich vergrößert hat und das Mehl Risse zeigt, Olivenöl hinzugießen. Die Zutaten mit einem Mixer (Knethaken) zu einem geschmeidigen Teig verkneten. Den Teig zugedeckt etwa 5 Minuten ruhen lassen.

5. Den Hefeteig leicht mit Mehl bestäuben und auf einer leicht bemehlten Arbeitsfläche zu einer langen Rolle formen. Teigrolle halbieren und in jeweils 8 Stücke schneiden. Die Teigstücke zu Kugeln formen und mit Abstand auf ein Backblech (bemehlt) setzen. Die Teigkugeln mit kaltem Wasser bestreichen. Restliche Kürbiskerne daraufstreuen.

6. Die Teigkugeln zugedeckt etwa 60 Minuten an einem warmen Ort gehen lassen.

7. In der Zwischenzeit den Backofen vorheizen.
Ober-/Unterhitze: etwa 200 °C
Heißluft: etwa 180 °C

8. Das Backblech in den vorgeheizten Backofen schieben. Die Brötchen **25–30 Minuten backen.**

9. Brötchen vom Backblech nehmen und auf einen Kuchenrost setzen.

10. Für den Belag Eier pellen und in Scheiben schneiden. Die Salatblätter abspülen und trocken tupfen. Die warmen Brötchen waagerecht durchschneiden und mit der Remouladensauce bestreichen. Salatblätter und Eierscheiben auf die unteren Brötchenhälften legen. Schnittlauch abspülen, trocken tupfen und in feine Röllchen schneiden. Die unteren Brötchenhälften damit bestreuen. Die oberen Brötchenhälften darauflegen und sofort servieren.

Kürbis-Orangen-Risotto mit gebratenem Rotkohl I

Raffiniert

4 Portionen

Pro Portion: E: 11 g, F: 19 g, Kh: 95 g, kJ: 2529, kcal: 605, BE: 8,0

Für den Rotkohl:

500 g Rotkohl
Salz

Für den Risotto:

1 Zwiebel (etwa 80 g)
2 Bio-Orangen (unbehandelt, ungewachst)
20 g Butterschmalz
350 g Risotto-Reis
750 ml Gemüsebrühe
500 g Hokkaido-Kürbis
150 ml Orangensaft (von den Orangen)

20 g Butterschmalz
100 g Schlagsahne
gem. Pfeffer
1 EL brauner Zucker
gem. Gewürznelken
gem. Zimt

grobes Meersalz

Zubereitungszeit: 40 Minuten
Garzeit: Risotto etwa 20 Minuten

1. Für den Rotkohl von dem Rotkohl die welken, äußeren Blätter entfernen. Den Kohl vierteln und den Strunk herausschneiden.

2. Die Kohlviertel abspülen, abtropfen lassen und in lange, dünne Streifen schneiden. Kohlstreifen in eine Schüssel geben, mit etwa 1/2 gestrichenen Teelöffel Salz bestreuen und beiseitestellen.

3. Für den Risotto die Zwiebel abziehen und in kleine Würfel schneiden. Die Orangen heiß abwaschen und abtrocknen. Die Schale von 1 Orange fein abreiben. Die Schale der zweiten Orange mit einem Zestenreißer in feinen Streifen abziehen. Beide Orangen halbieren und den Saft auspressen (ergibt etwa 150 ml Saft).

4. Das Butterschmalz in einem breiten Topf erhitzen. Risotto-Reis und Zwiebelwürfel darin glasig dünsten. Geriebene Orangenschale unterheben.

5. Die Hälfte der Brühe unterrühren und zum Kochen bringen. Den Reis zugedeckt etwa 10 Minuten bei schwacher Hitze garen, dabei gelegentlich umrühren. Die restliche Brühe hinzugeben.

6. In der Zwischenzeit den Kürbis gründlich abspülen, abtropfen lassen und ungeschält in Spalten schneiden. Kürbisspalten entkernen und in etwa 1 cm große Würfel schneiden.

7. Kürbiswürfel mit dem Orangensaft unter den Reis rühren und etwa 10 Minuten bei schwacher Hitze mitgaren lassen. Risotto dabei gelegentlich umrühren.

8. Rotkohlstreifen leicht ausdrücken. Butterschmalz in einer großen Pfanne erhitzen. Kohlstreifen darin unter Rühren anbraten.

9. Anschließend den Kohl etwa 5 Minuten bei mittlerer Hitze braten, dabei immer wieder umrühren. Kurz vor Ende der Garzeit die Orangenschalenstreifen unterrühren und mitgaren lassen.

10. Sahne unter den Risotto rühren. Risotto mit Salz und Pfeffer abschmecken. Den Topf von der Kochstelle nehmen.

11. Den Zucker auf die Kohlstreifen streuen und unter Rühren kurz karamellisieren lassen. 3 Esslöffel Wasser hinzugeben. Den Kohl mit gemahlenen Nelken, Zimt und Pfeffer würzen.

12. Risotto und Kohlstreifen portionsweise anrichten. Kohlstreifen mit grobem Meersalz bestreuen.

Tipp: Das Gericht kann auch mit jungem Spitzkohl zubereitet werden. Den Spitzkohl etwa 5 Minuten braten. Mit gemahlenem Koriander und etwas geriebener Zitronenschale anstelle von Zimt und Nelken würzen.

Lauchkuchen | Würziger Genuss

4 Portionen

Pro Portion: E: 8 g, F: 36 g, Kh: 23 g, kJ: 1876, kcal: 449, BE: 2,0

200 g TK-Blätterteig

2 Schalotten oder kleine Zwiebeln
1 Stange Porree (Lauch)
50 g Butter
½ TL ganzer Kümmelsamen
½ TL Koriandersamen
½ TL rote Pfefferbeeren
½ TL Fenchelsamen
Salz, gem. Pfeffer
125 g Schlagsahne
2 Eier (Größe M)

Zubereitungszeit: 25 Minuten, ohne Auftauzeit
Backzeit: etwa 20 Minuten

1. Blätterteigplatten zugedeckt nach Packungsanleitung auftauen lassen.

2. Die Schalotten oder Zwiebeln abziehen, zuerst in Scheiben schneiden, dann in Ringe teilen. Porree putzen, die Stange längs halbieren, gründlich waschen, gut abtropfen lassen und danach in dünne Streifen schneiden.

3. Den Backofen vorheizen.
Ober-/Unterhitze: etwa 200 °C
Heißluft: etwa 180 °C

4. Butter in einer Pfanne zerlassen. Schalotten- oder Zwiebelwürfel und Porreestreifen darin andünsten. Kümmel, Koriander, Pfefferbeeren und Fenchelsamen hinzufügen. Mit Salz und Pfeffer würzen. Sahne mit den Eiern verschlagen und untermischen. Die Masse bei schwacher Hitze leicht stocken lassen.

5. Blätterteigplatten aufeinanderlegen, auf einer leicht bemehlten Arbeitsfläche zu einer runden Platte (Ø etwa 30 cm) ausrollen und in eine Springform (Ø 28 cm, gefettet) legen, dabei den Rand andrücken.

6. Eier-Sahne-Masse auf dem Teig verteilen. Die Form auf dem Rost in den vorgeheizten Backofen schieben. Den Lauchkuchen **etwa 20 Minuten backen.**

7. Die Form auf einen Kuchenrost stellen. Den Lauchkuchen etwas abkühlen lassen, dann aus der Form lösen, auf eine Platte legen und warm servieren.

Lavendel-Melonentatar mit Ziegenkäsemousse I

Etwas Besonderes

4 Portionen

Pro Portion: E: 6 g, F: 15 g, Kh: 42 g, kJ: 1386, kcal: 332, BE: 3,5

Für die Mousse:

150 g Ziegenfrischkäse
1 TL weißer Balsamico-Essig
1 TL flüssiger Honig
Salz
gem. Pfeffer

Für das Melonentatar:

1 Charentais- oder Cantaloupe-Melone
100 ml weißer Balsamico-Essig
4 EL flüssiger Honig
½ gestr. TL Salz
½ TL Lavendelblüten

4 kleine Frühlingsrollenblätter (aus dem Kühlregal)
etwas Olivenöl
½ gestr. TL Meersalz
2 EL grob gehackte Pinienkerne, geröstet
4 Lavendelblütenzweige

Zubereitungszeit: 40 Minuten, ohne Abkühlzeit
Backzeit: 6–7 Minuten

1. Für die Mousse den Ziegenfrischkäse mit Essig verrühren. Honig in einem kleinen Topf vorsichtig erwärmen.

2. Ziegenfrischkäse unterrühren, mit Salz und Pfeffer abschmecken und leicht abkühlen lassen. Mousse in den Kühlschrank stellen.

3. Für das Tatar die Melone halbieren und entkernen. Melonenhälften schälen, in sehr kleine Würfel schneiden und in eine Schüssel geben. Essig mit Honig und Salz in einem kleinen Topf zum Kochen bringen und um die Hälfte einkochen lassen. Lavendelblüten hinzugeben. Den Topf von der Kochstelle nehmen. Den Sirup erkalten lassen.

4. Den Backofen vorheizen.
Ober-/Unterhitze: etwa 180 °C
Heißluft: etwa 160 °C

5. Den Sirup durch ein Sieb auf die Melonenwürfel passieren (streichen) und mit Pfeffer abschmecken.

6. Die Frühlingsrollenblätter diagonal durchschneiden, sodass 8 Dreiecke entstehen. Mit Olivenöl bestreichen und mit Meersalz bestreuen.

7. Die Teigdreiecke auf einem Backblech (mit Backpapier belegt) verteilen. Das Backblech in den vorgeheizten Backofen schieben. Teigdreiecke in **6–7 Minuten goldgelb und knusprig backen.**

8. Das Melonentatar auf 4 Tellern anrichten. Von der Mousse mit einem Löffel je 1 Nocke abstechen und an das Tatar legen. 2 Gebäckdreiecke anlegen. Mit Pinienkernen und mit je 1 abgespülten und trocken getupften Lavendelblütenzweig garnieren.

Linguini mit Tomatensugo und Picandou | Klassisch

2 Portionen

Pro Portion: E: 19 g, F: 42 g, Kh: 98 g, kJ: 3561, kcal: 851, BE: 7,5

Für die Sauce (Tomatensugo):

500 g Tomaten
1 Zwiebel (etwa 75 g)
2 große Knoblauchzehen
2 Stängel Minze
1/2–1 rote Chilischote
3 EL Olivenöl
125 ml Tomatensaft
125 ml Gemüsebrühe
Salz
2 EL Zucker
75 g schwarze Oliven, mit Stein
20 g Rosinen
40 g Pistazienkerne (geröstet, gesalzen)

2 l Wasser
2 gestr. TL Salz
175 g Linguine
1 kleine Bio-Orange (unbehandelt, ungewachst)
50 g Picandou (junger Ziegenweichkäse)

Zubereitungszeit: 40 Minuten
Garzeit: Tomatensugo 50–60 Minuten

1. Für die Sauce Tomaten kreuzweise einschneiden, mit kochendem Wasser übergießen. Nach 1–2 Minuten herausnehmen und mit kaltem Wasser abschrecken. Tomaten enthäuten, halbieren, entkernen und die Stängelansätze herausschneiden. Tomatenhälften in etwa 1 1/2 cm große Würfel schneiden.

2. Zwiebel und Knoblauch abziehen, jeweils in kleine Würfel schneiden. Minzestängel und Chilischote abspülen und trocken tupfen.

3. Das Olivenöl in einem Topf erhitzen. Die Zwiebel-, Knoblauchwürfel, 1 Minzestängel und die Chilischote darin unter Rühren kräftig andünsten. Tomatenwürfel unterrühren. Tomatensaft und Brühe hinzugießen, mit Salz und Zucker würzen.

4. Die Zutaten zum Kochen bringen. Tomatensauce 50–60 Minuten bei mittlerer Hitze ohne Deckel einkochen lassen.

5. Oliven vom Stein schneiden und grob hacken. Oliven und Rosinen etwa 15 Minuten vor Ende der Garzeit in die Sauce geben.

6. Pistazienkerne aus der Schale lösen und grob hacken. Von dem restlichen Minzestängel die Blättchen von den Stängeln zupfen. Blättchen klein schneiden.

7. Wasser in einem großen Topf mit geschlossenem Deckel zum Kochen bringen. Dann Salz und Nudeln hinzugeben. Die Nudeln im geöffneten Topf bei mittlerer Hitze nach Packungsanleitung kochen lassen, dabei gelegentlich umrühren. Anschließend die Nudeln in ein Sieb geben, mit heißem Wasser abspülen und gut abtropfen lassen.

8. Die Orange heiß abwaschen und abtrocknen. Die Nudeln mit der Sauce und der gehackten Minze mischen, kurz erhitzen und in einer Schüssel anrichten. Den Käse zerbröseln und daraufstreuen. Einen Hauch Orangenschale fein darüberreiben. Mit den Pistazienkernen bestreuen.

Löwenzahn-Spinat-Salat mit Schafskäse und Cocktailtomaten I

Schnell

4 Portionen

Pro Portion: E: 11 g, F: 20 g, Kh: 9 g, kJ: 1096, kcal: 261, BE: 0,5

150 g Löwenzahnblätter
150 g junger Blattspinat
200 g Cocktailtomaten

Für die Salatsauce:

2 EL weißer Balsamico- oder Weißweinessig
1 TL mittelscharfer Senf
1 EL flüssiger Honig
4 EL Olivenöl
Salz, gem. Pfeffer

200 g Schafskäse
Löwenzahnblütenblätter (von 2 Blüten)

Zubereitungszeit: 15 Minuten

1. Löwenzahnblätter und Blattspinat gründlich abspülen, abtropfen lassen und mit Küchenpapier trocken tupfen.

2. Tomaten abspülen, trocken tupfen, halbieren und die Stängelansätze herausschneiden.

3. Für die Sauce den Essig mit Senf und Honig verrühren. Olivenöl unterschlagen. Mit Salz und Pfeffer würzen.

4. Löwenzahnblätter und Blattspinat in eine Schüssel geben, mit der Salatsauce gut vermischen. Den Salat auf 4 Tellern oder einer Platte anrichten.

5. Schafskäse in Würfel schneiden. Den Salat mit den Tomatenhälften und Schafskäsewürfeln garnieren.

6. Die Löwenzahnblütenblätter gründlich abspülen, trocken tupfen und auf dem Löwenzahn-Spinat-Salat verteilen.

Tipps: Die Salatsauce zusätzlich mit 2 Esslöffeln Walnussöl verfeinern. Den Salat mit gebratenen Wachteleiern belegen.

Manchego-Käsewürfel, marinierte | Gut vorzubereiten

4 Portionen

Pro Portion: E: 28 g, F: 40 g, Kh: 1 g, kJ: 1979, kcal: 473, BE: 0,0

Für die Marinade:

2 Schalotten
1 Stängel Rosmarin
je 1 rote und grüne Chilischote
4 EL Olivenöl

400 g Manchego-Käse (spanischer Käse)
Salz, gem. Pfeffer

Zubereitungszeit: 30 Minuten, ohne Durchziehzeit

1. Für die Marinade Schalotten abziehen und in kleine Würfel schneiden. Rosmarin abspülen und trocken tupfen. Die Nadeln von den Stängeln zupfen. Nadeln klein schneiden. Chilischoten halbieren, entkernen, abspülen, trocken tupfen und in sehr kleine Würfel schneiden.

2. Schalottenwürfel mit Rosmarinnadeln, Chiliwürfeln und Olivenöl vermischen.

3. Käse in Würfel schneiden, in eine Schüssel geben und mit der Marinade übergießen. Mit Salz und Pfeffer würzen.

4. Die Käsewürfel zugedeckt in den Kühlschrank stellen und etwa 1 Stunde durchziehen lassen.

Beilage: In Scheiben geschnittenes Stangenbaguette oder ein rustikales Roggenbrot.

Tipp: Servieren Sie zu den Käsewürfeln eingelegte Oliven und frische Gemüsesticks, z. B. Möhren, Staudensellerie und Blumenkohl.

Mangoldpäckchen auf Gemüse

Raffiniert – etwas aufwendiger

12 Portionen

VEGAN

Pro Portion: E: 7 g, F: 10 g, Kh: 34 g, kJ: 1043, kcal: 250, BE: 2,5

400 g Klebreis (erhältlich im Asialaden)
500 ml kaltes Wasser
½ gestr. TL Salz
4 Stauden Mangold (etwa 1 kg, kurzstielige Sorte, pro Staude etwa 10 Blätter)
Salz

4 dicke Möhren (etwa 450 g)
440 g abgetropfte Bambussprossen in Streifen (aus der Dose)
440 g abgetropfte Sojabohnenkeimlinge (aus der Dose)
150 g Shiitakepilze
120 g Margarine
100 ml Sud (von den Bambussprossen und Sojabohnenkeimlingen)
50 g Mango-Chutney
Sojasauce
süße Chilisauce

Außerdem:

Bastfäden oder Küchengarn

Zubereitungszeit: 50 Minuten, ohne Einweichzeit
Garzeit: etwa 15 Minuten

1. Klebreis in kaltem Wasser etwa 60 Minuten einweichen. Anschließend mit dem Einweichwasser und Salz zum Kochen bringen und etwa 15 Minuten garen, bis ein Brei entstanden ist. Den Brei in eine flache Form geben und erkalten lassen.

2. Mangoldstauden putzen, mehrmals gründlich waschen und abtropfen lassen. Mangoldstiele in Streifen schneiden. Mangoldblätter in kochendem Salzwasser etwa 2 Minuten blanchieren, mit kaltem Wasser abschrecken, abtropfen lassen und mit Küchenpapier trocken tupfen.

3. Möhren putzen, schälen, abspülen, abtropfen lassen und in feine Streifen schneiden. Von den Bambussprossen und Sojabohnenkeimlingen den Sud auffangen und insgesamt 100 ml abmessen. Pilze evtl. kurz abspülen, trocken tupfen und in Scheiben schneiden.

4. Den Backofen vorheizen.
Ober-/Unterhitze: etwa 180 °C
Heißluft: etwa 160 °C

5. Jeweils etwas Margarine in einem Topf zerlassen. Möhrenstreifen, Bambussprossen, Sojabohnenkeimlinge und Pilzscheiben darin portionsweise unter Rühren andünsten, mit dem abgemessenen Sud ablöschen. Mit Mango-Chutney, Soja- und Chilisauce kräftig würzen. Gemüse in eine Fettpfanne (gefettet) oder große Auflaufform (gefettet) geben.

6. Mangoldblätter ausbreiten. Auf jedes Blatt 1 Esslöffel Klebreis geben und jeweils zusammenfalten. Mit Bast oder Küchengarn verschnüren. Die Päckchen auf das Gemüse setzen. Fettpfanne oder Form auf dem Rost in den vorgeheizten Backofen schieben. Die Mangoldpäckchen **etwa 15 Minuten garen.**

Marinierter Spargel mit Kerbel I

Etwas Besonderes

4 Portionen

VEGAN

Pro Portion: E: 4 g, F: 10 g, Kh: 5 g, kJ: 534, kcal: 126, BE: 0,0

1 kg weißer Spargel
Salz
1 TL Margarine
1 Prise Zucker

Für die Marinade:

1 rote Zwiebel
1 Bund Kerbel
2 TL Weißweinessig oder Zitronensaft
4 EL Spargelfond
4 EL Olivenöl
1/2 gestr. TL Salz
gem. Pfeffer
1/2 TL Zucker

Zubereitungszeit: 30 Minuten, ohne Marinierzeit
Garzeit: 8–15 Minuten

1. Den Spargel von oben nach unten schälen. Darauf achten, dass die Schalen vollständig entfernt und die Köpfe nicht verletzt werden. Die unteren Enden abschneiden (holzige Stellen vollkommen entfernen). Spargel abspülen und abtropfen lassen.

2. Salzwasser, Margarine und Zucker in einem hohen Topf zum Kochen bringen. Den Spargel hinzufügen, zum Kochen bringen und zugedeckt in 8–10 Minuten bissfest oder in 12–15 Minuten weich kochen.

3. Den Spargel in einem Sieb abtropfen lassen, dabei den Spargelfond auffangen und 4 Esslöffel abnehmen. Den Spargel warm stellen.

4. Für die Marinade Zwiebel abziehen und in kleine Würfel schneiden. Kerbel abspülen und trocken tupfen. Die Blättchen von den Stängeln zupfen. Blättchen klein schneiden.

5. Essig oder Zitronensaft mit dem Spargelfond verrühren. Olivenöl unterschlagen. Mit Salz, Pfeffer und Zucker würzen. Die Zwiebelwürfel und Kerbelblättchen unterrühren.

6. Die Marinade auf den warmen Spargelstangen verteilen. Den Spargel etwa 30 Minuten marinieren.

Tipp: Den marinierten Spargel mit frischem Bauernbrot oder kleinen Kartoffeln servieren.

Meerrettichsuppe mit Quitten und Ingwer-Sirup I

Mit Alkohol – etwas aufwendiger

4 Portionen

Pro Portion: E: 4 g, F: 41 g, Kh: 40 g, kJ: 2455, kcal: 587, BE: 3,5

50 g frischer Ingwer
60 g Zucker
60 g Butter
300 ml Apfelsaft, naturtrüb
10 Wacholderbeeren
5 Pimentkörner
200 ml Weißwein
400 ml Gemüsefond
2 Quitten (je etwa 250 g)
125 g Schalotten
350 g Schlagsahne
Salz
gem., schwarzer Pfeffer
50 g frischer Meerrettich

Zubereitungszeit: 50 Minuten

1. Den Ingwer schälen und sehr klein würfeln. Zucker in einem kleinen Topf bei mittlerer Hitze goldbraun schmelzen lassen. 20 g Butter hinzugeben und kurz aufschäumen lassen, die Ingwerwürfel unterrühren. 100 ml Apfelsaft hinzugießen, zum Kochen bringen und etwa 5 Minuten sirupartig einkochen lassen. Den Topf von der Kochstelle nehmen.

2. Die Wacholderbeeren und Pimentkörner im Mörser grob zerstoßen, mit Weißwein, restlichem Apfelsaft und Gemüsefond in einem Topf zum Kochen bringen. Die Quitten schälen, längs vierteln, entkernen und die Blütenansätze entfernen. Quitten in etwa 2 cm dicke Spalten schneiden, in den Fond geben und 3–4 Minuten bei schwacher Hitze weich kochen.

3. Quittenspalten mit einem Schaumlöffel aus dem Fond nehmen, mit 20 g Butter und 3 Esslöffeln des Fonds in eine Pfanne geben, beiseitestellen.

4. Die Schalotten abziehen und fein würfeln. Restliche Butter in einem Topf zerlassen. Schalottenwürfel darin andünsten. Restlichen Quittenfond und 250 g Sahne hinzugießen. Mit Salz und etwas Pfeffer würzen. Die Zutaten zum Kochen bringen und etwa 10 Minuten kochen lassen.

5. In der Zwischenzeit Meerrettich schälen und fein reiben. Restliche Sahne halb steif schlagen und in den Kühlschrank stellen. Die Quittenspalten in der beiseitegestellten Pfanne bei schwacher bis mittlerer Hitze erhitzen.

6. Von dem geriebenen Meerrettich 2 Esslöffel abnehmen und beiseitestellen. Restlichen Meerrettich zu der Suppe in den Topf geben und ganz kurz mit aufkochen lassen. Die geschlagene Sahne hinzugeben. Die Suppe mit einem Pürierstab schaumig mixen. Den Topf von der Kochstelle nehmen.

7. Die Quittenspalten aus der Pfanne nehmen, in vorgewärmten Tellern verteilen und mit der Suppe auffüllen. Mit dem Ingwer-Sirup beträufeln und dem beiseitegestellten Meerrettich bestreuen.

Mittelmeersalat mit Oregano I

Ideal für ein Buffet

4 Portionen

VEGAN

Pro Portion: E: 10 g, F: 36 g, Kh: 13 g, kJ: 1745, kcal: 417, BE: 0,5

400 g Zucchini
400 g rote und gelbe Cocktailtomaten
2 Knoblauchzehen
5 Zweige Oregano
4 EL Olivenöl
je 170 g abgetropfte schwarze und grüne Oliven, ohne Stein
110 g abgetropfte Kapernäpfel
80 g Pinienkerne
Salz, gem. Pfeffer
4 EL Crema di Balsamico

1 roter Chicorée (etwa 100 g)
1 gelber Chicorée (etwa 100 g)
1 Römischer Salat (etwa 300 g)
4 EL Olivenöl

Zubereitungszeit: 40 Minuten

1. Zucchini abspülen, abtrocknen und die Enden abschneiden. Zucchini in Scheiben schneiden. Tomaten abspülen, trocken tupfen, halbieren und die Stängelansätze herausschneiden. Knoblauch abziehen und durch eine Knoblauchpresse drücken oder in sehr kleine Würfel schneiden.

2. Oregano abspülen und trocken tupfen. Die Blättchen von den Stängeln zupfen und klein schneiden.

3. Das Olivenöl in einer großen Pfanne erhitzen. Beide Olivensorten, Kapernäpfel, Zucchinischeiben, Pinienkerne und Tomatenhälften darin unter vorsichtigem Rühren leicht andünsten. Mit Oregano, Salz, Pfeffer, Knoblauch und Crema di Balsamico würzen.

4. Von dem Chicorée und dem Römischen Salat die schlechten Blätter entfernen. Die bitteren Strünke der Chicorées keilförmig herausschneiden. Die Blätter vom Römischen Salat im Wurzelbereich abschneiden. Salatblätter vorsichtig abspülen, trocken tupfen und auf einer Platte anrichten. Angedünstete Salatzutaten darauf verteilen. Mit Olivenöl beträufeln.

Tipp: Dazu geröstetes Knoblauchbrot reichen.

Nudeln mit Kürbis-Oliven-Sauce

Raffiniert

4 Portionen

VEGAN

Pro Portion: E: 19 g, F: 24 g, Kh: 76 g, kJ: 2514, kcal: 596, BE: 6,0

1 Hokkaido-Kürbis (etwa 900 g)
250 g Porree (Lauch)
1–2 Knoblauchzehen
30 g Kürbiskerne
80 g abgetropfte, schwarze Oliven, ohne Stein (aus dem Glas)

4 l Wasser
4 gestr. TL Salz
400 g Vollkornnudeln (ohne Ei) z. B. Dinkel-Penne

2 EL Speiseöl
250 ml Gemüsebrühe
Salz
gem. Pfeffer
Cayennepfeffer
gem. Koriander
1–2 TL Zitronensaft
2–3 EL Kürbiskernöl

Zubereitungszeit: 40 Minuten
Garzeit: Sauce etwa 8 Minuten

1. Kürbis abspülen, abtropfen lassen, halbieren und in Spalten schneiden. Kürbisspalten entkernen und mit der Schale quer in dünne Scheiben schneiden.

2. Porree putzen, die Stangen längs halbieren, gründlich waschen, abtropfen lassen und quer in etwa 1/2 cm breite Streifen schneiden. Knoblauch abziehen und in dünne Scheiben schneiden.

3. Kürbiskerne in einer Pfanne ohne Fett unter Rühren goldbraun rösten, herausnehmen und auf einen Teller geben. Oliven quer dritteln, sodass Ringe entstehen.

4. Das Wasser in einem großen Topf zugedeckt zum Kochen bringen. Dann Salz und Nudeln hinzugeben. Die Nudeln im geöffneten Topf bei mittlerer Hitze nach Packungsanleitung kochen lassen, dabei gelegentlich umrühren.

5. In der Zwischenzeit Speiseöl in einem Topf erhitzen. Porreestreifen und Knoblauchscheiben darin andünsten. Brühe und Kürbisscheiben hinzugeben, zum Kochen bringen und zugedeckt etwa 8 Minuten bei mittlerer Hitze dünsten.

6. Anschließend die Nudeln in ein Sieb geben, mit heißem Wasser abspülen und abtropfen lassen.

7. Olivenringe unter die Kürbissauce rühren und aufkochen. Mit Salz, Pfeffer, Cayennepfeffer, Koriander und Zitronensaft abschmecken.

8. Die Nudeln mit der Sauce anrichten, mit Kürbiskernen bestreuen und mit Kürbiskernöl beträufeln.

Tipps: Anstelle von Kürbiskernöl kann auch Nussöl verwendet werden. Wer mag, streut außerdem einige fein geschnittene Basilikumblättchen auf die Nudeln.

Obst-Gemüse-Salat mit Zitronenverbene

VEGAN

Fruchtig – für Gäste

4 Portionen

Pro Portion: E: 13 g, F: 31 g, Kh: 62 g, kJ: 2568, kcal: 614, BE: 5,0

je 2	*rote, gelbe und grüne Paprikaschoten (etwa 1,2 kg)*
4	*Möhren (etwa 400 g)*
12–16	*Zitronenverbeneblättchen*
6 EL	*Olivenöl*
120 g	*Cashewkerne*
2 EL	*Zucker*
	Saft von
je 1	*Orange, Limette und Grapefruit*
4	*Orangen*
4	*Grapefruits*
	Salz, gem. Pfeffer
2 EL	*Himbeer- oder Apfelessig*

Zubereitungszeit: 40 Minuten, ohne Abkühlzeit

1. Die Paprikaschoten halbieren, entstielen, entkernen und die weißen Scheidewände entfernen. Schotenhälften abspülen, trocken tupfen und in mundgerechte Stücke schneiden. Möhren putzen, schälen, abspülen, abtropfen lassen und in Scheiben schneiden. Verbeneblättchen abspülen und trocken tupfen.

2. Jeweils etwas Olivenöl in einem Topf erhitzen. Die Paprikastücke, Möhrenscheiben, Verbeneblättchen und Cashewkerne darin portionsweise etwa 5 Minuten unter mehrmaligem Wenden andünsten. Mit Zucker bestreuen und karamellisieren.

3. Fruchtsäfte hinzugießen, zum Kochen bringen und zugedeckt weitere etwa 5 Minuten dünsten, erkalten lassen.

4. Orangen und Grapefruits so schälen, dass die weiße Haut vollständig entfernt wird. Die Filets herausschneiden.

5. Gemüse-Cashewkern-Mischung in eine Schüssel geben. Orangen- und Grapefruitfilets unterheben. Den Salat mit Salz, Pfeffer und Essig würzen. Restliches Olivenöl hinzufügen.

Tipps: Den Salat mit verschiedenen Blattsalaten anreichern, z. B. mit Chicorée oder Römischem Salat.

Ofengemüse mit Walnusspesto

Für Gäste

4 Portionen

Pro Portion: E: 7 g, F: 24 g, Kh: 27 g, kJ: 1503, kcal: 359, BE: 2,0

Für das Ofengemüse:

500 g kleine Kartoffeln (je etwa 50 g)
250 g dicke Bundmöhren
275 g dicke Pastinaken
Salz
10 Wacholderbeeren
1 TL Koriandersamen
5 EL Olivenöl
300 ml Gemüsebrühe
300 g Hokkaido-Kürbis
1 TL Zucker
Cayennepfeffer
4 Stängel Thymian

Für das Pesto:

25 g Walnusskerne
½ Bund glatte Petersilie
2 EL Walnussöl
1 TL mittelscharfer Senf
gem., schwarzer Pfeffer
25 g Bergkäse (am Stück)

Zubereitungszeit: 30 Minuten
Garzeit: etwa 60 Minuten

1. Den Backofen vorheizen.
Ober-/Unterhitze: etwa 200 °C
Heißluft: etwa 180 °C

2. Für das Ofengemüse Kartoffeln unter fließendem kalten Wasser gründlich abbürsten, trocken tupfen und mit der Schale halbieren. Möhren und Pastinaken putzen, schälen, abspülen, abtropfen lassen und der Länge nach halbieren. Die Kartoffel-, Möhren- und Pastinakenhälften auf ein Backblech legen. Mit Salz, Wacholderbeeren, Koriander, 2 Esslöffeln Olivenöl und 150 ml der Brühe mischen und gleichmäßig verteilen. Das Backblech in den vorgeheizten Backofen schieben. Die Kartoffeln mit dem Gemüse **etwa 60 Minuten garen.** Dabei nach und nach die restliche Brühe hinzugießen.

3. In der Zwischenzeit den Kürbis halbieren. Die Kerne mit einem Löffel herausschaben. Kürbishälften in etwa 3 cm breite Spalten schneiden. Kürbisspalten schälen, mit Salz, Zucker und Cayennepfeffer einreiben. Den Thymian abspülen und trocken tupfen. Kürbisspalten und Thymianstängel nach etwa 20 Minuten Garzeit zu den Kartoffeln und dem Gemüse auf das Backblech geben.

4. Für das Pesto Walnusskerne grob hacken. Petersilie abspülen und trocken tupfen. Die Blättchen von den Stängeln zupfen. Die Blättchen grob zerkleinern. Walnusskerne und Petersilie mit dem Walnussöl, restlichem Olivenöl, Senf, Salz und Pfeffer im Blitzhacker zu einem Pesto pürieren. Bergkäse entrinden, fein reiben und unter das Pesto rühren.

5. Das Ofengemüse mit dem Pesto beträufeln und sofort servieren.

Ofenkartoffeln mit Linsen- und Petersiliendip I

VEGAN

Raffiniert – gut vorzubereiten

4 Portionen

Pro Portion: E: 16 g, F: 17 g, Kh: 72 g, kJ: 2166, kcal: 517, BE: 5,5

8 vorwiegend festkochende Kartoffeln (je etwa 200 g)

Für den Linsendip:

3 Zwiebeln (etwa 150 g)
2 EL Olivenöl
80 g rote Linsen
125 ml Gemüsebrühe
1/2 TL gem. Fenchel

Für den Petersiliendip:

3 Zwiebeln (etwa 150 g)
500 g Petersilienwurzeln
2 EL Olivenöl
150 ml Gemüsebrühe

4 Stängel glatte Petersilie
1–2 EL Olivenöl
Salz

250 g Rote Bete (gegart, vakuumverpackt)
gem. Pfeffer
1 Msp. gem. Koriander
1–2 TL Zitronensaft
2 Stängel glatte Petersilie
2 EL Gemüsebrühe
1–2 EL Zitronensaft
Zucker

Außerdem:

Backpapier

Zubereitungszeit: 40 Minuten
Backzeit: etwa 30 Minuten

1. Kartoffeln gründlich waschen, in einem Topf, knapp mit Wasser bedeckt zum Kochen bringen und zugedeckt etwa 25 Minuten bei mittlerer Hitze vorgaren.

2. Für den Linsendip in der Zwischenzeit Zwiebeln abziehen und klein würfeln. Olivenöl in einem kleinen Topf erhitzen. Zwiebelwürfel darin andünsten.

3. Linsen, Brühe und Fenchel hinzugeben, zum Kochen bringen. Linsen zugedeckt etwa 15 Minuten bei schwacher Hitze dünsten, bis sie zerfallen. Abkühlen lassen.

4. Den Backofen vorheizen.
Ober-/Unterhitze: etwa 200 °C
Heißluft: etwa 180 °C

5. Für den Petersiliendip Zwiebeln abziehen und in kleine Würfel schneiden. Petersilienwurzeln schälen, abspülen, abtropfen lassen und in dünne Scheiben schneiden.

6. Olivenöl in einem Topf erhitzen. Zwiebelwürfel und Petersilienscheiben darin andünsten. Die Gemüsebrühe hinzugeben und zum Kochen bringen. Petersiliengemüse zugedeckt etwa 20 Minuten bei schwacher Hitze garen.

7. Die garen Kartoffeln abgießen, mit kaltem Wasser abspülen und abtropfen lassen. Kartoffeln pellen.

8. Petersilie abspülen und trocken tupfen. Die Blättchen von den Stängeln zupfen.

9. Acht Bögen Backpapier (je etwa 21 x 38 cm) ausschneiden. Olivenöl in eine Schüssel geben und mit Salz würzen. Kartoffeln in dem Öl schwenken.

10. Die Kartoffeln einzeln auf je 1 Bogen Backpapier legen, mit einigen Petersilienblättchen belegen und in Form eines Bonbons einwickeln, dabei die Papierenden zusammendrehen.

11. Eingewickelte Kartoffeln auf ein Backblech legen. Das Backblech in den vorgeheizten Backofen schieben. Kartoffeln **etwa 30 Minuten backen.**

12. In der Zwischenzeit rote Bete für den Linsendip in sehr kleine Würfel schneiden. Die Linsen mit einer Gabel fein zerdrücken, Rote-Bete-Würfel unterrühren. Mit Salz, Pfeffer, Koriander und Zitronensaft würzen.

13. Petersilie abspülen und trocken tupfen. Die Blättchen von den Stängeln zupfen. Blättchen klein schneiden. Gegartes Petersiliengemüse pürieren, etwas abkühlen lassen, Brühe unterrühren. Petersiliendip mit Salz, Zitronensaft und Zucker abschmecken.

14. Die heißen Ofenkartoffeln mit den Dips servieren.

Tipps: Zusätzlich geröstete Kürbiskerne oder Sonnenblumenkerne zu den Kartoffeln servieren. Oder einen Blattsalat mit gemischten Sprossen und Essig-Öl-Sauce dazureichen. Die Kartoffeln können bereits am Vortag gekocht, gepellt und gut verpackt bis zum Gebrauch im Kühlschrank aufbewahrt werden. Die Backzeit verlängert sich dann um etwa 5 Minuten. Auch die Dips lassen sich prima einen Tag vor dem Servieren zubereiten. Sie können ebenfalls zugedeckt im Kühlschrank aufbewahrt werden. Petersilienwurzeln sind von Ende September bis Anfang April im Handel. Sie sind weiß und schmecken intensiv nach Petersilie.

Okras in Curry-Tomaten-Sauce

Würziger Genuss

4 Portionen

VEGAN

Pro Portion: E: 7 g, F: 20 g, Kh: 13 g, kJ: 1107, kcal: 265, BE: 0,5

75 g	*Schalotten*
75 g	*Frühlingszwiebeln*
650 g	*Strauchtomaten*
½–1	*rote Chilischote*
2	*getrocknete Curryblätter*
je 2 Stängel	*Koriander, Thai-Basilikum und Minze*
1	*Bio-Limette (unbehandelt, ungewachst)*
75 g	*Margarine*
1 TL	*gem. Ingwer*
1 EL	*Currypulver, mild*
¼ TL	*gem. Gewürznelken*
1 kg	*frische Okraschoten*
etwa 1 l	*Speiseöl zum Frittieren*
	Salz

Zubereitungszeit: 30 Minuten

1. Schalotten abziehen und in kleine Würfel schneiden. Frühlingszwiebeln putzen, abspülen, abtropfen lassen und in etwa 1 cm breite Scheiben schneiden. Tomaten abspülen, abtrocknen, halbieren und die Stängelansätze herausschneiden. Tomatenhälften in kleine Stücke schneiden. Chilischote abspülen, trocken tupfen, entstielen und mit den Kernen fein würfeln.

2. Curryblätter fein zerreiben. Koriander, Thai-Basilikum und Minze abspülen, trocken tupfen. Die Blättchen von den Stängeln zupfen. Die Limette heiß abwaschen, abtrocknen und in kleine Stücke oder Ecken schneiden.

3. Margarine in einer Pfanne zerlassen. Schalottenwürfel und die Frühlingszwiebelscheiben darin bei mittlerer Hitze unter Rühren kräftig andünsten. Chili, Curryblätter, Ingwer, Curry und Nelken untermischen. Die Gewürze kurz mit anrösten. Tomatenstücke unterrühren und zum Kochen bringen. Die Sauce etwa 5 Minuten bei mittlerer Hitze stark kochen lassen.

4. Okraschoten putzen und die Stielansätze mit den Spitzen (Kappen) abschneiden. Okraschoten abspülen und trocken tupfen.

5. Speiseöl in einem hohen Topf oder in einer Fritteuse auf etwa 180 °C erhitzen. Die Okraschoten darin in 2–3 Portionen 3–4 Minuten frittieren, dabei jeweils einmal wenden. Die Okraschoten mit einer Schaumkelle herausnehmen und auf Küchenpapier abtropfen lassen.

6. Okraschoten in der heißen Curry-Tomaten-Sauce schwenken, mit Salz würzen und auf Tellern anrichten. Mit den Kräuterblättchen bestreuen und den Limettenstücken oder -ecken servieren. Nach Belieben den Saft der Limettenstücke oder -ecken auf die Okraschoten träufeln.

Beilage: **Basmatireis** (4 Portionen). Dafür 300 g Basmatireis in ein Sieb geben, mit kaltem Wasser abspülen, bis das Wasser fast klar abläuft. Reis gut abtropfen lassen. 100 g Zwiebeln abziehen und in kleine Würfel schneiden. 4 Esslöffel Sonnenblumenöl in einem weiten Topf zerlassen, Zwiebelwürfel darin kräftig andünsten. Reis hinzugeben (nun nicht mehr rühren) und 450 ml kaltes Wasser hinzugießen. Mit etwas Salz würzen. Den Reis ohne Deckel bei mittlerer Hitze kochen lassen, bis das Wasser den Reis nicht mehr bedeckt. Den Topf mit einem Deckel verschließen. Den Reis etwa 10 Minuten auf niedrigster Stufe quellen lassen.

Omeletts mit Schnittknoblauch und Schafskäse I

Raffiniert – schnell

2 Portionen

Pro Portion: E: 32 g, F: 48 g, Kh: 1 g, kJ: 2340, kcal: 558, BE: 0,0

4 Eier (Größe M)
Salz, gem. Pfeffer
1 kleines Bund Schnittknoblauch
200 g Schafskäse
40 g Butter

Zubereitungszeit: 10 Minuten

1. Eier in einer Rührschüssel verschlagen. Mit Salz und Pfeffer würzen. Schnittknoblauch abspülen, trocken tupfen und in feine Ringe schneiden. Schafskäse in etwa 1 1/2 cm große Würfel schneiden. Schnittknoblauchringe und Schafskäsewürfel unter die verschlagenen Eier rühren.

2. Die Hälfte der Butter in einer Pfanne (Ø 22–24 cm) zerlassen. Die Hälfte der Eiermasse hineingeben und zugedeckt bei schwacher Hitze 4–5 Minuten stocken lassen.

3. Omelett vorsichtig wenden, von der zweiten Seite kurz anbraten, herausnehmen und warm stellen. Das zweite Omelett auf die gleiche Weise zubereiten.

Beilage: Knackiger Blattsalat.

Tipp: Die Omeletts können auch mit einem würzigen Käse, z. B. Gruyère- oder Edelschimmel-Käse, zubereitet werden.

Panzanella mit Rucola

Etwas Besonderes

2 Portionen

Pro Portion: E: 10 g, F: 32 g, Kh: 29 g,
kJ: 1894, kcal: 451, BE: 2,0

1 Bio-Zitrone (unbehandelt, ungewachst)
2–3 Stängel Basilikum
50 g Rucola (Rauke)
1 Knoblauchzehe
5 EL Olivenöl
Meersalz
grob gem., schwarzer Pfeffer
75 g Ciabatta
100 g grüne Bohnen
12 Cocktailtomaten
½ rote Paprikaschote
6–8 Kalamata-Oliven
20 g Parmesan (am Stück)

Zubereitungszeit: 40 Minuten

1. Die Zitrone heiß abwaschen und abtrocknen. Die Hälfte der Zitronenschale fein abreiben. Die Zitrone halbieren, den Saft auspressen und 3 Esslöffel Saft abmessen, beiseitestellen. Basilikum abspülen und trocken tupfen. Die Blättchen von den Stängeln zupfen. Rucola putzen und die harten Stiele entfernen. Rucola abspülen und abtropfen lassen.

2. Je ein Drittel des Rucolas und der Basilikumblättchen grob zerkleinern. Restlichen Rucola und Basilikumblättchen zugedeckt in den Kühlschrank stellen. Knoblauch abziehen und grob zerkleinern.

3. Den Backofengrill vorheizen.

4. Grob zerkleinerten Rucola und Basilikum mit Knoblauch, 4 Esslöffeln des Olivenöls, 2 Esslöffeln Wasser und Meersalz im Blitzhacker fein pürieren. Zitronenschale und grob gemahlenen Pfeffer untermischen.

5. Ciabatta in sehr dünne Scheiben schneiden. Die Brotscheiben nebeneinander auf ein Backblech legen. Das Backblech unter den vorgeheizten Backofengrill schieben. Die Brotscheiben von beiden Seiten goldbraun rösten.

6. Von den Bohnen die Enden abschneiden, evtl. abfädeln. Bohnen abspülen, abtropfen lassen und in kochendem Salzwasser etwa 8 Minuten garen. Dann in ein Sieb geben und gut abtropfen lassen.

7. Tomaten abspülen, trocken tupfen, halbieren und evtl. die Stängelansätze herausschneiden. Tomatenhälften in kleine Stücke schneiden. Paprikaschotenhälfte entstielen, entkernen und die weißen Scheidewände entfernen. Schotenhälfte abspülen, abtropfen lassen und in dünne Streifen schneiden.

8. Restliches Olivenöl in einer weiten Pfanne erhitzen. Die Paprikastreifen darin etwa 1 Minute bei starker Hitze unter Rühren anbraten. Die Bohnen, Oliven und Tomatenstücke hinzugeben und unter Rühren etwa 1 Minute mitgaren lassen.

9. Beiseitegestellten Zitronensaft unter das Kräuteröl rühren. Kalt gestellte Basilikumblättchen, Rucola, die warme Bohnen-Paprika-Mischung und die gerösteten Brotscheiben locker mit dem Kräuteröl vermischen, evtl. nachwürzen.

10. Den Salat in einer Schale anrichten. Parmesan dünn hobeln. Panzanella damit bestreuen.

Paprika mit Ziegenkäse, Kapern und Parmesan-Scones

Würziger Genuss

4 Portionen

Pro Portion: E: 14 g, F: 63 g, Kh: 39 g, kJ: 3255, kcal: 781, BE: 3,0

je 2	***rote und gelbe Paprikaschoten (je etwa 200 g)***
9 EL	***Olivenöl***
2 Zweige	***Rosmarin***
3 EL	***Rotweinessig***
	Salz
	gem., schwarzer Pfeffer
20	***abgetropfte, schwarze Oliven, mit Stein***

Für den Teig:

45 g	***Butter***
125 g	***Weizenmehl***
1 gestr. TL	***Dr. Oetker Backin***
40 g	***fein ger. Parmesan***
75 g	***Crème fraîche***
40 g	***abgetropfte Kapern (aus dem Glas)***
4 Stängel	***glatte Petersilie***
300 g	***Ziegenfrischkäse-Rolle***

Zubereitungszeit: 40 Minuten, ohne Marinierzeit
Backzeit: 22–25 Minuten

1. Paprikaschoten vierteln, entstielen, entkernen und die weißen Scheidewände entfernen. Schoten abspülen und abtropfen lassen. Paprikastücke mit 3 Esslöffeln Olivenöl gut vermischen.

2. Paprikastücke in einer Grillpfanne bei schwacher bis mittlerer Hitze langsam von jeder Seite 10–12 Minuten braten.

3. In der Zwischenzeit den Rosmarin abspülen und trocken tupfen. Die Nadeln von dem Stängel zupfen. Nadeln fein hacken, mit Essig, Salz und Pfeffer verrühren, 4 Esslöffel des restlichen Olivenöls unterschlagen. Die Oliven untermischen.

4. Die Paprikastücke aus der Pfanne nehmen, mit der Vinaigrette vermischen und etwa 45 Minuten marinieren.

5. In der Zwischenzeit für den Teig Butter 10–15 Minuten im Gefrierschrank anfrieren lassen.

6. Den Backofen vorheizen.
Ober-/Unterhitze: etwa 180 °C
Heißluft: etwa 160 °C

7. Mehl mit Backpulver, 30 g Parmesan und Salz in einer Rührschüssel mischen. Angefrorene Butter in Flöckchen schneiden und mit den Händen unter die Mehl-Parmesan-Mischung arbeiten, bis eine grießähnliche Konsistenz entstanden ist. Anschließend in die Mitte eine Vertiefung drücken. Crème fraîche hineingeben.

8. Die Zutaten mit den Händen vermischen, bis ein streuselartiger Teig entstanden ist. Den Teig auf einer leicht bemehlten Arbeitsfläche vorsichtig zu einer Teigkugel formen, mit etwas Mehl bestäuben und zu einer etwa 1 ½ cm dicken Platte ausrollen.

9. Aus der Teigplatte mit einer runden Ausstechform (Ø etwa 5 cm) Scones ausstechen. Restlichen Teig wieder zusammendrücken, flach drücken und erneut Scones ausstechen. Die Scones auf ein Backblech (mit Backpapier belegt) legen und mit restlichem Parmesan bestreuen. Das Backblech in den vorgeheizten Backofen schieben und die Scones **22–25 Minuten goldbraun backen.**

10. Kapern mit Küchenpapier trocken tupfen. Restliches Olivenöl in einer Pfanne erhitzen. Die Kapern darin von allen Seiten bei mittlerer Hitze 3–4 Minuten knusprig braten. Petersilie abspülen und trocken tupfen. Die Blättchen von den Stängeln zupfen. Blättchen grob zerschneiden. Ziegenfrischkäse in 12 Scheiben schneiden.

11. Die marinierten Paprikastücke mit der Vinaigrette auf Tellern anrichten. Die Ziegenfrischkäsescheiben darauflegen. Mit Kapern und Petersilie garnieren. Die Paprikastücke mit den noch lauwarmen Parmesan-Scones servieren.

Pasta mit Gorgonzola-Möhren-Sauce

Einfach

4 Portionen

Pro Portion: E: 24 g, F: 23 g, Kh: 86 g, kJ: 2771, kcal: 665, BE: 7,0

5 l Wasser
5 gestr. TL Salz
500 g Nudeln, z. B. Spirelli, Penne

Für die Gorgonzola-Möhren-Sauce:

1 Knoblauchzehe
1 Zwiebel
300 g Möhren
1 EL Speiseöl
Salz
gem. Pfeffer
1/2 TL gerebelter Thymian
1/2 TL Instant-Gemüsebrühe
200 g Schlagsahne oder 200 ml Milch
150 g passierte Tomaten (aus Dose oder Tetra Pak®)
150 g milder Gorgonzola
1/2 Bund frisches Basilikum

Zubereitungszeit: 15 Minuten
Garzeit: etwa 15 Minuten

1. Das Wasser in einem großen Topf zugedeckt zum Kochen bringen. Dann Salz und Nudeln hinzugeben. Die Nudeln im geöffneten Topf bei mittlerer Hitze nach Packungsanleitung kochen lassen, dabei gelegentlich umrühren.

2. Anschließend die Nudeln in ein Sieb geben, mit heißem Wasser abspülen und abtropfen lassen.

3. Für die Sauce in der Zwischenzeit Knoblauch und Zwiebel abziehen, klein würfeln. Möhren putzen, schälen, abspülen, abtropfen lassen und würfeln. Speiseöl in einem Topf erhitzen. Knoblauch- und Zwiebelwürfel darin glasig dünsten. Die Möhrenwürfel hinzugeben und mitdünsten lassen. Mit Salz, Pfeffer, Thymian und Brühe würzen. Die Sahne oder Milch hinzugießen, unter Rühren zum Kochen bringen und zugedeckt etwa 10 Minuten bei schwacher Hitze kochen lassen. Die Tomaten hinzugeben, wieder zum Kochen bringen und weitere etwa 5 Minuten unter gelegentlichem Rühren kochen.

4. Den Käse entrinden und in kleine Würfel schneiden. Das Basilikum abspülen und trocken tupfen. Die Blättchen von den Stängeln zupfen (einige Blättchen zum Garnieren beiseitelegen). Blättchen in Streifen schneiden, zu der Möhren-Tomaten-Masse geben und pürieren (Achtung, kann spritzen!). Die Käsewürfel hinzugeben und unter Rühren schmelzen. Die Sauce nicht mehr kochen lassen. Mit Salz und Pfeffer abschmecken.

5. Die Nudeln mit der Sauce mischen, evtl. etwas Nudel-Kochwasser unterrühren, unter vorsichtigem Rühren nochmals kurz erhitzen. Mit beiseitegelegten Basilikumblättchen garnieren.

Tipp: Sehr lecker schmeckt es auch, wenn Sie zusätzlich noch ein paar gewürfelte, rote Paprikaschoten und Schafskäse über die Nudeln streuen.

Pastasotto mit halb getrockneten Tomaten

Mit Alkohol

4 Portionen

Pro Portion: E: 24 g, F: 33 g, Kh: 81 g, kJ: 3046, kcal: 722, BE: 6,0

650 g Cocktailtomaten
9 EL Olivenöl
Meersalz
gem., schwarzer Pfeffer
1 EL Puderzucker
100 g Zwiebeln
1–2 Knoblauchzehen
2 l Gemüsebrühe
400 g Risone-Nudeln (Nudeln, wie große Reiskörner aussehend)
75 ml Weißwein
100 g Parmesan (am Stück)
75 g Rucola (Rauke)
5 Stängel Basilikum
evtl. etwas Olivenöl

Zubereitungszeit: 40 Minuten, ohne Trockenzeit
Garzeit: Pastasotto 17–20 Minuten

1. Den Backofen vorheizen.
Ober-/Unterhitze: etwa 130 °C

2. Tomaten abspülen, trocken tupfen, halbieren und evtl. die Stängelansätze herausschneiden. Tomatenhälften mit der Schnittfläche nach oben auf ein Backblech (mit Backpapier belegt) legen. Mit 4 Esslöffeln Olivenöl beträufeln, mit Salz und Pfeffer bestreuen, mit Puderzucker bestäuben.

3. Backblech in den vorgeheizten Backofen schieben. Tomatenhälften **etwa 2 Stunden garen (trocknen),** dabei die Backofentür einen kleinen Spalt breit offen lassen.

4. Zwiebeln und Knoblauch abziehen, in kleine Würfel schneiden. Brühe erhitzen. Restliches Olivenöl in einem Topf erhitzen. Zwiebel- und Knoblauchwürfel darin kräftig andünsten. Die Nudeln hinzugeben und ebenfalls kräftig mitdünsten lassen. Mit Wein ablöschen und ganz einkochen lassen. 250 ml der heißen Brühe hinzugießen und zum Kochen bringen. Mit Salz und Pfeffer würzen.

5. Pastasotto 17–20 Minuten bei schwacher bis mittlerer Hitze al dente garen. Während der Garzeit nach und nach die restliche Brühe hinzugießen und sehr häufig umrühren. Pastasotto sollte schön sämig sein.

6. Parmesan fein reiben. Rucola putzen, abspülen, trocken tupfen oder schleudern. Die groben Stiele abschneiden. Rucola grob zerschneiden. Basilikum ebenfalls abspülen und trocken tupfen. Die Blättchen von den Stängeln zupfen. Blättchen grob zerschneiden. Den Parmesan unter das Pastasotto rühren.

7. Das Pastasotto auf Tellern anrichten. Die warmen Tomatenhälften vom Backblech nehmen und darauf verteilen. Mit Rucola und Basilikum bestreuen. Nach Belieben noch etwas Olivenöl daraufträufeln.

Penne all'arrabbiata

Klassisch

4 Portionen

Pro Portion: E: 14 g, F: 13 g, Kh: 49 g, kJ: 1564, kcal: 374, BE: 4,0

2 1/2 l Wasser
2 1/2 gestr. TL Salz
250 g Penne (Röhrennudeln)

Für die Sauce:

4 Schalotten
2 Knoblauchzehen
2 rote Chilischoten
40 g Butter
1 TL Tomatenmark
500 ml Tomatensaft
Salz
gem. Pfeffer
50 g ger. Parmesan
1 EL grob geschnittene Basilikumblättchen

Zubereitungszeit: 30 Minuten

1. Das Wasser in einem großen Topf zugedeckt zum Kochen bringen. Dann Salz und Nudeln zugeben. Die Nudeln im geöffneten Topf bei mittlerer Hitze nach Packungsanleitung kochen lassen, dabei gelegentlich umrühren.

2. Anschließend die Nudeln in ein Sieb geben, mit heißem Wasser abspülen und abtropfen lassen.

3. Für die Sauce Schalotten und Knoblauch abziehen, klein schneiden. Chilischoten abspülen, trocken tupfen, halbieren, entkernen und in sehr kleine Würfel schneiden.

4. Butter in einem Topf zerlassen. Schalotten- und Knoblauchstückchen darin glasig dünsten. Tomatenmark und Chiliwürfel kurz mit anrösten. Tomatensaft hinzugießen, zum Kochen bringen und auf ein Drittel einkochen lassen. Die Sauce durch ein feines Sieb passieren. Mit Salz und Pfeffer abschmecken.

5. Die Nudeln in die heiße Tomatensauce geben, gut unterrühren und in Schalen oder auf Tellern anrichten. Mit Parmesan und Petersilienblättchen bestreut servieren.

Pfefferminz-Granita I

Erfrischend

4–6 Portionen

VEGAN

Pro Portion: E: 0 g, F: 2 g, Kh: 30 g, kJ: 565, kcal: 135, BE: 2,5

2–3 Stängel frische Pfefferminze
500 ml Wasser
90 g Zucker
60 g Schoko-Minz-Täfelchen

Zum Garnieren:
1–2 Stängel frische Pfefferminze

Zubereitungszeit: 30 Minuten, ohne Abkühlzeit
Gefrierzeit: 4–5 Stunden

1. Pfefferminzstängel abspülen und abtropfen lassen. Das Wasser mit Zucker in einem Topf verrühren, zum Kochen bringen und einmal kurz aufkochen lassen. Den Topf von der Kochstelle nehmen. Die Pfefferminzstängel etwa 2 Minuten in die Zuckerlösung legen, die Pfefferminz-Zucker-Lösung erkalten lassen.

2. Die erkaltete Pfefferminz-Zucker-Lösung in eine gefrierfeste Schüssel füllen, zudecken und in den Gefrierschrank stellen. Die Masse 4–5 Stunden gefrieren lassen. Dabei die Masse alle 30 Minuten kräftig durchrühren.

3. Die Schoko-Minz-Täfelchen etwa 30 Minuten in den Gefrierschrank legen und ebenfalls gefrieren lassen. Schoko-Minz-Täfelchen herausnehmen, in kleine Stücke schneiden und unter die Granita rühren.

4. Zum Garnieren Pfefferminzstängel abspülen und trocken tupfen. Die Blättchen von den Stängeln zupfen. Pfefferminz-Granita nach Belieben in Gläser füllen und mit Pfefferminzblättchen garniert servieren.

Pizza-Risotto mit Mozzarella- und Tomatenstückchen

Raffiniert

4 Portionen

Pro Portion: E: 17 g, F: 20 g, Kh: 61 g, kJ: 2072, kcal: 495, BE: 5,0

1	*Knoblauchzehe*
1	*Zwiebel*
2 EL	*Butter oder Margarine*
1–2 TL	*Pizzagewürz (fertige Gewürzmischung aus dem Supermarkt) oder je 1 Prise gerebelter Oregano, Thymian und Rosmarin*
300 g	*Risotto-Reis*
etwa 1 l	*heiße Gemüsebrühe*
125 g	*Mozzarella*
2	*mittelgroße Tomaten*
50 g	*ger. Parmesan*
	Salz, gem. Pfeffer
evtl. etwas	*frisches Basilikum*

Zubereitungszeit: 15 Minuten
Garzeit: etwa 25 Minuten

1. Knoblauch und Zwiebel abziehen, in sehr kleine Würfel schneiden. Butter oder Margarine in einem Topf zerlassen. Zwiebel- und Knoblauchwürfel darin glasig dünsten. Pizzagewürz hinzufügen und kurz mit andünsten.

2. Reis hinzugeben und unter Rühren glasig dünsten. Etwas von der heißen Brühe hinzugießen. Die Brühe unter Rühren von dem Reis aufnehmen lassen. Nach und nach die gesamte heiße Brühe hinzugießen, sodass der Reis stets gerade mit der Brühe bedeckt ist. Den Reis etwa 25 Minuten bei schwacher Hitze ausquellen lassen.

3. In der Zwischenzeit Mozzarella abtropfen lassen und in kleine Würfel schneiden. Tomaten abspülen, trocken tupfen, halbieren und die Stängelansätze herausschneiden. Tomatenhälften in kleine Würfel schneiden.

4. Zwei Esslöffel des Parmesans, die Tomaten- und Mozzarellawürfel unter den Risotto-Reis heben. Risotto-Reis mit Salz, Pfeffer und evtl. noch etwas Pizzagewürz abschmecken.

5. Nach Belieben Basilikum abspülen und trocken tupfen. Die Blättchen von den Stängeln zupfen.

6. Pizza-Risotto mit restlichem Parmesan und Basilikumblättchen anrichten.

Polentaschnitte mit Blattsalat in Cesar-Schmand-Dressing

Würziger Genuss

4 Portionen

Pro Portion: E: 19 g, F: 40 g, Kh: 63 g, kJ: 2892, kcal: 689, BE: 5,0

1 rote Peperoni
500 ml Gemüsebrühe
450 ml Milch
2 EL Currypulver, mild
Salz
200 g Polenta (Maisgrieß)
7 Stängel Koriander
425 g gut abgetropfter Gemüsemais (aus der Dose)
7 EL Olivenöl

Für das Dressing:

1 Knoblauchzehe
2 EL Dijon-Senf
4 EL Zitronensaft
200 g Schmand (Sauerrahm)
Cayennepfeffer

100 g Frisée-Salat
100 g Radicchio
200 g Romana-Salatherzen
40 g Parmesan (am Stück)

Zubereitungszeit: 40 Minuten, ohne Kühlzeit

1. Die Peperoni abspülen, trocken tupfen, halbieren, entstielen, entkernen und fein hacken. 450 ml Gemüsebrühe mit Milch, Curry, Peperoni und etwas Salz in einem Topf zum Kochen bringen.

2. 150 g Polenta langsam einrieseln lassen und dabei schnell mit dem Schneebesen unterrühren. Polenta zugedeckt bei schwacher Hitze etwa 20 Minuten ausquellen lassen, dabei ab und zu umrühren.

3. Koriander abspülen und trocken tupfen. Blättchen von den Stängeln zupfen. Blättchen grob zerschneiden und mit dem Gemüsemais unter die gegarte Polenta rühren.

4. Eine eckige Auflaufform (etwa 20 x 35 cm) mit 1 Esslöffel Olivenöl bestreichen, auch den Rand. Die Polentamasse etwa 2 cm hoch hineingeben, glatt streichen und vollständig erkalten lassen.

5. Die Polenta vorsichtig aus der Form lösen und mit einem scharfen Messer in etwa 20 Schnitten teilen.

6. Für das Dressing Knoblauch abziehen und durch eine Knoblauchpresse drücken. Knoblauch mit Senf, Zitronensaft, restlicher Gemüsebrühe, Schmand, Salz und Cayennepfeffer verrühren.

7. Die Salate putzen, abspülen und gut abtropfen lassen. Die Salatblätter in kleinere Stücke zupfen oder schneiden. Parmesan dünn hobeln.

8. Die Polentastücke dünn in dem restlichen Maisgrieß (Polenta) wenden. Je die Hälfte des restlichen Olivenöls in zwei großen Pfannen erhitzen. Die Polentaschnitten darin von allen Seiten bei starker Hitze goldbraun braten und herausnehmen.

9. Den vorbereiteten Salat mit dem Dressing mischen, mit den Polentaschnitten auf Tellern anrichten. Salat mit dem gehobelten Parmesan bestreuen.

Radieschensuppe | VEGAN

Schnell – raffiniert

2 Portionen

Pro Portion: E: 3 g, F: 9 g, Kh: 6 g, kJ: 512, kcal: 122, BE: 0,0

2	Schalotten
2 Bund	Radieschen (je 250–300 g)
1 EL	Speiseöl
500 ml	Gemüsebrühe
	Salz
	gem., weißer Pfeffer
etwa 2 EL	frisch gepresster Zitronensaft
4–6 Tropfen	Sojasauce

Zubereitungszeit: 30 Minuten
Garzeit: etwa 20 Minuten

1. Schalotten abziehen und in kleine Würfel schneiden. Von den Radieschen die Wurzelenden und das Grün entfernen. Radieschen abspülen, trocken tupfen und in kleine Würfel schneiden (etwas Radieschengrün und einige Radieschenscheiben zum Garnieren beiseitelegen).

2. Das Öl in einem Topf zerlassen. Schalottenwürfel darin goldgelb andünsten. Radieschenwürfel hinzufügen und kurz mitdünsten lassen. Gemüsebrühe hinzugießen und zum Kochen bringen. Die Suppe zugedeckt etwa 20 Minuten bei mittlerer Hitze kochen lassen, dabei gelegentlich umrühren. Anschließend die Suppe mit einem Pürierstab fein pürieren.

3. Beiseitegelegtes Radieschengrün abspülen, trocken tupfen und in feine Streifen schneiden. Die Suppe evtl. nochmals erwärmen. Mit Salz, Pfeffer, Zitronensaft und Sojasauce abschmecken. Radieschensuppe mit beiseitegelegten Radieschenscheiben und Radieschengrünstreifen garnieren, heiß servieren.

Beilage: Baguettebrot.

Rahmspinat mit gebackenem Ei

Raffiniert – für Kinder

4 Portionen

Pro Portion: E: 26 g, F: 47 g, Kh: 30 g, kJ: 2774, kcal: 662, BE: 2,5

700 g Spinat (vorbereitet gewogen etwa 400 g)
Salz
2 Schalotten
80 g Butter
40 g Weizenmehl
400 ml Milch
1 EL ger. Meerrettich (aus dem Glas)
ger. Muskatnuss

10 Eier (Größe M)
120 g Semmelbrösel
1 EL ger. Parmesan
etwas Weizenmehl

200–400 g Pflanzenfett zum Frittieren (je nach Topfgröße)

1 EL Crème fraîche

Zubereitungszeit: 40 Minuten

1. Spinat verlesen, Wurzelenden und dicke Stängel entfernen. Spinat gründlich waschen, abtropfen lassen und in etwas kochendem Salzwasser kurz blanchieren, bis er zusammengefallen ist. Spinat in eiskaltes Wasser geben, in einem Sieb abtropfen lassen und klein schneiden.

2. Schalotten abziehen und in kleine Würfel schneiden. Butter in einem Topf zerlassen. Schalottenwürfel darin andünsten. Mehl hinzufügen und unter Rühren so lange darin erhitzen, bis es hellgelb ist. Nach und nach die Milch hinzugießen, mit einem Schneebesen durchschlagen. Darauf achten, dass keine Klümpchen entstehen. Die Sauce unter ständigem Rühren einmal aufkochen lassen. Meerrettich unterrühren. Mit Salz und Muskat kräftig abschmecken. Spinat unterrühren und warm stellen.

3. Acht Eier in kochendes Wasser legen und 3–4 Minuten kochen lassen (Eigelb sollte noch weich sein). Eier in kaltem Wasser abschrecken, abkühlen lassen und vorsichtig pellen.

4. Restliche Eier in einem Teller verschlagen. Semmelbrösel mit Parmesan mischen. Eier zuerst in Mehl wenden, dann durch die verschlagenen Eier ziehen und zuletzt in der Semmelbrösel-Käse-Mischung wenden. Eier nochmals wie zuvor beschrieben durch die verschlagenen Eier ziehen und in der Semmelbrösel-Käse-Mischung wenden. Panade gut andrücken.

5. Pflanzenfett in einem Topf oder in einer Fritteuse auf etwa 180 °C erhitzen. Die Eier darin in 2 Portionen goldbraun ausbacken, einmal wenden und mit einer Schaumkelle herausnehmen.

6. Crème fraîche unter den Spinat rühren. Spinat auf Tellern anrichten. Die ausgebackenen Eier daraufsetzen und sofort servieren.

Ratatouille | Klassisch

2–3 Portionen

Pro Portion: E: 4 g, F: 19 g, Kh: 10 g, kJ: 937, kcal: 223, BE: 0,0

- *1 Tomate*
- *1 gelbe Paprikaschote*
- *1 Zucchini*
- *1 kleine Aubergine*
- *1 Zweig Rosmarin*
- *4–5 EL Olivenöl*
- *2 Knoblauchzehen*
- *Salz*
- *gem. Pfeffer*
- *etwas Balsamico-Essig*

Zubereitungszeit: 25 Minuten

1. Die Tomate abspülen und trocken tupfen. Tomate vierteln, entkernen und den Stängelansatz herausschneiden. Tomatenviertel nochmals quer oder längs halbieren. Paprikaschote mit einem Sparschäler grob schälen, vierteln, entkernen und die weißen Scheidewände entfernen. Schotenviertel abspülen, trocken tupfen und in Größe der Tomatenstücke schneiden.

2. Zucchini und Aubergine abspülen, trocken tupfen und die Enden bzw. den Stängelansatz abschneiden. Zucchini in etwa 5 mm dicke Scheiben schneiden. Aubergine der Länge nach vierteln und in etwa 5 mm dicke Stücke schneiden. Rosmarin abspülen und trocken tupfen. Die Nadeln von dem Stängel zupfen.

3. Die vorbereiteten Tomatenstücke in eine große Schüssel geben (sie werden nicht angebraten, sondern sollen durch das daraufgegebene, angebratene Gemüse nur etwas Hitze abbekommen).

4. Einen Esslöffel des Olivenöls in einer Pfanne erhitzen. Paprikastücke darin mit 1 nicht geschälten, angedrückten Knoblauchzehe etwa 1 Minute scharf anbraten. Mit Salz und Pfeffer würzen und anschließend mit 1 Spritzer Balsamico-Essig ablöschen. Die Paprikastücke zusammen mit der Knoblauchzehe auf den Tomatenstücken in der Schüssel verteilen.

5. Wieder 1 Esslöffel des Olivenöls in der Pfanne erhitzen. Zucchinischeiben darin mit der restlichen, nicht geschälten, angedrückten Knoblauchzehe etwa 1 Minute scharf anbraten. Mit Salz, Pfeffer und Balsamico-Essig würzen. Zucchinischeiben und die Knoblauchzehe herausnehmen, danach auf die Paprikastücke geben.

6. Restliches Olivenöl in der Pfanne erhitzen. Auberginenstücke darin 3–4 Minuten anbraten. Mit Salz, Pfeffer und Balsamico-Essig würzen. Rosmarinnadeln unterrühren. Die Auberginenstücke auf die Zucchinischeiben geben. Das angebratene, geschichtete Gemüse vermischen. Mit Salz, Pfeffer und Balsamico-Essig abschmecken. Ratatouille noch warm servieren.

Tipps: Ratatouille muss nicht heiß gegessen werden, sondern ist lauwarm oder kalt ebenfalls sehr lecker. Zusätzlich ein paar Basilikumblättchen untermischen. Sollte etwas von dem Ratatouille übrig bleiben, einfach kalt stellen, bei nächster Gelegenheit/am nächsten Tag gut klein hacken und als Topping auf Crostini geben. Rezeptmenge als Topping für 15–20 Crostini. Oder für Nicht-Veganer grob gehackt auf gerösteten Baguettescheiben mit geriebenem Parmesan als kleinen Appetizer reichen. Oder in flachen Portionsförmchen mit Schafs- oder Ziegenkäse überbacken.

Ratatouille-Suppe

Klassisch

2 Portionen

Pro Portion: E: 17 g, F: 29 g, Kh: 13 g, kJ: 1610, kcal: 384, BE: 0,5

50 g rote Zwiebeln
1 Knoblauchzehe
je ½ rote und gelbe Paprikaschote
100 g Auberginen
100 g Zucchini
2 EL Olivenöl
1 EL Tomatenmark
500 ml Gemüsebrühe
Salz
Cayennepfeffer
75 g Cocktailtomaten
je 1 Stängel Minze, Basilikum und Petersilie
30 g abgetropfte, schwarze Oliven, ohne Stein
etwas abger. Schale von
1 Bio-Zitrone (unbehandelt, ungewachst)
75 g ger. Parmesan

Zubereitungszeit: 30 Minuten
Garzeit: etwa 12 Minuten

1. Zwiebeln und Knoblauch abziehen. Die Zwiebeln in kleine Würfel schneiden. Knoblauch grob würfeln. Die Paprikaschotenhälften entstielen, entkernen und die weißen Scheidewände entfernen. Schotenhälften abspülen und abtropfen lassen. Aubergine und Zucchini abspülen, abtrocknen und die Stängelansätze bzw. Enden abschneiden. Die vorbereiteten Gemüsezutaten in etwa 1 cm große Stücke schneiden.

2. Das Olivenöl in einem Topf erhitzen. Die Zwiebel-, Knoblauchwürfel, Auberginen- und Paprikastücke darin kräftig unter Rühren andünsten. Tomatenmark unterrühren und kurz mitrösten. Brühe hinzugießen und zum Kochen bringen. Mit Salz und Cayennepfeffer würzen. Das Gemüse etwa 12 Minuten ohne Deckel kochen lassen.

3. In der Zwischenzeit Tomaten abspülen, abtropfen lassen und die Stängelansätze herausschneiden. Die Tomaten vierteln. Kräuterstängel abspülen und trocken tupfen. Die Blättchen von den Stängeln zupfen. Blättchen grob zerschneiden.

4. Zucchinistücke, Tomatenviertel und Oliven nach etwa 9 Minuten Garzeit in die Suppe geben und mitgaren lassen. Zuletzt Zitronenschale und Kräuter hinzugeben. Den Topf von der Kochstelle nehmen. Ratatouille-Suppe in Suppenschalen anrichten. Parmesan dazureichen.

Reis-Gemüse-Auflauf I

Raffiniert

2 Portionen

Pro Portion: E: 25 g, F: 47 g, Kh: 67 g, kJ: 3331, kcal: 796, BE: 5,5

1 EL Speiseöl, z. B. Sonnenblumenöl
125 g Basmati- oder Langkornreis
1 EL Currypulver
250 ml Gemüsebrühe
150 g Möhren
20 g Butter oder Margarine
150 g TK-Erbsen
Salz, gem. Pfeffer
1 Prise Zucker
1 Ei (Größe M)
100 g Schlagsahne
ger. Muskatnuss
75 g mittelalter Gouda

Zubereitungszeit: 25 Minuten
Garzeit: etwa 25 Minuten

1. Speiseöl in einem Topf erhitzen. Reis hinzugeben und unter Rühren glasig dünsten. Mit Curry bestreuen und kurz mit andünsten. Brühe hinzugießen und zum Kochen bringen. Den Reis zugedeckt 10–12 Minuten bei schwacher Hitze nach Packungsanleitung ausquellen lassen.

2. Den Backofen vorheizen.
Ober-/Unterhitze: etwa 180 °C
Heißluft: etwa 160 °C

3. In der Zwischenzeit Möhren putzen, schälen, abspülen, abtropfen lassen, in kleine Würfel schneiden.

4. Butter oder Margarine in einem Topf zerlassen. Die Möhrenwürfel darin 2–3 Minuten unter Rühren andünsten. Gefrorene Erbsen hinzugeben und 2–3 Minuten mitdünsten lassen. Mit Salz, Pfeffer und Zucker würzen.

5. Das Ei mit Sahne verschlagen, mit Salz, Pfeffer und Muskat würzen. Gouda fein reiben und mit der Eiersahne verrühren.

6. Den garen Reis mit dem Gemüse vermengen und in eine flache Auflaufform (gefettet) geben. Die Eier-Käse-Sahne darauf verteilen. Die Form auf dem Rost in den vorgeheizten Backofen schieben. Den Reis-Gemüse-Auflauf **etwa 25 Minuten garen.**

Beilage: Eisberg-Camembert-Salat mit Joghurt-Senf-Dressing (2 Portionen). Dafür 1 Esslöffel gehackte Haselnusskerne in einer Pfanne ohne Fett rösten, herausnehmen und auf einem Teller erkalten lassen. Für die Sauce 75 g Joghurt (3,5 % Fett) mit 1 Esslöffel frisch gepresstem Zitronensaft und 1/2–1 Teelöffel mildem Senf verrühren. 1/2–1 Esslöffel Walnussöl unterschlagen. Mit Salz und Pfeffer abschmecken. Für den Salat von 1/2 Kopf Eisbergsalat die äußeren, welken Blätter entfernen. Eisbergsalat in mundgerechte Stücke schneiden, abspülen und trocken tupfen. 1 mittelgroße Möhre putzen, schälen, abspülen, abtropfen lassen, in feine Streifen schneiden. 4 Champignons putzen, evtl. kurz abspülen, trocken tupfen und in Scheiben schneiden. 150 g Camembert halbieren und in Scheiben schneiden. 1/2 Kästchen Kresse abspülen, trocken tupfen und abschneiden. Den Eisbergsalat vorsichtig mit Möhrenstreifen, Champignon- und Käsescheiben vermengen. Joghurt-Senf-Dressing darauf verteilen. Salat mit den Haselnusskernen und der Kresse bestreut servieren.

Rhabarber-Ofenschlupfer

Mit Alkohol

4 Portionen

Pro Portion: E: 20 g, F: 41 g, Kh: 84 g, kJ: 3411, kcal: 815, BE: 7,0

300 g Brioche oder Hefezopf

250 g Rhabarber
120 g Zucker
50 g Rosinen oder Korinthen
5 cl Rum
50 g gehobelte Mandeln
1 Vanilleschote
4 Eier (Größe M)
200 g Schlagsahne
300 ml Milch
½ TL gem. Zimt
1 Prise Salz

Zubereitungszeit: 20 Minuten, ohne Trockenzeit
Backzeit: etwa 20 Minuten

1. Brioche oder Hefezopf in etwa 1 cm große Würfel schneiden und über Nacht (z. B. auf einem Backblech ausgebreitet) trocknen lassen.

2. Rhabarber abziehen, abspülen, abtropfen lassen, Stielenden und Blattansätze entfernen. Die Stangen in kleine Stücke schneiden und in eine Schüssel geben, Zucker untermischen.

3. Die Rosinen oder Korinthen mit Rum in einen Topf geben und kurz aufkochen lassen. Den Topf von der Kochstelle nehmen.

4. Mandeln in einer Pfanne ohne Fett unter Rühren leicht bräunen, herausnehmen und auf einen Teller legen.

5. Die Vanilleschote der Länge nach halbieren und das Mark herauskratzen.

6. Den Backofen vorheizen.
Ober-/Unterhitze: etwa 200 °C
Heißluft: etwa 180 °C
Gleichzeitig eine Fettpfanne etwa 1 cm hoch mit Wasser füllen und im unteren Drittel in den Backofen schieben.

7. Eier mit Sahne und Milch verschlagen. Vanillemark unterrühren. Die Eiersahne mit Zimt und Salz würzen.

8. Die Brioche- oder Hefezopfwürfel, Rhabarberstücke und Rumrosinen oder -korinthen vermischen und in eine Auflaufform (etwa 25 x 30 cm, gefettet, mit Semmelbröseln ausgestreut) füllen. Die Eiersahne gleichmäßig über die vorbereitete Masse gießen.

9. Die Form in das erwärmte Wasser der Fettpfanne stellen und in den vorgeheizten Backofen schieben. Ofenschlupfer **etwa 20 Minuten backen.**

10. Rhabarber-Ofenschlupfer mit den gebräunten Mandeln bestreuen und sofort servieren.

Tipps: Servieren Sie zum Schlupfer eine Vanillesauce. Sollte keine Rhabarberzeit sein, können Sie auch frische Beeren oder Steinobst verwenden.

Ricotta-Spinat-Ravioli mit Daikonkresse I

Würziger Genuss

4 Portionen

Pro Portion: E: 17 g, F: 33 g, Kh: 42 g, kJ: 2258, kcal: 540, BE: 3,5

500 g	*frische Ravioli mit Ricotta-Spinat-Füllung*
	Salz
2	*Fleischtomaten*
20 g	*Butter*
1	*Ei (Größe M)*
150 g	*Schlagsahne*
	gem. Pfeffer
75 g	*ger. Parmesan oder Pecorino*
2 Kästchen	*Daikonkresse*

Zubereitungszeit: 10 Minuten
Backzeit: 25–30 Minuten

1. Ravioli in kochendem Salzwasser nach Packungsanleitung al dente kochen. Ravioli in ein Sieb geben, kurz mit kaltem Wasser abspülen und gut abtropfen lassen. Tomaten abspülen, trocken tupfen, halbieren, entkernen und die Stängelansätze herausschneiden. Tomatenhälften in Würfel schneiden.

2. Den Backofen vorheizen.
Ober-/Unterhitze: etwa 200 °C
Heißluft: etwa 180 °C

3. Ravioli in eine Auflaufform (etwa 20 x 30 cm, mit Olivenöl gefettet) schichten. Dabei jeweils die einzelnen Schichten mit einigen Butterflöckchen belegen.

4. Ei mit Sahne verschlagen. Die Ravioli damit übergießen. Tomatenwürfel darauf verteilen. Mit Salz und Pfeffer würzen, mit Käse bestreuen.

5. Die Form auf dem Rost in den vorgeheizten Backofen schieben. Die Ravioli **25–30 Minuten backen.**

6. In der Zwischenzeit Daikonkresse abspülen, trocken tupfen und abschneiden. Ravioli mit Daikonkresse bestreut servieren.

Tipp: Sie können auch anders gefüllte Ravioli oder Tortellini mit Gemüse- oder Käsefüllung verwenden.

Rigatoni mit Erbsenpesto

Würziger Genuss – einfach

4 Portionen

Pro Portion: E: 31 g, F: 34 g, Kh: 90 g, kJ: 3297, kcal: 788, BE: 7,5

7 EL Olivenöl
75 g Pinienkerne
2 Knoblauchzehen
Salz
450 g TK-Erbsen
6 Stängel Basilikum
grob gem., schwarzer Pfeffer
50 g getrocknete Tomaten
100 ml Wasser
50 g Rucola (Rauke)
4 l Wasser
4 gestr. TL Salz
400 g Rigatoni (ital. Röhrennudeln)
60 g fein ger. Parmesan

Zubereitungszeit: 35 Minuten

1. Einen Esslöffel Olivenöl in einer Pfanne erhitzen. Die Pinienkerne darin unter Rühren goldbraun rösten. Den Knoblauch abziehen, durch eine Knoblauchpresse drücken und unter die Pinienkerne rühren.

2. Salzwasser in einem Topf zum Kochen bringen. Die gefrorenen Erbsen hinzugeben, wieder zum Kochen bringen und etwa 3 Minuten bei starker Hitze kochen lassen. Anschließend die Erbsen kurz in Eiswasser abschrecken und in einem Sieb gut abtropfen lassen.

3. Basilikum abspülen und trocken tupfen. Von 4 Stängeln die Blättchen von den Stängeln zupfen. Restliche Basilikumstängel beiseitelegen.

4. Die Erbsen mit den Basilikumblättchen, Pinienkernen und dem restlichen Olivenöl in eine Küchenmaschine mit Schneidmesser geben und grob pürieren. Oder mit einem Pürierstab grob pürieren. Püree mit Salz und grob gemahlenem Pfeffer würzen.

5. Tomaten in kleine Stücke schneiden, mit Wasser in einem kleinen Topf zum Kochen bringen und bei mittlerer Hitze einkochen lassen, bis fast keine Flüssigkeit mehr vorhanden ist.

6. Rucola putzen, abspülen, trocken tupfen und die groben Stiele abschneiden.

7. Das Wasser in einem großen Topf zugedeckt zum Kochen bringen. Dann Salz und Nudeln hinzugeben. Die Nudeln im geöffneten Topf bei mittlerer Hitze nach Packungsanleitung kochen lassen, dabei gelegentlich umrühren. Anschließend die Nudeln in ein Sieb geben, mit heißem Wasser abspülen und abtropfen lassen.

8. Von den beiseitegelegten Basilikumstängeln die Blättchen abzupfen. Blättchen grob zerschneiden.

9. Die Nudeln mit dem Erbsenpesto mischen und sofort in vorgewärmten Tellern anrichten. Mit Basilikum, Rucola und Parmesan bestreuen und sofort servieren.

Ringelblumenpesto | Schnell

350–400 ml

Insgesamt: E: 18 g, F: 229 g, Kh: 17 g, kJ: 9082, kcal: 2169, BE: 1,5

1	*Knoblauchzehe*
	Blütenblätter von
15–20	*Ringelblumen*
3 EL	*geröstete Cashewkerne*
	Saft von
½	*Zitrone*
200 ml	*Olivenöl*
30 g	*ger. Parmesan*
	Salz, gem. Pfeffer
1 Prise	*Zucker*

Zubereitungszeit: 10 Minuten

1. Knoblauch abziehen und durch eine Knoblauchpresse drücken. Die Ringelblütenblätter vorsichtig abspülen und trocken tupfen. Knoblauch, Blütenblätter, Cashewkerne, Zitronensaft und Olivenöl in einen hohen Rührbecher geben und mit einem Pürierstab fein pürieren.

2. Parmesan unterheben (nicht mehr pürieren). Pesto mit Salz, Pfeffer und Zucker abschmecken. Falls das Pesto nicht die gewünschte Konsistenz hat, noch etwas Olivenöl unterrühren.

Tipp: Ringelblumenpesto passt sehr gut zu grünen Nudeln.

Römersalat mit Zucchini und gebratenen Mozzarella-Streifen

Würziger Genuss

2 Portionen

Pro Portion: E: 25 g, F: 73 g, Kh: 19 g, kJ: 3472, kcal: 833, BE: 1,5

Für den Salat:

250 g Zucchini
Salz
75 g Staudensellerie
1 rote Paprikaschote
½ Kopf Römersalat
1–2 EL Olivenöl
gem. Pfeffer
gem. Kreuzkümmel (Cumin)

Für die Sauce:

2 EL Rotweinessig
3–4 EL Olivenöl

Für die Mozzarella-Sticks:

125 g Mozzarella
1 Eiweiß (Größe M)
1 geh. EL Weizenmehl
je 25 g helle und dunkle Sesamsamen
3 EL Speiseöl

Zubereitungszeit: 30 Minuten

1. Für den Salat Zucchini abspülen, abtropfen lassen und die Enden abschneiden. Die Zucchini in Scheiben schneiden. Zucchinischeiben mit etwa ½ Teelöffel Salz bestreuen und etwa 10 Minuten ziehen lassen.

2. In der Zwischenzeit Staudensellerie putzen und die harten Außenfäden abziehen. Den Sellerie abspülen, abtropfen lassen und in Scheiben schneiden. Paprikaschote halbieren, entstielen, entkernen und die weißen Scheidewände entfernen. Schotenhälften abspülen, abtropfen lassen und in Streifen schneiden. Von dem Römersalat die äußeren, welken Blätter entfernen. Salat halbieren und den Strunk herausschneiden. Salathälften abspülen, trocken tupfen und in breite Streifen schneiden.

3. Zucchinischeiben trocken tupfen. Olivenöl in einer großen Pfanne erhitzen. Zucchinischeiben darin unter gelegentlichem Wenden anbraten. Paprikastreifen hinzugeben und kurz mit andünsten. Zucchinischeiben, Paprikastreifen und Staudenselleriescheiben in eine Schüssel geben, mit Pfeffer und etwas Kreuzkümmel (Cumin) würzen.

4. Für die Sauce Essig mit Salz und Pfeffer verrühren. Olivenöl unterschlagen. Das vorbereitete Gemüse mit der Sauce vermengen.

5. Für die Mozzarella-Sticks Mozzarella abtropfen lassen und in dicke Streifen schneiden. Eiweiß mit Salz verschlagen. Mehl, helle und dunkle Sesamsamen jeweils getrennt in einen tiefen Teller geben. Mozzarella-Streifen in Mehl wenden, durch das verschlagene Eiweiß ziehen und zuletzt in dem hellen oder dunklen Sesam wenden. Die Panade leicht andrücken.

6. Speiseöl in einer großen Pfanne erhitzen. Die Mozzarella-Streifen darin etwa 2 Minuten von jeder Seite bei mittlerer Hitze braten. Mozzarella-Streifen aus der Pfanne nehmen und auf Küchenpapier abtropfen lassen. Römersalatstreifen mit dem Salat in der Schüssel vermischen und auf Tellern anrichten. Die Mozzarella-Sticks darauf verteilen.

Rösti mit Pfefferbirne, Blauschimmel-Käse und Feldsalat I

Raffiniert

4 Portionen

Pro Portion: E: 16 g, F: 66 g, Kh: 41 g, kJ: 3422, kcal: 818, BE: 3,5

40 g Walnusskerne
160 g Feldsalat
4 EL Rotweinessig
2 EL Walnussöl
14 EL Sonnenblumenöl (140 ml)
8 EL Gemüsebrühe
Salz
gem., schwarzer Pfeffer
1 TL Zucker
600 g festkochende Kartoffeln
ger. Muskatnuss
2 reife Williams-Christ-Birnen (je etwa 250 g)
20 g Butter
2 EL flüssiger Honig
200 g Blauschimmel-Käse

Zubereitungszeit: 50 Minuten

1. Die Walnusskerne grob hacken und in einer Pfanne ohne Fett unter Wenden goldbraun rösten.

2. Feldsalat putzen, abspülen und trocken tupfen oder schleudern. Essig mit Walnussöl, 2 Esslöffeln Sonnenblumenöl, Gemüsebrühe, Salz, Pfeffer und Zucker verrühren.

3. Den Backofen vorheizen.
Ober-/Unterhitze: etwa 80 °C

4. Kartoffeln schälen, abspülen, abtropfen lassen und in feine Streifen schneiden oder hobeln. Die Kartoffeln mit Salz und Muskat würzen.

5. Aus der Kartoffelmasse 4 Rösti backen. Für jede Rösti 2 Esslöffel Sonnenblumenöl in einer Pfanne (Ø 20 cm) erhitzen. Ein Viertel der Kartoffelmasse in der Pfanne verteilen. Den Rand mit einem Esslöffel nachformen.

6. Die Rösti von jeder Seite bei mittlerer Hitze goldbraun und knusprig braten. Dabei nach dem Wenden nochmals 1 Esslöffel Sonnenblumenöl hinzugeben.

7. Die fertigen Rösti auf ein Backblech (mit Backpapier gelegt) legen. Das Backblech in den vorgeheizten Backofen schieben, die Rösti warm halten.

8. Die Birnen schälen, längs halbieren, entkernen und die Stängelansätze entfernen. Die Birnenhälften in je 3 Spalten schneiden.

9. Butter in einer Pfanne zerlassen. Die Birnenspalten darin bei starker Hitze von allen Seiten leicht braun anbraten und mit reichlich grob gemahlenem Pfeffer würzen. Den Honig hinzugeben, Birnenspalten kurz glasieren.

10. In der Zwischenzeit Feldsalat mit der Vinaigrette vermischen.

11. Die Rösti auf vorgewärmten Tellern anrichten. Den Käse in 8 dünne Scheiben schneiden und mit den warmen Birnenspalten darauf verteilen.

12. Den Feldsalat mit Walnusskernen bestreuen und dazu servieren.

Rote Linsensuppe I

Etwas Besonderes

VEGAN

10 Portionen

Pro Portion: E: 8 g, F: 14 g, Kh: 15 g, kJ: 896, kcal: 214, BE: 1,0

1 Bund Suppengrün (Sellerie, Möhren, Porree)
2 Zwiebeln
3 EL Speiseöl
je 1 TL Kreuzkümmel, Koriander, Ingwer (alles gem.)
3 l Gemüsebrühe
Salz, Zucker
200 g rote Linsen
400 ml Kokosmilch
10 Kaffirblätter (Limettenblätter)
3 EL Sesamöl

Zubereitungszeit: 30 Minuten
Garzeit: etwa 30 Minuten

1. Das Suppengrün putzen, schälen, abspülen, abtropfen lassen und in kleine Stücke schneiden. Die Zwiebeln abziehen und in grobe Würfel schneiden.

2. Das Speiseöl in einem großen Topf erhitzen. Die Gewürze hinzugeben und unter Rühren aufschäumen lassen. Das vorbereitete Suppengrün und die Zwiebelwürfel hinzugeben, unter Rühren andünsten.

3. Die Gemüsebrühe hinzugießen und zum Kochen bringen. Mit Salz und 1 Prise Zucker würzen. Das Gemüse in etwa 20 Minuten bei schwacher Hitze weich kochen.

4. Die Hälfte der roten Linsen und Kokosmilch hinzugeben, wieder zum Kochen bringen und weitere etwa 10 Minuten kochen lassen. Den Topf von der Kochstelle nehmen. Die Suppe mit einem Pürierstab fein pürieren.

5. Wasser in einem Topf zum Kochen bringen. Die restlichen roten Linsen darin etwa 2 Minuten bissfest kochen. Linsen in ein Sieb geben, mit kaltem Wasser abspülen, abtropfen lassen und in die Suppe geben.

6. Die Kaffirblätter abspülen, trocken tupfen und in die Suppe geben. Mit Salz und 1 Prise Zucker abschmecken. Suppe evtl. nochmals kurz erwärmen.

7. Die Suppe mit Sesamöl beträufeln und servieren.

Roter Frischkäse-Pesto-Aufstrich mit Basilikum I

Beliebt – schnell

etwa 500 g

Insgesamt: E: 46 g, F: 142 g, Kh: 24 g, kJ: 6480, kcal: 1558, BE: 1,5

30 g Pinienkerne
50 g getrocknete Tomaten, in Öl
½ Bund Basilikum
200 g Doppelrahm-Frischkäse
200 g Ziegenfrischkäse, z. B. Chavroux
etwa 50 g rotes Pesto (aus dem Glas)
Salz
gem. Pfeffer

Zubereitungszeit: 30 Minuten, ohne Abkühlzeit
Haltbarkeit: im Kühlschrank 3–4 Tage

1. Pinienkerne in einer Pfanne ohne Fett unter Rühren goldbraun rösten und auf einem Teller erkalten lassen.

2. Die Tomaten in einem Sieb abtropfen lassen und in kleine Stücke schneiden.

3. Basilikum abspülen und trocken tupfen. Die Blättchen von den Stängeln zupfen. Die Blättchen in feine Streifen schneiden. Pinienkerne fein hacken.

4. Beide Frischkäsesorten mit dem Pesto glatt rühren. Die Pinienkerne, Tomatenstücke und Basilikumstreifen unterrühren. Mit Salz und Pfeffer würzen.

5. Frischkäse-Pesto-Aufstrich in ein verschließbares Gefäß füllen und in den Kühlschrank stellen.

Beilage: Ofenfrisches Baguette.

Tipp: Servieren Sie den Frischkäse-Pesto-Aufstrich mit Pinienkernen und Basilikumblättchen bestreut.

Rucola-Nuss-Aufstrich I

Würziger Genuss

etwa 375 g

Insgesamt: E: 31 g, F: 106 g, Kh: 12 g, kJ: 4659, kcal: 1113, BE: 1,0

125 g Rucola (Rauke)
2 EL Olivenöl
200 g Doppelrahm-Frischkäse
Salz
gem. Pfeffer
1 Prise Zucker
1 EL geröstete, gehackte Walnusskerne
1 EL ger. Parmesan
1–2 EL abgetropfte, schwarze Oliven, mit Stein (aus dem Glas)

Zubereitungszeit: 10 Minuten
Haltbarkeit: im Kühlschrank 2–3 Tage

1. Rucola verlesen und die dicken Stiele abschneiden. Rucola abspülen, gut abtropfen lassen oder trocken schleudern und etwas kleiner zupfen.

2. Rucola mit Olivenöl in einem Mixer oder Universalzerkleinerer zu einer Paste verarbeiten. Die Paste mit Frischkäse verrühren, mit Salz, Pfeffer und Zucker abschmecken. Walnusskerne und Parmesan unterrühren.

3. Oliven entsteinen, grob hacken und ebenfalls unterrühren. Den Aufstrich in ein verschließbares Gefäß füllen und in den Kühlschrank stellen.

Beilage: Mehrkorn- oder Roggenmischbrot, Stangenweißbrot oder Bagels.

Tipps: Die Brotscheiben in einer Pfanne in erhitztem Olivenöl von beiden Seiten anrösten und mit einer abgezogenen Knoblauchzehe einreiben. Zum Servieren den Aufstrich mit Rucola und Nusskernen garnieren.

Sahneeis mit Tannenhonig und Thymian I

Erfrischend

4 Portionen

Pro Portion: E: 14 g, F: 57 g, Kh: 33 g, kJ: 2921, kcal: 698, BE: 2,5

2 EL frische Thymianspitzen (nach Möglichkeit frisch getriebene Spitzen)
8 Eigelb (Größe M)
500 ml Milch
500 g Schlagsahne
6 EL flüssiger Tannenhonig

Zubereitungszeit: 25 Minuten, ohne Gefrierzeit

1. Thymian abspülen und trocken tupfen. Eigelb mit Milch, Sahne, Honig und Thymian in einer Edelstahlschüssel verschlagen. Die Zutaten im heißen Wasserbad (85–90 °C) mit einem Schneebesen etwa 5 Minuten zu einer dick-schaumigen Masse aufschlagen.

2. Die Eigelbmasse unter Rühren etwas abkühlen lassen, in den Rührbecher einer Eismaschine geben und etwa 45 Minuten unter Rühren frosten lassen.

3. Oder den Topf mit der Eigelbmasse in den Gefrierschrank stellen und alle 15 Minuten umrühren, bis die Masse cremig geworden ist. Das Eis etwa 2 Stunden gefrieren lassen.

Beilage: Karamellisierte Rhabarberscheiben oder frische Beerenfrüchte, z. B. Himbeeren, Brombeeren, Heidelbeeren.

Tipp: Anstelle von frischen Thymianspitzen können Sie auch sehr gut Zitronenthymian oder Lavendelblüten verwenden.

Salat aus gebackener Roter Bete mit Heidelbeeren und Mohn-Käse I

Raffiniert

4 Portionen

Pro Portion: E: 13 g, F: 32 g, Kh: 20 g, kJ: 1776, kcal: 425, BE: 1,5

125 g Heidelbeeren
4 EL Balsamico-Essig
700 g kleine Rote Bete (je etwa 60 g)
1 Zwiebel (etwa 50 g)
3 Stängel Thymian
7 EL Olivenöl
½ TL gem. Zimt
150 ml Möhrensaft
Salz, Cayennepfeffer
2 EL Quittengelee
2 EL Mohnsamen, ganz
150 g Rucola (Rauke)
200 g Brie-Käse

Zubereitungszeit: 45 Minuten, ohne Marinierzeit
Garzeit: etwa 60 Minuten

1. Die Heidelbeeren verlesen, abspülen, abtropfen lassen, in einer Rührschüssel mit Balsamico-Essig mischen und mindestens 3 Stunden marinieren.

2. Den Backofen vorheizen.
Ober-/Unterhitze: etwa 180 °C
Heißluft: etwa 160 °C

3. Rote Bete gründlich waschen, abtropfen lassen, schälen und jeweils der Länge nach halbieren (evtl. mit Haushaltshandschuhen arbeiten, da Rote Bete stark färbt).

4. Zwiebel abziehen und in kleine Würfel schneiden. Thymian abspülen und trocken tupfen. Die Rote-Bete-Hälften mit den Zwiebelwürfeln in eine kleine Auflaufform geben. 3 Esslöffel Olivenöl, Zimt, Möhrensaft, Salz, Cayennepfeffer, Thymianstängel und Quittengelee hinzugeben. Die Zutaten gut vermischen. Die Form ganz fest mit Alufolie verschließen und für den Dampfabzug 3–4 kleine Löcher in die Oberfläche stechen.

5. Form auf dem Rost in den vorgeheizten Backofen (unteres Drittel) schieben. Rote Bete **etwa 60 Minuten garen.**

6. Die Form auf einen Rost stellen. Rote Bete in dem Schmorfond lauwarm abkühlen lassen.

7. Mohnsamen in einer Pfanne ohne Fett unter Wenden leicht rösten, herausnehmen und auf einem Teller erkalten lassen.

8. Den Rucola putzen, abspülen, trocken tupfen oder schleudern. Die dicken Stiele entfernen.

9. Die Heidelbeeren in einem Sieb abtropfen lassen, die Balsamico-Flüssigkeit dabei auffangen. Rote Bete ebenfalls in ein Sieb geben, abtropfen lassen, den Schmorfond dabei auffangen und 50 ml Fond abmessen.

10. Die Balsamico-Flüssigkeit mit dem Schmorfond verrühren. Restliches Olivenöl unterschlagen, evtl. mit Salz abschmecken.

11. Den Käse in etwa 3 cm lange Stücke schneiden und in dem Mohn wenden.

12. Rucola mit der Roten Bete und den Heidelbeeren auf Tellern anrichten und mit der Vinaigrette beträufeln. Den Brie darauf verteilen und servieren.

Tipp: Zu dem Salat Walnussbrot reichen. Wer keine kleinen Roten Bete bekommt, kann auch größere verwenden. Diese dann in etwa 3 cm dicke Spalten schneiden.

Salat von frischen Wildkräutern

Für Gäste

4 Portionen

VEGAN

Pro Portion: E: 7 g, F: 24 g, Kh: 10 g, kJ: 1191, kcal: 285, BE: 0,0

200 g	*Rucola (Rauke)*
2	*Kopfsalate (etwa 300 g, nur die gelblich-grünen Herzen)*
100 g	*weiß blühende Vogelmiere*
1 Bund	*Wasserkresse (etwa 200 g)*
1 Bund	*Kapuzinerkresse (etwa 50 g)*
100 g	*Taubnessel*
500 g	*weißer oder grüner Spargel*
	Salz
2–3	*Cocktailtomaten*

Für die Salatsauce:

2	*Knoblauchzehen*
1 Bund	*Kerbel*
5 EL	*weißer Balsamico-Essig*
	gem., bunter Pfeffer
8–10 EL	*Olivenöl*
1 Pck.	*gemischte Kräuterblüten, z. B. Stiefmütterchen, Gänseblumen und Kapuzinerkresse*

Zubereitungszeit: 60 Minuten

1. Den Rucola und Kopfsalat putzen. Von dem Rucola die Stiele abschneiden und von den Kopfsalaten die äußeren Blätter entfernen. Salate abspülen, trocken tupfen und grob zerkleinern. Vogelmiere, Kresse und Taubnessel putzen (bei der Vogelmiere zusätzlich die Fäden an den Stängeln entfernen), abspülen, trocken tupfen und ebenfalls grob zerkleinern.

2. Den weißen Spargel von oben nach unten schälen. Darauf achten, dass die Schalen vollständig entfernt, die Köpfe aber nicht verletzt werden. Die unteren Enden abschneiden (holzige Stellen vollkommen entfernen). Oder von dem grünen Spargel das untere Drittel schälen und die unteren Enden abschneiden.

3. Spargelstangen in mundgerechte Stücke schneiden, abspülen, abtropfen lassen und in kochendem Salzwasser 8–10 Minuten garen. Spargelstücke in einem Sieb abtropfen lassen. Tomaten abspülen, abtrocknen, halbieren und evtl. die Stängelansätze entfernen.

4. Für die Sauce Knoblauch abziehen, in kleine Würfel schneiden oder durch eine Knoblauchpresse drücken. Kerbel abspülen und trocken tupfen. Die Blättchen von den Stängeln zupfen. Blättchen grob zerschneiden (etwas Kerbel zum Garnieren beiseitelegen).

5. Essig mit Knoblauch, Salz und Pfeffer verrühren, Olivenöl unterschlagen. Die Marinade mit den vorbereiteten Salatzutaten mischen und etwas durchziehen lassen. Salat nochmals mischen und anrichten.

6. Die Kräuterblüten vorsichtig abspülen und trocken tupfen. Den Salat mit Kräuterblüten und dem beiseitegelegten Kerbel garnieren.

Salattorte mit Schafskäse I

Gut vorzubereiten

12 Portionen

Pro Portion: E: 12 g, F: 16 g, Kh: 13 g, kJ: 1024, kcal: 245, BE: 0,5

3 Mini-Romana-Salate (je etwa 150 g)
2 Zucchini (etwa 400 g)
½ Bund Basilikum
500 g Tomaten
2 Bund Frühlingszwiebeln
etwa 300 g abgetropfte, extra kleine, geröstete Paprikaschoten (aus dem Glas)
5 hart gekochte Eier
300 g Möhren
70 g Rucola (Rauke)
400 g Schafskäse

Für die Salatsauce:

400 g Zaziki (aus dem Kühlregal)
250 g Joghurt (10 % Fett)
Salz, gem. Pfeffer
¼ TL Paprikapulver rosenscharf

Zum Garnieren:

8 Cocktailtomaten
16 Scheiben Salatgurke
½ Bund Schnittlauch

Zubereitungszeit: 50 Minuten, ohne Durchziehzeit

1. Romana-Salate putzen, halbieren, abspülen, trocken tupfen und in grobe Streifen schneiden. Zucchini abspülen, abtrocknen und die Enden abschneiden. Die Zucchini in dünne Scheiben schneiden. Das Basilikum abspülen und trocken tupfen. Blättchen von den Stängeln zupfen. Tomaten abspülen, trocken tupfen, halbieren und die Stängelansätze herausschneiden. Die Tomatenhälften in dünne Scheiben schneiden. Frühlingszwiebeln putzen, abspülen, abtropfen lassen und in feine Scheiben schneiden.

2. Paprikaschoten der Länge nach aufschneiden, aufklappen und entkernen. Schoten trocken tupfen und in Streifen schneiden. Eier pellen und in dünne Scheiben schneiden. Möhren putzen, schälen, abspülen, abtropfen lassen und fein raspeln. Rucola verlesen und die Stängel abschneiden. Rucolablätter abspülen, trocken tupfen, klein schneiden. Schafskäse zerbröseln.

3. Nacheinander Romana-Salat, Zucchinischeiben, Basilikum, Tomaten-, Frühlingszwiebelscheiben, Paprikastreifen, Eierscheiben, Möhrenraspel, Rucola und Schafskäse in eine Springform (Ø 28 cm, mit Backpapier belegt) schichten, dabei jede Lage etwas andrücken. Salattorte mit Frischhaltefolie zugedeckt im Kühlschrank 12–24 Stunden durchziehen lassen.

4. Für die Salatsauce Zaziki mit Joghurt verrühren. Mit Salz, Pfeffer und Paprika würzen.

5. Den Springformrand vorsichtig lösen. Die Torte mit dem Backpapier auf eine Platte ziehen. Das Backpapier mit einer Schere rundherum abschneiden.

6. Zum Garnieren die Tomaten abspülen, abtrocknen, halbieren und die Stängelansätze herausschneiden. Die Gurkenscheiben gleichmäßig auf dem Tortenoberflächenrand verteilen. Jeweils eine Tomatenhälfte auf die Gurkenscheiben legen. Schnittlauch abspülen und trocken tupfen. Die Tortenoberfläche mit den Schnittlauchhalmen garnieren.

7. Die Salattorte mit einem elektrischen Messer oder Sägemesser in Tortenstücke schneiden. Die Salatsauce zu der Salattorte reichen.

Salicorne als Gemüse mit Petersilie I

VEGAN

Schnell – exotisch

4 Portionen

Pro Portion: E: 5 g, F: 7 g, Kh: 2 g, kJ: 376, kcal: 90, BE: 0,0

400 g Salicorne
2 Schalotten oder 1 kleine Zwiebel
1 Bund Petersilie
3 EL Speiseöl
gem. Pfeffer

Zubereitungszeit: 10 Minuten

1. Salicorne putzen, unter fließendem kalten Wasser abspülen, abtropfen lassen und in kochendem Wasser etwa 10 Sekunden blanchieren. Salicorne mit einer Schaumkelle herausnehmen und sofort in Eiswasser abschrecken, in einem Sieb abtropfen lassen.

2. Die Schalotten oder Zwiebel abziehen und in sehr kleine Würfel schneiden. Petersilie abspülen und trocken tupfen. Die Blättchen von den Stängeln zupfen. Blättchen klein schneiden.

3. Das Öl in einer Pfanne zerlassen. Schalotten- oder Zwiebelwürfel darin kurz andünsten. Salicorne und Petersilie hinzugeben, kurz durchschwenken. Mit Pfeffer abschmecken.

Sauerkraut-Feigen-Salat I

Fruchtig – schnell

6 Portionen

Pro Portion: E: 4 g, F: 11 g, Kh: 26 g, kJ: 981, kcal: 235, BE: 2,0

600 g Sauerkraut
150 g getrocknete Feigen
250 g Ananasfruchtfleisch
200 g Schlagsahne
1–2 EL flüssiger Honig
gem. Zimt
gem. Gewürznelken
½ TL Dr. Oetker Finesse Geriebene Zitronenschale

Zubereitungszeit: 30 Minuten

1. Das Sauerkraut mit einer Gabel auseinanderzupfen und in eine große Schüssel geben. Von den Feigen die Stiele entfernen. Feigen in dünne Scheiben schneiden. Ananasfruchtfleisch in kleine Stücke schneiden.

2. Sahne halb steif schlagen. Mit Honig, Zimt, Nelken und Zitronenschale würzen. Die Sahnesauce mit den Salatzutaten vermengen. Den Salat nochmals mit den Gewürzen abschmecken und sofort servieren.

Tipps: Statt der frischen Ananas (aus dem Kühlregal) können Sie auch 500 g abgetropfte Ananasstücke (aus der Dose) verwenden. Oder ersetzen Sie die Hälfte des Ananasfruchtfleisches durch Orangenfruchtfleisch. Dafür 3–4 Orangen filetieren. Die Salatzutaten in Portionsschälchen füllen und die Sahnesauce darauf verteilen. Den Salat mit gemahlenem Zimt bestäuben.

Schafskäse-Bärlauch-Aufstrich I

Schnell

etwa 550 g

Insgesamt: E: 38 g, F: 193 g, Kh: 12 g, kJ: 8012, kcal: 1925, BE: 0,5

1 Bund Bärlauch (etwa 100 g)
150 g Schafskäse
200 g Doppelrahm-Frischkäse
100 ml Olivenöl
2 EL Milch
Salz

Zubereitungszeit: 20 Minuten
Haltbarkeit: gekühlt 3–4 Tage

1. Bärlauch verlesen und evtl. dickere Stiele entfernen. Bärlauch abspülen, abtropfen lassen und fein schneiden bzw. mit einem Zerkleinerer fein hacken.

2. Den Schafskäse in kleine Stücke schneiden, mit Frischkäse, Olivenöl und Milch verrühren. Bärlauch unterrühren. Die Zutaten pürieren, evtl. mit Salz abschmecken.

3. Den Aufstrich in 2 gründlich gereinigte, gespülte und getrocknete Gläser füllen, mit einem Deckel fest verschließen und in den Kühlschrank stellen.

Beilage: Haferflocken-Vollkornbrot.

Tipp: ½ gewürfelte, rote Paprikaschote zum Garnieren bereitlegen.

Scharfer Kürbissalat mit Harissa und Minze

Raffiniert – für Gäste

4 Portionen

Pro Portion: E: 11 g, F: 48 g, Kh: 51 g, kJ: 2859, kcal: 682, BE: 4,0

Für die Vinaigrette:

1 Bio-Orange (unbehandelt, ungewachst)
1 Orange
50 g getrocknete Soft-Feigen
1–2 EL Harissa (Gewürzpaste, ersatzweise Cayennepfeffer)
5 EL flüssiger Honig, z. B. Akazienhonig
200 ml Orangensaft (von den Orangen)
5 EL Zitronensaft
Salz
9 EL Olivenöl

1,2 kg Hokkaido-Kürbis
250–300 ml Wasser

Für den Walnuss-Joghurt:

4 Frühlingszwiebeln (etwa 80 g)
60 g Walnusskerne
6 Stängel Dill
500 g griechischer Sahnejoghurt (10 % Fett)

4 Stängel glatte Petersilie
2 Stängel Minze

Zubereitungszeit: 45 Minuten, ohne Durchziehzeit

1. Für die Vinaigrette die Bio-Orange heiß abwaschen, abtrocknen und ein Achtel der Schale mit einem Zestenreißer abziehen. Beide Orangen halbieren, den Saft auspressen und 200 ml Saft abmessen. Die Feigen in kleine Würfelchen schneiden, mit Harissa, Honig, Orangensaft, -schale, Zitronensaft und Salz verrühren. 6 Esslöffel Olivenöl unterschlagen.

2. Kürbis abspülen, abtropfen lassen, halbieren und die Kerne mit einem Löffel herausschaben. Kürbis

mit der Schale zuerst in etwa 2 cm breite Scheiben, dann in Würfel schneiden. Restliches Olivenöl in einer weiten Pfanne erhitzen. Kürbiswürfel darin bei starker Hitze etwa 4 Minuten von allen Seiten leicht anbraten. Mit Wasser ablöschen und ganz einkochen lassen, bis die Kürbiswürfel gar, aber noch etwas bissfest sind. Die Pfanne von der Kochstelle nehmen. Die Vinaigrette untermischen. Die Pfanne mit einem Deckel verschließen. Die Kürbiswürfel mindestens 30 Minuten durchziehen lassen.

3. Für den Walnuss-Joghurt die Frühlingszwiebeln putzen, abspülen, abtropfen lassen und in feine Scheiben schneiden. Die Walnusskerne grob hacken. Dill abspülen und trocken tupfen. Die Spitzen von den Stängeln zupfen. Spitzen fein schneiden. Joghurt mit Frühlingszwiebelscheiben, Walnusskernen und Dill verrühren, mit Salz würzen.

4. Petersilie und Minze abspülen und trocken tupfen. Die Blättchen von den Stängeln zupfen, Blättchen grob zerschneiden und unter den Kürbissalat mischen. Den Kürbissalat mit dem Walnuss-Joghurt anrichten und servieren.

Schmorgurken mit Feta-Reis-Füllung I

Beliebt

4 Portionen

Pro Portion: E: 17 g, F: 21 g, Kh: 53 g, kJ: 2004, kcal: 478, BE: 4,0

175 g Langkornreis
Salz
200 g Fetakäse
etwa 130 g getrocknete Tomaten, in Öl
6 Stängel Basilikum
gem. Pfeffer
2 mittelgroße Schmorgurken (etwa 800 g)
3 große Fleischtomaten
2 Knoblauchzehen
2 EL Olivenöl
2 EL abgetropfte Kapern (aus dem Glas)
1–2 EL Balsamico-Essig
1 EL flüssiger Honig
1 Prise gem. Piment
100 ml Gemüsebrühe

einige vorbereitete Basilikumstreifen

Zubereitungszeit: 25 Minuten
Garzeit: etwa 40 Minuten

1. Den Langkornreis in kochendem Salzwasser etwa 18 Minuten nach Packungsanleitung quellen lassen.

2. In der Zwischenzeit den Fetakäse in kleine Würfel schneiden. Getrocknete Tomaten abtropfen lassen, dabei das Öl auffangen. 1–2 Esslöffel des Tomatenöls mit den Käsewürfeln mischen.

3. Den gegarten Reis in einem Sieb abtropfen lassen und mit den Käsewürfeln vermischen. Getrocknete Tomaten in feine Streifen schneiden und unterheben.

4. Basilikum abspülen und trocken tupfen. Die Blättchen von den Stängeln zupfen. Blättchen in Streifen schneiden. Die Hälfte der Basilikumstreifen unter die Reis-Käse-Masse heben. Mit Pfeffer würzen.

5. Die Schmorgurken schälen und der Länge nach halbieren. Die Kerne mit einem Löffel herausschaben. Die Gurkenhälften in eine große Auflaufform (gefettet) setzen. Die Reis-Käse-Masse darauf verteilen.

6. Den Backofen vorheizen.
Ober-/Unterhitze: etwa 200 °C
Heißluft: etwa 180 °C

7. Tomaten abspülen, trocken tupfen, halbieren und die Stängelansätze herausschneiden. Tomatenhälften grob würfeln. Knoblauch abziehen und in kleine Würfel schneiden.

8. Olivenöl in einer Pfanne erhitzen. Tomaten- und Knoblauchwürfel darin unter Rühren etwa 5 Minuten dünsten. Kapern hinzugeben. Mit Essig, Honig, Salz, Piment und Pfeffer pikant würzen. Restliche Basilikumstreifen unterrühren.

9. Tomatensugo um die Gurkenhälften herum verteilen, die Brühe hinzugießen. Die Form mit Alufolie zudecken und auf dem Rost in den vorgeheizten Backofen schieben. Die Schmorgurken **etwa 40 Minuten garen.**

10. Die Form aus dem Backofen nehmen. Schmorgurken mit dem Tomatensugo auf Tellern anrichten. Die Feta-Reis-Füllung zusätzlich mit Basilikumstreifen bestreuen.

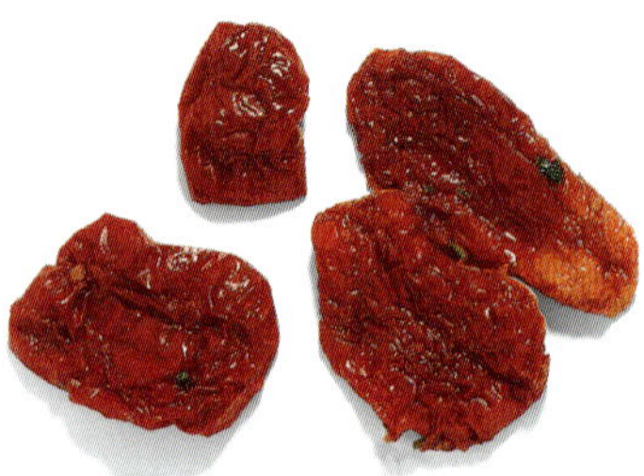

Schnelle Erbsensuppe | Raffiniert

2 Portionen

Pro Portion: E: 14 g, F: 7 g, Kh: 22 g, kJ: 879, kcal: 210, BE: 1,5

300 g	*TK-Erbsen*
1	*kleine Zwiebel*
1 Msp.	*Butter*
etwa 400 ml	*Wasser*
2 TL	*gekörnte Gemüsebrühe*
2 EL	*saure Sahne*
1 Spritzer	*Zitronensaft*
	Salz, gem. Pfeffer
etwas	*Zucker oder flüssiger Honig*
2 TL	*ger. Parmesan*
1 TL	*frisch gehackte Petersilie*

Zubereitungszeit: 15 Minuten, ohne Antauzeit
Garzeit: etwa 5 Minuten

1. TK-Erbsen nach Packungsanleitung antauen lassen. Zwiebel abziehen und in kleine Würfel schneiden.

2. Butter in einem Topf zerlassen. Zwiebelwürfel darin andünsten. Wasser und gekörnte Brühe hinzugeben, aufkochen lassen. Angetaute Erbsen hinzugeben, wieder zum Kochen bringen und zugedeckt etwa 5 Minuten bei mittlerer Hitze kochen lassen. 1 Teelöffel saure Sahne unterrühren. Die Suppe pürieren.

3. Mit Zitronensaft, Salz, Pfeffer und Zucker oder Honig abschmecken. Die Erbsensuppe in Suppentassen oder -tellern anrichten. Mit der restlichen sauren Sahne, Parmesan und Petersilie garnieren.

Schnelles Pfannengemüse mit kaltem Orangen-Couscous

Raffiniert

2 Portionen

Pro Portion: E: 16 g, F: 22 g, Kh: 53 g, kJ: 2036, kcal: 484, BE: 3,5

175 ml	*Orangensaft*
100 g	*Couscous*
1	*gelbe Paprikaschote (etwa 150 g)*
100 g	*Staudensellerie*
2	*rote Zwiebeln (etwa 120 g)*
3 EL	*Olivenöl*
1 Msp.	*getrocknete Chiliflocken*
300 g	*Zucchini*
250 g	*Cocktailtomaten*
4 Zweige	*Zitronenverbene oder 3 Zweige Zitronenthymian*
	Salz
	gem. Pfeffer
evtl. einige Zweige	*Zitronenverbene oder -thymian*
100 g	*griechischer Sahnejoghurt (10 % Fett)*

Zubereitungszeit: 35 Minuten

1. Den Orangensaft leicht erhitzen (nicht kochen) und in eine Schüssel geben. Den Couscous unter Rühren einstreuen und zugedeckt etwa 30 Minuten quellen lassen.

2. In der Zwischenzeit die Paprikaschote vierteln, entstielen, entkernen und die weißen Scheidewände entfernen. Schotenviertel abspülen, trocken tupfen und längs in schmale Streifen schneiden.

3. Staudensellerie putzen und die harten Außenfäden abziehen. Selleriestangen abspülen, abtropfen lassen und in feine Scheiben schneiden. Zwiebeln abziehen, halbieren und in feine Spalten schneiden.

4. Das Olivenöl in einer großen Pfanne oder einem Wok erhitzen. Zwiebelspalten, Selleriescheiben und Paprikastreifen darin unter Rühren andünsten, mit Chiliflocken würzen. Das Gemüse etwa 10 Minuten bei mittlerer Hitze unter Rühren dünsten.

5. Zucchini abspülen, abtrocknen und die Enden abschneiden. Zucchini in Scheiben schneiden. Tomaten abspülen, abtropfen lassen und halbieren. Zitronenverbene oder -thymian abspülen und trocken tupfen. Die Blättchen von den Stängeln zupfen. Zitronenverbeneblättchen evtl. kleiner schneiden.

6. Tomatenhälften, Zucchinischeiben und Kräuter zu dem Gemüse in die Pfanne oder den Wok geben und etwa 3 Minuten mitdünsten lassen.

7. Orangen-Couscous mit Salz abschmecken. Das Gemüse mit Salz und Pfeffer abschmecken und anrichten. Nach Belieben mit abgespülten und trocken getupften Verbene- oder Thymianzweigen garnieren. Orangen-Couscous und Joghurt zum Pfannengemüse servieren.

Selleriepesto | Raffiniert

etwa 300 ml

Insgesamt: E: 26 g, F: 137 g, Kh: 8 g, kJ: 5681, kcal: 1357, BE: 0,5

40 g	*Pinienkerne*
10–12 Blättchen	*Selleriegrün*
2–3	*Knoblauchzehen*
100 ml	*Olivenöl*
	gem. Pfeffer
1 Prise	*Zucker*
	Saft von
½	*Zitrone*
50 g	*ger. Parmesan*
evtl.	*Salz*

Zubereitungszeit: 20 Minuten, ohne Abkühlzeit

1. Pinienkerne in einer Pfanne ohne Fett unter Rühren goldbraun rösten, herausnehmen, auf einen Teller geben und abkühlen lassen.

2. Sellerieblättchen abspülen, trocken tupfen und grob zerkleinern. Knoblauch abziehen.

3. Olivenöl, Sellerieblättchen, Knoblauch, Pinienkerne, Pfeffer, Zucker und Zitronensaft in einen Rührbecher geben und mit einem Pürierstab zu einer cremigen Masse pürieren. Parmesan unterrühren (nicht mehr pürieren). Evtl. mit Salz abschmecken.

Tipp: Der intensive Geschmack vom Selleriepesto verträgt sich gut mit Pasta oder Gnocchi.

Sellerie-Topinambur-Suppe mit Belugalinsen

Mit Alkohol

4 Portionen

Pro Portion: E: 13 g, F: 29 g, Kh: 21 g, kJ: 1752, kcal: 419, BE: 1,5

100 g Belugalinsen
300 g Knollensellerie
300 g Topinambur
3 Schalotten
4 Stängel Thymian
30 g Butter
150 ml Weißwein
700 ml Gemüsebrühe
225 g Schlagsahne
Salz
gem., schwarzer Pfeffer
50 g Feldsalat
25 g Rauchmandeln

Zubereitungszeit: 25 Minuten, ohne Einweichzeit
Garzeit: etwa 20 Minuten

1. Die Linsen in einer Schüssel mit kaltem Wasser übergießen, sodass sie ganz bedeckt sind. Linsen über Nacht einweichen.

2. Am nächsten Tag die Linsen in ein Sieb geben, mit kaltem Wasser abspülen und abtropfen lassen und ohne Deckel 8–10 Minuten garen. Die garen Linsen in ein Sieb geben, mit kaltem Wasser abschrecken und gut abtropfen lassen.

3. Sellerie und Topinambur putzen, schälen, abspülen, abtropfen lassen und in etwa 2 cm große Würfel schneiden. Die Schalotten abziehen und fein würfeln. Thymian abspülen und trocken tupfen.

4. Butter in einem Topf zerlassen. Sellerie-, Topinambur- und Schalottenwürfel darin unter Rühren kräftig andünsten. Mit Weißwein ablöschen und auf die Hälfte einkochen. Brühe, 125 g Sahne und Thymianstängel hinzugeben. Mit Salz und Pfeffer würzen. Die Zutaten zum Kochen bringen und ohne Deckel etwa 20 Minuten bei schwacher Hitze kochen lassen.

5. Feldsalat putzen, in einzelne Blätter teilen und die Stiele abschneiden. Salatblätter abspülen und gut abtropfen lassen. Die Mandeln klein hacken.

6. Die Suppe mit einem Pürierstab sehr fein pürieren. Die Linsen hinzugeben und langsam erhitzen. Restliche Sahne halb steif schlagen.

7. Die Feldsalatblätter in die heiße Suppe geben und kurz zusammenfallen lassen. Die geschlagene Sahne unterziehen. Die Suppe in vorgewärmten Tellern anrichten und mit den Mandeln bestreuen.

Tipp: Zu der Suppe geröstetes Graubrot reichen.

Sommerliche Paprika-Auberginen-Pie

Mit Alkohol

4–6 Portionen

Pro Portion: E: 23 g, F: 47 g, Kh: 90 g, kJ: 3747, kcal: 895, BE: 7,5

Für den Teig:

325 g	*Weizenmehl*
100 g	*Maismehl*
1/2 gestr. TL	*Salz*
1 TL	*Zucker*
125 g	*kalte Butter*
175 ml	*gut gekühlte Buttermilch*
700 g	*Auberginen*
450 g	*rote Paprikaschoten*
125 g	*Zwiebeln*
2	*Knoblauchzehen*
6 EL	*Olivenöl*
1 TL	*Fenchelsamen*
125 ml	*trockener Weißwein*
2 Stängel	*Rosmarin*
etwa 20	*schwarze Oliven, mit Stein, z. B. Kalamata*
	Salz
	gem., schwarzer Pfeffer
200 g	*Cocktailtomaten*
125 g	*Parmesan (am Stück)*
100 g	*Semmelbrösel*
10	*schöne Basilikumblättchen*

Zubereitungszeit: 65 Minuten, ohne Kühlzeit
Backzeit: 35–40 Minuten

1. Für den Teig Mehl, Maismehl, Salz und Zucker in einer Rührschüssel mischen. Butter in kleinen Würfeln hinzugeben und mit den Händen krümelig untermischen (nicht kneten). Buttermilch schnell untermengen. Die Zutaten kurz geschmeidig kneten. Teig flach drücken, in Frischhaltefolie wickeln und 3–4 Stunden in den Kühlschrank stellen.

2. Auberginen putzen, abspülen, abtrocknen und die Stängelansätze abschneiden. Auberginen in etwa 2 cm große Würfel schneiden.

3. Die Paprikaschoten halbieren, entstielen, entkernen und die weißen Scheidewände entfernen. Schoten abspülen, abtropfen lassen und ebenfalls in etwa 2 cm große Stücke schneiden.

4. Zwiebeln und Knoblauch abziehen. Zwiebeln in kleine Würfel, Knoblauchzehen in dünne Scheiben schneiden.

5. Olivenöl in einem weiten Topf erhitzen. Auberginenwürfel, Paprikastücke, Zwiebelwürfel, Knoblauchscheiben und Fenchelsamen darin kräftig andünsten. Mit Wein ablöschen und ganz einkochen lassen.

6. Rosmarin abspülen und trocken tupfen. Die Nadeln von den Stängeln zupfen. Nadeln fein hacken und unter das Auberginen-Paprika-Gemüse geben. Oliven vom Stein schneiden und untermischen. Mit Salz und Pfeffer würzen.

7. Tomaten abspülen, trocken tupfen, halbieren und evtl. die Stängelabsätze herausschneiden. Parmesan grob reiben.

8. Teig auf einer bemehlten Arbeitsfläche zu einem Oval (etwa 48 x 35 cm) ausrollen und vorsichtig auf ein Backblech (30 x 40 cm, mit Backpapier belegt) legen, dabei die Teigränder überhängen lassen.

9. Den Teig so belegen, dass ein etwa 10 cm breiter Rand frei bleibt. Dafür zuerst den Teig mit Semmelbröseln bestreuen. Dann den Parmesan darauf verteilen.

10. Auberginen-Paprika-Gemüse daraufgeben und mit den Tomatenhälften belegen. Den überhängenden Teigrand darüberschlagen und leicht nachformen.

11. Das Backblech in den vorgeheizten Backofen (untere Einschubleiste) schieben. Die Pie **35–40 Minuten goldbraun backen.**

12. Basilikumblättchen abspülen und trocken tupfen. Die Blättchen von den Stängeln zupfen. Blättchen grob zerschneiden.

13. Die Pie heiß oder kalt servieren. Kurz vor dem Servieren mit Basilikum bestreuen.

Sommerlicher Bulgursalat

Für Gäste

4 Portionen (Hälfte zuviel f. 2 Tage)

Pro Portion: E: 20 g, F: 25 g, Kh: 54 g, kJ: 2201, kcal: 526, BE: 4,5

400 ml Wasser
250 g Bulgur
Salz
1 reife Wassermelone (etwa 700 g)
1 Salatgurke (etwa 400 g)
2–3 EL Zitronensaft
1–2 EL Obstessig
1 TL flüssiger Blütenhonig
4 EL Olivenöl, gem. Pfeffer
1 Msp. gem. Koriander
Cayennepfeffer
125 g Rucola (Rauke)
300 g Schafskäse

Zubereitungszeit: 25 Minuten, ohne Abkühlzeit
Garzeit: etwa 20 Minuten

1. Wasser in einem Topf zum Kochen bringen. Bulgur einstreuen, mit Salz würzen. Bulgur unter Rühren zum Kochen bringen und zugedeckt etwa 20 Minuten bei schwacher Hitze garen. Dabei gelegentlich umrühren. Gegarten Bulgur in eine große Schüssel geben und unter gelegentlichem Rühren erkalten lassen.

2. In der Zwischenzeit Wassermelone halbieren und die Kerne mit einem Löffel herauskratzen. Melonenhälften schälen. Das Fruchtfleisch in etwa 1 ½ cm große Würfel schneiden.

3. Die Salatgurke abspülen, trocken tupfen und die Enden abschneiden. Gurke der Länge nach halbieren. Die Kerne mit einem Löffel herauskratzen. Gurkenhälften nochmals der Länge nach durchschneiden, dann quer in dünne Scheiben schneiden.

4. Melonenwürfel, Gurkenscheiben, Zitronensaft, Obstessig, Honig und Olivenöl unter den Bulgur rühren. Mit Salz, Pfeffer, Koriander und Cayennepfeffer würzen. Salat etwa 10 Minuten stehen lassen.

5. In der Zwischenzeit Rucola abspülen und trocken tupfen. Die dicken Stiele entfernen. Rucola in mundgerechte Stücke zupfen. Schafskäse mit Küchenpapier trocken tupfen und in schmale Scheiben schneiden.

6. Rucola unter den Bulgursalat heben. Mit Salz und Pfeffer abschmecken. Bulgursalat mit dem Schafskäse anrichten.

Spaghetti aglio olio mit Petersilie | Raffiniert – klassisch

5 Portionen

Pro Portion: E: 20 g, F: 23 g, Kh: 69 g, kJ: 2389, kcal: 570, BE: 6,0

5 l Wasser
5 gestr. TL Salz
500 g Spaghetti
3 Knoblauchzehen
1 Bund Petersilie
60 ml Olivenöl
Salz, gem. Pfeffer

etwa 150 g ger. Parmesan

Zubereitungszeit: 20 Minuten

1. Das Wasser in einem großen Topf zugedeckt zum Kochen bringen. Dann Salz und Spaghetti hinzugeben. Die Spaghetti im geöffneten Topf bei mittlerer Hitze nach Packungsanleitung kochen lassen, dabei gelegentlich umrühren. Anschließend die Spaghetti in ein Sieb geben, mit heißem Wasser abspülen und abtropfen lassen.

2. Den Knoblauch abziehen und in dünne Scheiben schneiden. Petersilie abspülen und trocken tupfen. Die Blättchen von den Stängeln zupfen. Blättchen klein schneiden.

3. Olivenöl in einer Pfanne erhitzen. Die Knoblauchscheiben darin glasig bis hellbraun dünsten. Spaghetti und Petersilie in das heiße Knoblauchöl geben und gut vermischen. Mit Salz und Pfeffer würzen.

4. Spaghetti aglio olio am besten in einer vorgewärmten Schüssel oder in Tellern anrichten. Mit Parmesan bestreuen.

Tipp: Wer es sehr scharf mag, kann beim Andünsten zum Olivenöl eine getrocknete, rote Pfefferschote (Peperoncino) hinzugeben (Foto).

Spaghetti-Salat mit Joghurtpesto | Raffiniert

4 Portionen

Pro Portion: E: 19 g, F: 17 g, Kh: 52 g, kJ: 1886, kcal: 450, BE: 4,0

100 g	*Zuckerschoten oder TK-Erbsen*
2 ½ l	*Wasser*
2 ½ gestr. TL	*Salz*
250 g	*Hartweizen-Spaghetti oder helle Vollkorn-Spaghetti*
1 EL	*Olivenöl*
250 g	*Cocktailtomaten*
4	*Frühlingszwiebeln oder 1 Bund frischer oder 25 g TK-Schnittlauch*
150 g	*Joghurt (3,5 % Fett)*
50 ml	*Gemüsebrühe*
2 EL	*Kräuter-Pesto (aus dem Glas)*
	Salz
	gem. Pfeffer
2	*hart gekochte Eier*
3–4 EL	*gehobelter Parmesan*
einige	*frische Basilikumblättchen*

Zubereitungszeit: 35 Minuten, ohne Abkühl- und Durchziehzeit

1. Von den Zuckerschoten die Enden abschneiden, evtl. abfädeln. Schoten abspülen, abtropfen lassen und halbieren.

2. Wasser in einem großen Topf mit geschlossenem Deckel zum Kochen bringen. Dann Salz und Spaghetti hinzugeben. Spaghetti im geöffneten Topf bei mittlerer Hitze nach Packungsanleitung kochen lassen, dabei gelegentlich umrühren.

3. Zuckerschotenhälften oder die gefrorenen Erbsen etwa 2 Minuten vor Ende der Garzeit zu den Spaghetti in den Topf geben und mitgaren lassen.

4. Anschließend die Spaghetti mit den Zuckerschotenhälften oder den Erbsen in ein Sieb geben, mit kaltem Wasser abspülen, abtropfen lassen und mit Olivenöl beträufeln. Die Spaghetti mit einer Gabel auflockern, damit sie nicht verkleben. Spaghetti mit den Zuckerschotenhälften oder Erbsen erkalten lassen.

5. Tomaten abspülen, trocken tupfen, halbieren und evtl. die Stängelansätze herausschneiden. Frühlingszwiebeln putzen, abspülen, abtropfen lassen und in feine Scheiben schneiden.

6. Spaghetti mit den Zuckerschotenhälften oder Erbsen in eine große Schüssel geben. Tomatenhälften und Frühlingszwiebelscheiben untermischen.

7. Joghurt mit Brühe und Pesto verrühren. Mit Salz und Pfeffer kräftig würzen. Die Marinade mit den Salatzutaten gut vermischen. Den Salat zugedeckt etwa 20 Minuten durchziehen lassen.

8. Eier pellen und halbieren. Den Spaghetti-Salat nochmals mit Salz und Pfeffer abschmecken. Evtl. noch etwas Brühe unterrühren. Den Spaghetti-Salat mit Parmesan, Eierhälften und abgespülten, trocken getupften Basilikumblättchen anrichten.

Spargel mit fruchtigem Linsengemüse I

Für Gäste

2 Portionen

Pro Portion: E: 32 g, F: 21 g, Kh: 58 g, kJ: 2323, kcal: 552, BE: 3,5

1 kg	*weißer Spargel*
4	*Frühlingszwiebeln (etwa 100 g)*
1	*reife Mango (etwa 450 g)*
3	*Eier (Größe M)*
175 ml	*Gemüsebrühe*
80 g	*rote Linsen*
20 g	*Butter*
200 ml	*Wasser*
	Salz
6 Stängel	*Kerbel*
1 EL	*braune Senfkörner*
	abger. Schale von
1/2	*Bio-Zitrone (unbehandelt, ungewachst)*
1–2 EL	*Olivenöl*
	gem. Pfeffer
	Cayennepfeffer

Zubereitungszeit: 50 Minuten

1. Den Spargel von oben nach unten schälen. Darauf achten, dass die Schalen vollständig entfernt, die Köpfe aber nicht verletzt werden. Spargelstangen abspülen und abtropfen lassen. Frühlingszwiebeln putzen, abspülen, abtropfen lassen und schräg in sehr dünne Scheiben schneiden. Das Mangofruchtfleisch vom Stein schneiden und schälen. Fruchtfleisch in sehr kleine Würfel schneiden.

2. Eier in kochendem Wasser etwa 8 Minuten wachsweich kochen, herausnehmen und in kaltem Wasser kurz abschrecken.

3. Die Brühe in einem Topf zum Kochen bringen. Die Linsen hinzugeben, wieder zum Kochen bringen und zugedeckt etwa 8 Minuten bei schwacher Hitze garen.

4. In der Zwischenzeit Butter und Wasser in einem breiten, flachen Topf zum Kochen bringen. Mit Salz würzen. Spargelstangen hineinlegen, wieder zum Kochen bringen und zugedeckt etwa 8 Minuten bei mittlerer Hitze dünsten.

5. Kerbel abspülen und trocken tupfen. Die Blättchen von den Stängeln zupfen. Senfkörner in einer Pfanne ohne Fett kurz bei mittlerer Hitze anrösten, bis sie duften, herausnehmen und auf einem Teller abkühlen lassen.

6. Die Mangowürfel, Zitronenschale, Frühlingszwiebelscheiben und Olivenöl zu den Linsen geben, untermischen und nochmals erhitzen. Das Linsengemüse mit Salz, Pfeffer und Cayennepfeffer würzen. Die Hälfte der Kerbelblättchen unterheben.

7. Eier pellen und längs halbieren. Spargelstangen mit einer Schaumkelle aus dem Sud nehmen und gut abtropfen lassen. Spargelstangen mit dem Linsengemüse und den Eierhälften auf einer Platte anrichten. Mit Senfkörnern bestreuen und mit den restlichen Kerbelblättchen garnieren.

Tipp: Anstelle der braunen Senfkörner können Sie auch gelbe Senfkörner rösten oder 1–2 Teelöffel körnigen Dijon-Senf unter das Linsengemüse rühren.

Spargelcremesuppe I

Klassisch – für Gäste

4 Portionen

Pro Portion: E: 7 g, F: 22 g, Kh: 13 g, kJ: 1156, kcal: 277, BE: 1,0

500 g	*weißer Spargel*
1 gestr. TL	*Salz*
1 gestr. TL	*Zucker*
60 g	*Butter*
1 l	*Wasser*
etwa 300 ml	*Milch*
30 g	*Weizenmehl*
½ Bund	*Petersilie*
	Salz
	Zucker
	gem., weißer Pfeffer
	ger. Muskatnuss
2	*Eigelb (Größe M)*
3 EL	*Schlagsahne*

Zubereitungszeit: 45 Minuten
Garzeit: 35–37 Minuten

1. Den Spargel von oben nach unten schälen. Darauf achten, dass die Schalen vollständig entfernt, die Köpfe aber nicht verletzt werden. Die unteren Enden abschneiden (holzige Stellen vollkommen entfernen). Die Schalen und Enden beiseitelegen. Spargelstangen in etwa 3 cm lange Stücke schneiden, abspülen und trocken tupfen.

2. Beiseitegelegte Spargelenden und -schalen abspülen, trocken tupfen und in einen Topf geben. Salz, Zucker und 20 g der Butter hinzufügen. Wasser hinzugießen, zum Kochen bringen und zugedeckt etwa 15 Minuten bei mittlerer Hitze kochen lassen. Anschließend durch ein Sieb gießen, die Kochflüssigkeit dabei auffangen, wieder in den Topf geben und zum Kochen bringen. Die Spargelstücke darin zugedeckt in 10–12 Minuten bissfest garen.

3. Die Spargelstücke in einem Sieb abtropfen lassen, dabei die Kochflüssigkeit wieder auffangen und mit Milch auf 1 Liter auffüllen.

4. Die restliche Butter in einem Topf zerlassen. Mehl unter Rühren darin erhitzen, bis es hellgelb ist. Die Spargel-Milch-Flüssigkeit nach und nach hinzugießen und mit einem Schneebesen kräftig durchschlagen. Dabei darauf achten, dass keine Klümpchen entstehen.

5. Die Suppe zum Kochen bringen und etwa 10 Minuten bei schwacher Hitze ohne Deckel leicht kochen, dabei gelegentlich umrühren.

6. Petersilie abspülen und trocken tupfen. Die Blättchen von den Stängeln zupfen. Zwei Drittel der Blättchen klein schneiden.

7. Die Suppe mit Salz, Zucker, Pfeffer und Muskat würzen. Eigelb mit Sahne verschlagen. 4 Esslöffel von der Suppe unterrühren. Eigelb-Sahne unter die restliche Suppe rühren. Die Suppe nicht mehr kochen lassen.

8. Die abgetropften Spargelstücke hinzufügen und erwärmen. Die Suppe in Tellern verteilen. Mit der klein geschnittenen Petersilie bestreuen und mit den restlichen Petersilienblättchen garniert servieren.

Spargelsalat mit Waldmeister-Vinaigrette I

Mit Alkohol – gut vorzubereiten

4 Portionen

VEGAN

Pro Portion: E: 5 g, F: 20 g, Kh: 8 g, kJ: 1046, kcal: 250, BE: 0,0

je 500 g weißer und grüner Spargel (dünne Spargelstangen)
Salz
je 100 g rote und gelbe Cocktailtomaten

Für die Waldmeister-Vinaigrette:

1 Schalotte
1 Bund oder 1 Topf frischer Waldmeister
4 EL weißer Balsamico-Essig
6 EL Spargelflüssigkeit
100 ml weißer Burgunder
8 EL Olivenöl
gem. Pfeffer

Zubereitungszeit: 40 Minuten, ohne Abkühl- und Durchziehzeit
Garzeit: 8–10 Minuten

1. Den weißen Spargel von oben nach unten schälen. Darauf achten, dass die Schalen vollständig entfernt, die Köpfe aber nicht verletzt werden. Die unteren Enden abschneiden (holzige Stellen vollkommen entfernen). Von dem grünen Spargel das untere Drittel schälen und die unteren Enden abschneiden. Spargel abspülen, abtropfen lassen und in nicht zu kleine Stücke schneiden.

2. Salzwasser in einem Topf zum Kochen bringen. Die Spargelstücke darin 8–10 Minuten garen. Anschließend in einem Sieb abtropfen lassen, die Flüssigkeit dabei auffangen und 6 Esslöffel abmessen. Spargelstücke erkalten lassen.

3. Tomaten abspülen, trocken tupfen, halbieren und evtl. die Stängelansätze herausschneiden.

4. Für die Vinaigrette Schalotte abziehen und in kleine Würfel schneiden. Waldmeister abspülen und trocken tupfen. Die Blättchen von den Stängeln zupfen. Blättchen klein schneiden.

5. Essig mit der abgemessenen Spargelflüssigkeit und Wein verrühren, Olivenöl unterschlagen. Mit Salz und Pfeffer würzen. Schalottenwürfel und den Waldmeister unterrühren.

6. Spargelstücke und Tomatenhälften vorsichtig mit der Vinaigrette vermischen. Den Salat zugedeckt im Kühlschrank 2–3 Stunden durchziehen lassen.

Beilage: Warmes Knoblauchbrot.

Spargeltarte | Raffiniert

12 Portionen

Pro Portion: E: 8 g, F: 14 g, Kh: 24 g, kJ: 1081, kcal: 259, BE: 2,0

Für den Hefeteig:

150 ml warmes Wasser
21 g frische Hefe
1 Prise Zucker
350 g Weizenmehl
20 g ger. Parmesan
1 gestr. TL Salz
50 ml Olivenöl

Für den Belag:

750 g grüner Spargel
Salz

Für den Guss:

2 Eier (Größe M)
200 g Schlagsahne
200 ml Milch
gem. Pfeffer
ger. Muskatnuss
50 g ger. Parmesan

Zubereitungszeit: 45 Minuten, ohne Teiggeh- und Ruhezeit
Backzeit: etwa 35 Minuten

1. Für den Teig Wasser mit zerbröselter Hefe und Zucker in einer Rührschüssel verrühren. Die Hälfte des Mehls unterrühren. Restliches Mehl, Parmesan und Salz daraufstreuen. Olivenöl hinzugießen. Den Hefeteig zugedeckt etwa 20 Minuten an einen warmen Ort gehen lassen.

2. Wenn das aufgestreute Mehl Risse zeigt, alles mit einem Mixer (Knethaken) zunächst kurz auf niedrigster, dann auf höchster Stufe zu einem glatten Teig verkneten. Den Teig etwa 10 Minuten ruhen lassen.

3. Teig leicht mit Mehl bestäuben, aus der Schüssel nehmen und auf der leicht bemehlten Arbeitsfläche zu einer runden Platte (Ø etwa 34 cm) ausrollen. Die Teigplatte in eine Springform (Ø 28 cm, mit Backpapier belegt, den Rand mit Butter bestrichen) legen und einen etwa 3 cm hohen Rand andrücken.

4. Den Backofen vorheizen.
Ober-/Unterhitze: etwa 200 °C
Heißluft: etwa 180 °C

5. Für den Belag von dem Spargel das untere Drittel schälen und die Enden abschneiden. Salzwasser in einem Topf zum Kochen bringen. Den Spargel darin etwa 2 Minuten blanchieren, mit einer Schaumkelle herausnehmen, in ein Sieb geben, mit kaltem Wasser abspülen und abtropfen lassen. Den Spargel kreisförmig auf den Teigboden legen.

6. Für den Guss Eier mit Sahne und Milch in einer Rührschüssel verschlagen. Den Guss mit Salz, Pfeffer und 1 Prise Muskat abschmecken. Den Guss auf dem Spargel verteilen und mit Parmesan bestreuen.

7. Tarte auf dem Rost in den vorgeheizten Backofen schieben. Die Tarte **etwa 35 Minuten goldbraun backen.**

8. Die Tarte aus der Form lösen, auf eine Platte legen und warm oder kalt servieren.

Spiegelei-Crostini | Würziger Genuss

4 Portionen

Pro Portion: E: 21 g, F: 29 g, Kh: 37 g, kJ: 2075, kcal: 495, BE: 2,5

15 g getrocknete Steinpilze
100 ml kochendes Wasser
750 g Strauchtomaten
2 kleine Zwiebeln
2 Knoblauchzehen
1 rote Chilischote
2 Stängel Thymian
7 EL Olivenöl
8 EL Einweichwasser (von den Steinpilzen)
Salz
etwas Zucker
einige Basilikumblättchen
8 große Scheiben Ciabatta (je etwa 30 g)
8 Eier (Größe M)

Zubereitungszeit: 50 Minuten, ohne Einweichzeit

1. Steinpilze in einem Sieb abspülen und abtropfen lassen. In eine flache Schale legen, mit kochendem Wasser übergießen, sodass die Pilze ganz bedeckt sind. Pilze etwa 30 Minuten einweichen.

2. In der Zwischenzeit die Tomaten kreuzweise einschneiden und mit kochendem Wasser übergießen. Nach 1–2 Minuten herausnehmen und mit kaltem Wasser abschrecken. Tomaten enthäuten, halbieren, entkernen und die Stängelansätze herausschneiden. Tomatenhälften in grobe Würfel schneiden. Zwiebeln und Knoblauch abziehen, jeweils in kleine Würfel schneiden.

3. Die Chilischote halbieren, entstielen, entkernen, abspülen, abtropfen lassen und klein hacken. Thymian abspülen und trocken tupfen. Die Blättchen von den Stängeln zupfen. Blättchen klein schneiden. Die eingeweichte Steinpilze leicht ausdrücken, das Einweichwasser dabei auffangen. Steinpilze grob hacken.

4. Drei Esslöffel Olivenöl in einer Pfanne erhitzen. Steinpilze, Zwiebel-, Knoblauchwürfel, Chili und Thymian darin unter Rühren andünsten. Mit dem Steinpilzwasser ablöschen, mit Salz und Zucker würzen. Die Masse bei mittlerer Hitze unter gelegentlichem Rühren dickflüssig einkochen lassen.

5. Den Backofengrill vorheizen.

6. Die Basilikumblättchen abspülen, trocken tupfen, klein schneiden und mit 2 Esslöffel Olivenöl vermischen.

7. Die Brotscheiben auf einem Backofenrost verteilen. Den Rost unter den vorgeheizten Backofengrill schieben. Die Brotscheiben kurz von beiden Seiten rösten.

8. Restliches Olivenöl in einer weiten Pfanne erhitzen. Die Eier vorsichtig aufschlagen und nebeneinander in das Fett gleiten lassen (evtl. in 2 Portionen). Eiweiß mit Salz bestreuen. Die Eier etwa 5 Minuten bei mittlerer Hitze braten, bis das Eiweiß fest ist.

9. Die heiße Steinpilz-Zwiebel-Masse auf den Brotscheiben verteilen und mit jeweils 1 Spiegelei belegen. Spiegelei-Crostini mit dem Basilikumöl beträufeln.

Spinat-Orangen-Salat | Fruchtig

10 Portionen sehr lecker!

Pro Portion: E: 6 g, F: 21 g, Kh: 13 g, kJ: 1098, kcal: 263, BE: 1,0

400 g feiner Blattspinat
5 Orangen
100 g Pinienkerne
150 g abgetropfte, schwarze Oliven (aus dem Glas)
5 kleine Ziegenfrischkäse (etwa 200 g)
1 Bio-Orange (unbehandelt, ungewachst)
4 EL Balsamico-Essig
1 TL mittelscharfer Senf
1 EL flüssiger Honig
50 ml Olivenöl
Salz, gem. Pfeffer

Zubereitungszeit: 40 Minuten, ohne Abkühlzeit

1. Den Spinat verlesen, gründlich abspülen und gut abtropfen lassen. Die Spinatblätter auf Küchenpapier legen und trocken tupfen. Eine Salatschale mit den Spinatblättern auslegen.

2. Orangen so schälen, dass die weiße Haut mitentfernt wird. Die Orangen in dicke Scheiben schneiden, dabei den Orangensaft auffangen. Orangensaft in eine Rührschüssel geben.

3. Pinienkerne in einer Pfanne ohne Fett unter Rühren rösten, herausnehmen und auf einem Teller erkalten lassen.

4. Oliven mit den Pinienkernen auf die Spinatblätter streuen. Die Orangenscheiben darauf verteilen. Den Ziegenfrischkäse grob zerbröseln. Den Salat damit bestreuen.

5. Die Bio-Orange heiß abwaschen, abtrocknen und die Schale abreiben. Orangenschale, Balsamico-Essig, Senf und Honig unter den aufgefangenen Orangensaft rühren. Olivenöl unterschlagen. Mit Salz und Pfeffer abschmecken.

6. Den Salat mit der Marinade beträufeln. Oder die Marinade zu dem Salat reichen.

Spitzkohlauflauf mit Pilzen und Möhren I

Raffiniert

4 Portionen

Pro Portion: E: 17 g, F: 26 g, Kh: 14 g, kJ: 1500, kcal: 359, BE: 1,0

etwa 1 kg Spitzkohl
300 g Pilze, z. B. braune Champignons
300 g Möhren
3 EL Sesamöl
Salz, gem. Pfeffer
50 ml Gemüsebrühe
200 g Frischkäse (Rahmstufe)
100 ml Milch
ger. Muskatnuss
1 Msp. Kreuzkümmel
2 1/2 EL Sesamsamen

einige Stängel Petersilie oder Kerbel

Zubereitungszeit: 30 Minuten
Garzeit: etwa 20 Minuten

1. Den Spitzkohl putzen, halbieren und in 8 Spalten schneiden. Den Strunk so herausschneiden, dass die Stücke nicht auseinanderfallen. Kohlstücke kurz abspülen und abtropfen lassen.

2. Die Pilze putzen, evtl. kurz abspülen und trocken tupfen. Pilze halbieren oder vierteln. Möhren putzen, schälen, abspülen, abtropfen lassen und schräg in dünne Scheiben schneiden.

3. Den Backofen vorheizen.
Ober-/Unterhitze: etwa 180 °C
Heißluft: etwa 160 °C

4. Etwas Sesamöl in einer Pfanne erhitzen. Jeweils die Hälfte der Spitzkohlstücke, Pilze und Möhrenscheiben darin nacheinander anbraten. Mit Salz und Pfeffer würzen, Brühe hinzugießen. Das Gemüse zugedeckt etwa 5 Minuten bei schwacher Hitze dünsten, in einer großen, flachen Auflaufform (gefettet) verteilen. Die Brühe auffangen und kurz beiseitestellen.

5. Danach das restliche Gemüse ebenso anbraten, würzen und in der beiseitegestellten Brühe dünsten. Gemüse ebenfalls in die Form geben.

6. Frischkäse mit Milch verrühren, mit Salz, Pfeffer, Muskat und Kreuzkümmel würzen. Die Frischkäsemasse auf dem Gemüse in der Form verteilen. Sesam daraufstreuen. Die Form mit Alufolie zudecken.

7. Die Form auf dem Rost in den vorgeheizten Backofen (unteres Drittel) schieben. Den Auflauf zugedeckt **etwa 15 Minuten garen.**

8. Die Form aus dem Backofen nehmen. Die Alufolie entfernen. Den Spitzkohlauflauf wieder in den heißen Backofen schieben und **bei gleicher Backofentemperatur weitere etwa 5 Minuten garen.**

9. Petersilie oder Kerbel abspülen und trocken tupfen. Die Blättchen von den Stängeln zupfen. Den Spitzkohlauflauf mit den Kräuterblättchen bestreut servieren.

Beilage: In Butter geschwenkte Petersilienkartoffeln.

Tipp: Wer keinen Kreuzkümmel mag, kann ihn auch durch etwas gemahlenen Kümmel oder Currypulver ersetzen.

Steckrübenschnitzel mit Feldsalat-Kartoffelpüree I

Macht richtig satt

4 Portionen

Pro Portion: E: 23 g, F: 52 g, Kh: 124 g, kJ: 4441, kcal: 1063, BE: 10,0

800 g Steckrüben
Salz

1,6 kg festkochende Kartoffeln
300 g Zwiebeln
40 g Butter
125 g Feldsalat
½ Bund Schnittlauch
300 g Crème fraîche
4 EL Sahnemeerrettich
100 g Weizenmehl
300 g Semmelbrösel
2 EL gem. Koriander
2 Eier (Größe M)

150 ml Öl zum Braten, z. B. Maiskeimöl

gem. Pfeffer

Zubereitungszeit: 60 Minuten

1. Die Steckrüben putzen, schälen, abspülen, abtropfen lassen und in etwa 1 cm breite Scheiben schneiden. Steckrübenscheiben in kochendem Salzwasser etwa 13 Minuten weich kochen. Steckrübenscheiben mit einer Schaumkelle herausnehmen, in einem Sieb gut abtropfen und erkalten lassen.

2. Kartoffeln schälen, abspülen, abtropfen lassen und in grobe Stücke schneiden. Kartoffelstücke in einem Topf mit etwas Salzwasser zugedeckt in 15–20 Minuten weich kochen.

3. In der Zwischenzeit Zwiebeln abziehen und in kleine Würfel schneiden. Butter in einer Pfanne zerlassen. Die Zwiebelwürfel darin bei mittlerer Hitze unter Wenden goldbraun braten. Die Pfanne von der Kochstelle nehmen.

4. Den Backofen vorheizen.
Ober-/Unterhitze: etwa 80 °C

5. Den Feldsalat putzen und in einzelne Blätter teilen. Salatblätter gründlich abspülen und gut abtropfen lassen. Schnittlauch abspülen, trocken tupfen und in feine Röllchen schneiden.

6. Zwei Drittel der Schnittlauchröllchen mit Crème fraîche, Salz und Meerrettich verrühren, in ein Schälchen geben und beiseitestellen.

7. Mehl in einen Teller geben. Semmelbrösel mit Koriander in einem tiefen Teller vermischen. Die Eier in einem zweiten, tiefen Teller verschlagen.

8. Die Steckrübenscheiben zuerst dünn in Mehl wenden, dann durch die verschlagenen Eier ziehen, am Tellerrand abstreifen und zuletzt in Semmelbröseln wenden, Panade leicht andrücken.

9. Jeweils die Hälfte des Öls in zwei großen Pfannen erhitzen. Die Schnitzel darin von jeder Seite bei mittlerer bis starker Hitze goldbraun und knusprig braten.

10. Schnitzel herausnehmen, auf Küchenpapier abtropfen lassen und auf einem Backblech (mit Backpapier belegt) verteilen.

11. Das Backblech in den vorgeheizten Backofen schieben, die Schnitzel warm halten.

12. Die angebratenen Zwiebel wieder in der Pfanne erhitzen. Die Feldsalatblätter hinzugeben und kurz zusammenfallen lassen.

13. Die Kartoffeln abgießen und wieder zurück in den Topf geben. Die Zwiebel-Feldsalat-Mischung hinzugeben und mit einem Kartoffelstampfer grob zerstampfen. Mit Salz und Pfeffer würzen.

14. Das Feldsalat-Kartoffelpüree auf vorgewärmten Tellern anrichten. Die Schnitzel gestapelt darauflegen.

15. Beiseitegestellte Meerrettich-Crème-fraîche mit den restlichen Schnittlauchröllchen bestreuen und dazu servieren.

Steckrüben-Steinpilz-Auflauf I

Für Gäste

4 Portionen

Pro Portion: E: 11 g, F: 29 g, Kh: 14 g, kJ: 1528, kcal: 365, BE: 1,0

15 g getrocknete Steinpilze
150 ml kochendes Wasser
1 kg Steckrübe
einige Stängel frischer oder
1 TL gerebelter Majoran
100 ml Steinpilz-Hefebrühe (erhältlich im Reformhaus)
250 g Schlagsahne
Salz, gem. Pfeffer
100 g ger. Käse, z. B. mittelalter Gouda, Greyerzer oder Emmentaler

Zubereitungszeit: 40 Minuten, ohne Quellzeit
Garzeit: etwa 40 Minuten

1. Die Steinpilze kurz unter fließendem kalten Wasser abspülen, damit evtl. vorhandener Sand entfernt wird. Die Steinpilze in eine Schüssel geben, mit 150 ml kochendem Wasser übergießen und etwa 15 Minuten quellen lassen.

2. Den Backofen vorheizen.
Ober-/Unterhitze: etwa 200 °C
Heißluft: etwa 180 °C

3. Die Steckrübe vierteln, schälen, abspülen und abtropfen lassen. Steckrübenviertel quer in sehr feine Scheiben schneiden oder auf einem stabilen Gemüsehobel fein hobeln. Frischen Majoran abspülen und trocken tupfen. Die Blättchen von den Stängeln zupfen.

4. Steckrübenscheiben und frischen oder getrockneten Majoran in eine große Auflaufform (gefettet) geben. Hefebrühe, Steinpilze mit dem Einweichwasser und Sahne vermischen, mit Salz und Pfeffer kräftig würzen. Die Mischung auf den Steckrübenscheiben verteilen. Die Form auf dem Rost in den vorgeheizten Backofen schieben. Den Auflauf **etwa 30 Minuten garen.**

5. Nach etwa 30 Minuten Garzeit die Form aus dem Backofen nehmen und Käse auf den Auflauf streuen. Die Form wieder auf dem Rost in den heißen Backofen schieben. Den Auflauf **bei gleicher Backofentemperatur in etwa 10 Minuten fertig garen.**

Tipps: Ein vollwertiges vegetarisches Hauptgericht für 4 Personen wird daraus, wenn Sie dazu etwa 200 g gegarten Vollkornreis reichen. Probieren Sie diesen Auflauf auch einmal mit der gleichen Menge Hokkaido-Kürbis, Thymian und zerbröseltem Schafskäse.

Steinpilz-Brokkoli-Auflauf I

Gut vorzubereiten

4 Portionen

Pro Portion: E: 20 g, F: 48 g, Kh: 7 g, kJ: 2254, kcal: 539, BE: 0,5

500 g Brokkoli
Salz
250 g Steinpilze oder dunkle Champignons
100 g rote Zwiebeln
3 EL Speiseöl
gem. Pfeffer
gem. Kurkuma (Gelbwurz)
gem. Kreuzkümmel (Cumin)

2 EL geröstete Sesamsamen
150 g ger. Emmentaler

Für die Sauce:

250 g Schlagsahne
1 EL Crème fraîche
1 EL geröstete Sesamsamen

Zubereitungszeit: 25 Minuten
Garzeit: etwa 20 Minuten

1. Von dem Brokkoli die Blätter entfernen. Stängel am Strunk schälen und bis kurz vor den Röschen kreuzförmig einschneiden. Den Brokkoli abspülen, abtropfen lassen und zugedeckt in kochendem Salzwasser etwa 10 Minuten garen. Brokkoli in einem Sieb abtropfen lassen.

2. Den Backofen vorheizen.
Ober-/Unterhitze: etwa 200 °C
Heißluft: etwa 180 °C

3. Pilze putzen, evtl. kurz abspülen und trocken tupfen. Zwiebeln abziehen und in kleine Würfel schneiden. Speiseöl in einer Pfanne erhitzen. Zwiebelwürfel darin andünsten. Pilze hinzugeben und kurz mitdünsten lassen.

4. Brokkoli und die Pilz-Zwiebel-Masse in einer Auflaufform (gefettet) verteilen, mit Salz, Pfeffer, Kurkuma und Cumin würzen. Den Auflauf zuerst mit Sesam, dann mit Käse bestreuen.

5. Für die Sauce Sahne mit Crème fraîche verschlagen, Sesam unterrühren. Mit Salz und Pfeffer würzen. Die Sauce auf dem Auflauf verteilen. Die Form auf dem Rost in den vorgeheizten Backofen schieben. Den Auflauf **etwa 20 Minuten garen.**

Süßkartoffeln in Salz gebacken

Raffiniert

4 Portionen

Pro Portion: E: 22 g, F: 26 g, Kh: 151 g, kJ: 3961, kcal: 944, BE: 12,5

20 frische Lorbeerblätter
3 EL Pimentkörner
3 EL gem. Ingwer
6 EL Koriandersamen
4 kg grobes Salz
8 Süßkartoffeln (je etwa 250 g)
1 Bio-Limette (unbehandelt, ungewachst)
1 kleine Orange
5 Stängel Koriander
1/4–1/2 grüne Chilischote
25 g frischer Ingwer
500 g reife Avocado

125 g Cheddar-Käse
4 Tortillafladen für Wraps (Ø etwa 20 cm)
1 EL Paprikapulver edelsüß

Zubereitungszeit: 40 Minuten
Garzeit: etwa 55 Minuten
Backzeit: etwa 7 Minuten

1. Den Backofen vorheizen.
Ober-/Unterhitze: etwa 200 °C
Heißluft: etwa 180 °C

2. Lorbeerblätter kurz abspülen, trocken tupfen und grob zerreißen. Mit Pimentkörnern, Ingwer, Koriander und dem groben Salz mischen. Die Kartoffeln gründlich unter fließendem kalten Wasser abbürsten und abtrocknen. 1 kg der Salzmischung in einem großen Bräter verteilen. Die Kartoffeln darauflegen und mit der restlichen Salzmischung bedecken. Den Bräter auf dem Rost in den vorgeheizten Backofen (unteres Drittel) schieben. Die Kartoffeln **etwa 55 Minuten garen.**

3. Die Limette heiß abwaschen, abtrocknen und die Schale fein abreiben. Limette halbieren und den Saft auspressen. Die Orange so dick schälen, dass die weiße Haut vollständig mitentfernt wird. Die Orange filetieren, Filets in kleine Stücke schneiden.

4. Koriander abspülen und trocken tupfen. Die Blättchen von den Stängeln zupfen. Blättchen klein schneiden. Chilischote entstielen, abspülen, trocken tupfen und mit den Kernen fein hacken. Ingwer schälen und in kleine Würfel schneiden. Avocado halbieren und den Stein herausnehmen. Das Fruchtfleisch mit einem Esslöffel aus der Schale lösen. Avocado-Fruchtfleisch mit Limettensaft und etwas Salz in einen hohen Rührbecher geben und mit einem Pürierstab fein pürieren. Ingwerwürfel, Chili, Koriander, Orangenstücke und Limettenschale untermischen.

5. Den Käse grob reiben. Je 2 Tortillafladen auf ein Backblech (mit Backpapier belegt) legen. Tortillafladen zuerst mit Cheddar bestreuen, danach mit Paprika bestäuben.

6. Den Bräter mit den Kartoffeln auf einen Rost stellen. Die Backbleche mit den Tortillafladen nacheinander (bei Heißluft zusammen) in den heißen Backofen schieben. Die Tortillafladen **bei gleicher Backofentemperatur etwa 7 Minuten backen,** bis der Käse zerlaufen ist. Die Kartoffeln aus dem Ofen holen.

7. In der Zwischenzeit die Kartoffeln aus dem Salz lösen, dazu das Salz evtl. etwas aufklopfen.

8. Kartoffeln mit der Avocado-Orangen-Guacamole anrichten. Tortillas zusammenklappen und dazulegen. Kartoffeln heiß servieren.

Tofu mit Bohnengemüse

Raffiniert

4 Portionen

VEGAN

Pro Portion: E: 36 g, F: 20 g, Kh: 56 g, kJ: 2330, kcal: 556, BE: 4,5

Für den Tofu:

450 g Tofu
4 EL süßer Senf
1–2 TL scharfer Senf
2 EL Balsamico-Essig
Salz

1 kg festkochende Kartoffeln

Für das Bohnengemüse:

450 g TK-Dicke Bohnen
1 Knoblauchzehe
2 EL Olivenöl
450 g TK-Blattspinat
40 g Korinthen oder Rosinen
1 Bund Frühlingszwiebeln (etwa 150 g)

½ Bund Schnittlauch
1 EL Olivenöl
gem. Pfeffer
ger. Muskatnuss

Zubereitungszeit: 35 Minuten, ohne Marinierzeit
Garzeit: Gemüse etwa 11 Minuten

1. Für den Tofu den Tofu trocken tupfen, in etwa 2 cm breite Streifen schneiden und in eine Schale legen. Beide Senfsorten mit Essig verrühren, mit Salz würzen. Die Marinade auf den Tofustreifen verteilen und den Tofu anschließend zugedeckt etwa 40 Minuten marinieren.

2. Kartoffeln gründlich waschen, abtropfen lassen, knapp mit Wasser bedeckt zum Kochen bringen und zugedeckt etwa 25 Minuten garen.

3. In der Zwischenzeit für das Gemüse die gefrorenen Bohnen in kochendem Salzwasser etwa 3 Minuten kochen. Die Bohnen in ein Sieb geben, mit kaltem Wasser abspülen und etwas abkühlen lassen. Die Kerne jeweils aus der Schale drücken.

4. Knoblauch abziehen und in kleine Stücke schneiden. Olivenöl in einem breiten Topf erhitzen. Gefrorenen Blattspinat, Knoblauch und Korinthen oder Rosinen darin kurz unter Rühren andünsten. Den Spinat zugedeckt etwa 5 Minuten bei mittlerer Hitze dünsten.

5. Die Frühlingszwiebeln putzen, abspülen, abtropfen lassen und in etwa 2 cm lange Stücke schneiden. Die Frühlingszwiebelstücke mit den Bohnenkernen zum Spinat geben und zugedeckt etwa 3 Minuten bei mittlerer Hitze dünsten.

6. Schnittlauch abspülen, trocken tupfen und in Röllchen schneiden.

7. Das Olivenöl in einer beschichteten Pfanne erhitzen. Tofustreifen mit der Marinade darin bei mittlerer Hitze heiß werden lassen. Gegarte Kartoffeln abgießen, mit kaltem Wasser abschrecken und evtl. pellen.

8. Das Gemüse mit Salz, Pfeffer und Muskat würzen. Tofu mit dem Gemüse und den Kartoffeln anrichten. Schnittlauchröllchen auf den Tofu streuen.

Tipp: Wenn Sie keine TK-Dicke Bohnen bekommen, können Sie auch TK-Erbsen verwenden. Sie brauchen nicht in Salzwasser vorgegart zu werden.

✓ evtl. statt Tofu Belugalinsen (Eintopf?)

Tofu mit Grünkern-Gemüse I

Dauert länger

2 Portionen

Pro Portion: E: 33 g, F: 26 g, Kh: 47 g, kJ: 2347, kcal: 561, BE: 3,5

Für das Grünkern-Gemüse:

20 g Butter oder Margarine
100 g Grünkern
375 ml Gemüsebrühe

Für den Tofu:

1 Bio-Zitrone (unbehandelt, ungewachst)
gem. Pfeffer
250 g Tofu

300 g Porree (Lauch)
250 g frische Brech- oder Wachsbohnen
20 g abgetropfte Kapern (aus dem Glas)
4 Stängel Basilikum

~~*1 Eiweiß (Größe M)*~~
Salz
~~*20 g Weizenmehl*~~
3 EL Speiseöl
1 TL körniger Senf
brauner Zucker (Rohrzucker)

Zubereitungszeit: 40 Minuten
Garzeit: Gemüse etwa 70 Minuten

1. Für das Gemüse Butter oder Margarine in einem Topf zerlassen. Grünkern darin unter Rühren andünsten. Brühe hinzugießen, zum Kochen bringen und zugedeckt etwa 60 Minuten bei schwacher Hitze garen.

2. Für den Tofu Zitrone heiß abwaschen, abtrocknen und die Schale fein abreiben. Die Zitronenschale mit 1/2 Teelöffel gemahlenem Pfeffer mischen. Den Tofu trocken tupfen, in etwa 1 cm dicke Scheiben schneiden und mit der Zitronen-Pfeffer-Mischung bestreuen. Tofu zugedeckt stehen lassen.

3. Porree putzen, die Stangen längs halbieren, gründlich waschen, gut abtropfen lassen und quer in etwa 1 cm dicke Stücke schneiden. Von den Bohnen die Enden abschneiden, evtl. abfädeln. Bohnen abspülen, abtropfen lassen und schräg in etwa 1/2 cm dicke Scheiben schneiden. Bohnen und Porreestücke zum Grünkern in den Topf geben, wieder zum Kochen bringen und zugedeckt etwa 10 Minuten bei mittlerer Hitze garen. Kapern hinzugeben.

4. Basilikum abspülen und trocken tupfen. Die Blättchen von den Stängeln zupfen (einige Blättchen zum Garnieren beiseitelegen). Blättchen in breite Streifen schneiden.

5. Eiweiß verschlagen. Tofu mit Salz bestreuen, vorsichtig in dem verschlagenen Eiweiß wenden, abtropfen lassen und anschließend in Mehl wenden. Überschüssiges Mehl abschütteln.

6. Speiseöl in einer großen Pfanne erhitzen. Tofuscheiben darin etwa 2 Minuten von jeder Seite bei mittlerer Hitze goldbraun braten.

7. Das gegarte Grünkern-Gemüse mit Salz, Pfeffer, Senf und Zucker würzen. Die Basilikumstreifen unterheben. Die Tofuscheiben mit dem Gemüse anrichten. Mit den beiseitegelegten Basilikumblättchen garnieren.

Tipps: Zusätzlich 2 Esslöffel Crème fraîche unter das gegarte Gemüse rühren. Weichen, milden Tofu in Lake erhalten Sie in Asialäden. Er ist im Geschmack oft milder als der vakuumverpackte Tofu, allerdings nur einige Tage haltbar.

Tofu-Gemüse-Ragout I

Einfach

2 Portionen

VEGAN

Pro Portion: E: 22 g, F: 27 g, Kh: 12 g, kJ: 1631, kcal: 389, BE: 0,5

1 Knoblauchzehe
1 Zwiebel
je ½ grüne und rote Paprikaschote
125 g Zucchini
200 g Auberginen
200 g Tomaten
3 EL Olivenöl
Salz
gem. Pfeffer
je 1 Msp. gerebelter Rosmarin, Thymian und Oregano

200–250 g Tofu
75 g Oliven mit Kräutern (aus dem Glas)

Zubereitungszeit: 35 Minuten
Garzeit: etwa 20 Minuten

1. Knoblauch und Zwiebel abziehen, in kleine Würfel schneiden. Paprikaschotenhälften entstielen, entkernen und die weißen Scheidewände entfernen. Schotenhälften abspülen, abtropfen lassen und in Würfel schneiden.

2. Zucchini und Auberginen abspülen, abtropfen lassen und die Enden bzw. Stängelansätze abschneiden. Zucchini und Auberginen grob würfeln.

3. Tomaten abspülen, abtropfen lassen, halbieren und die Stängelansätze herausschneiden. Tomatenhälften ebenfalls in grobe Würfel schneiden.

4. Zwei Esslöffel Olivenöl in einem Topf erhitzen. Die Knoblauch- und Zwiebelwürfel darin kurz andünsten. Zucchini- und Auberginenwürfel hinzugeben, mit Salz, Pfeffer und Kräutern würzen. Das Gemüse zugedeckt 5–8 Minuten bei schwacher Hitze unter gelegentlichem Rühren dünsten.

5. Paprikawürfel hinzugeben und zugedeckt weitere etwa 5 Minuten dünsten. Tomatenwürfel unterheben. Das Gemüse einmal aufkochen lassen.

6. In der Zwischenzeit den Tofu in Würfel schneiden. Restliches Olivenöl in einer Pfanne erhitzen. Tofuwürfel darin von allen Seiten bei mittlerer Hitze anbraten.

7. Die Tofuwürfel mit den abgetropften Oliven zum Gemüse geben und vorsichtig untermischen. Ragout zugedeckt noch etwa 5 Minuten garen und mit den Gewürzen abschmecken.

Beilage: **Rosmarin-Kartoffeln** (2 Portionen). Dafür 500 g neue Kartoffeln gründlich unter fließendem kalten Wasser abbürsten und abtropfen lassen. Kartoffeln der Länge nach in dünne Spalten schneiden. 4–5 Esslöffel Olivenöl in einer großen Pfanne erhitzen. Die Kartoffelspalten hinzugeben, mit Salz und Pfeffer würzen. 1 großen Stängel Rosmarin abspülen und gut trocken tupfen. Die Nadeln von dem Stängel zupfen. Nadeln klein schneiden und zu den Kartoffelspalten geben. Kartoffelspalten etwa 20 Minuten unter mehrmaligem Wenden braten, bis sie eine braune Kruste haben.

Tipp: Statt Rosmarin, Thymian und Oregano etwa 1 Teelöffel Kräuter der Provence verwenden.

Tomaten mit Basmati-Linsenfüllung I

Etwas Besonderes

4 Portionen

Pro Portion: E: 21 g, F: 30 g, Kh: 56 g, kJ: 2445, kcal: 581, BE: 4,0

100 g Puy-Linsen
200 ml Gemüsebrühe
8 große Tomaten (je etwa 225 g)
75 g getrocknete Datteln, ohne Stein
8 Stängel glatte Petersilie
1 Zwiebel (etwa 75 g)
30 g Butter
1 Döschen Safranfäden (0,1 g)
250 g gekochter Basmatireis (Vakuumpack)
200 g Fetakäse
Salz
Cayennepfeffer
8 frische Lorbeerblätter
4 EL Olivenöl

Zubereitungszeit: 40 Minuten, ohne Einweichzeit
Garzeit: etwa 20 Minuten

1. Die Linsen in eine Schüssel geben, mit kalten Wasser übergießen, sodass sie ganz bedeckt sind. Linsen über Nacht einweichen.

2. Am nächsten Tag die Linsen abgießen, mit der Gemüsebrühe in einem Topf zum Kochen bringen und 15–18 Minuten bei schwacher Hitze kochen lassen. Die Linsen in einem Sieb abtropfen lassen, dabei die Brühe auffangen.

3. Die Tomaten abspülen, trocken tupfen und je einen Deckel abschneiden. Das innere Fruchtfleisch vorsichtig herauslösen. Die Hälfte davon beiseitestellen. Tomaten mit der Öffnung nach unten auf Küchenpapier gut abtropfen lassen.

4. Datteln fein schneiden. Petersilie abspülen und trocken tupfen. Die Blättchen von den Stängeln zupfen. Blättchen klein schneiden. Zwiebel abziehen und fein würfeln.

5. Den Backofen vorheizen.
Ober-/Unterhitze: etwa 200 °C
Heißluft: etwa 180 °C

6. Butter in einem Topf zerlassen. Die Zwiebelwürfel darin andünsten. Safran, Basmatireis, das beiseitegestellte Tomatenfruchtfleisch und die aufgefangene Brühe hinzugeben. Die Zutaten zum Kochen bringen und bei schwacher Hitze so lange kochen lassen, bis der Reis auseinanderfällt und fast keine Flüssigkeit mehr vorhanden ist. Dann Datteln, Petersilie und Linsen untermischen.

7. Fetakäse zerbröseln und unter den Reis mischen, mit etwas Salz (Vorsicht, Käse ist schon sehr salzig!) und Cayennepfeffer würzen.

8. Die Tomaten mit der Reismischung füllen. Die Tomatendeckel darauflegen. Die Tomaten in eine feuerfeste Form (gefettet) setzen. Lorbeerblätter abspülen, trocken tupfen, etwas kleiner zupfen und mit in die Form geben. Tomaten mit Olivenöl beträufeln.

9. Die Form auf dem Rost in den vorgeheizten Backofen schieben. Die Tomaten **etwa 20 Minuten garen.**

Tipp: Restliches Tomatenfruchtfleisch pürieren und frisch trinken. Ein kleiner Vitaminkick für den Koch oder die Köchin.

Tomaten mit Champignonfüllung

Raffiniert

4 Portionen

Pro Portion: E: 11 g, F: 24 g, Kh: 14 g, kJ: 1352, kcal: 322, BE: 0,5

12 mittelgroße Tomaten
Salz, gem. Pfeffer

Für die Füllung:

1 große Zwiebel
600 g Champignons
3 EL Speiseöl
1 EL Weizenmehl
2 EL gehackte, glatte Petersilie

2 EL zerbröseltes Weißbrot
2 EL ger. Parmesan
60 g Butter

Zubereitungszeit: 40 Minuten
Überbackzeit: etwa 20 Minuten

1. Die Tomaten abspülen, abtrocknen und jeweils einen Deckel abschneiden. Tomaten vorsichtig mit einem Löffel aushöhlen. Die Tomaten mit der Öffnung nach oben in eine flache, feuerfeste Auflaufform (gefettet) setzen. Die Tomaten innen mit Salz und Pfeffer würzen.

2. Für die Füllung Zwiebel abziehen und klein würfeln. Die Champignons putzen, evtl. kurz abspülen, trocken tupfen und in Scheiben schneiden. Pilzscheiben nach Belieben nochmals durchschneiden.

3. Den Backofen vorheizen.
Ober-/Unterhitze: etwa 200 °C
Heißluft: etwa 180 °C

4. Speiseöl in einer Pfanne erhitzen. Zwiebelwürfel darin glasig dünsten. Champignonscheiben zu den Zwiebelwürfeln in die Pfanne geben und unter Rühren mitdünsten lassen. Mehl darüberstäuben, unterrühren und dünsten lassen. Die Champignonmasse mit Salz, Pfeffer und Petersilie würzen. Das ausgehöhlte Tomatenfleisch hinzufügen. Die Champignonmasse in die ausgehöhlten Tomaten füllen.

5. Weißbrotbrösel mit Parmesan vermischen und auf die Tomaten streuen. Butter in Flöckchen daraufsetzen. Die Tomatendeckel darauflegen.

6. Die Form auf dem Rost in den vorgeheizten Backofen schieben. Die Tomaten **etwa 20 Minuten überbacken.**

Tomaten-Fenchel-Suppe

Einfach – mit Alkohol

2–3 Portionen

VEGAN

Pro Portion: E: 5 g, F: 9 g, Kh: 13 g, kJ: 744, kcal: 178, BE: 0,5

1 Fenchelknolle
1 kleine Zwiebel
2–3 Knoblauchzehen
1 kleine Kartoffel
2 EL Olivenöl
220 g geschälte Tomaten (aus der Dose)
500 ml Gemüsebrühe
Salz
gem. Pfeffer
1 Prise Zucker
2–4 cl Pernod (Anislikör)
1 Tomate
einige Basilikumblättchen

Zubereitungszeit: 10 Minuten
Garzeit: etwa 50 Minuten

1. Fenchelknolle putzen, abspülen, abtropfen lassen, halbieren und in dünne Scheiben schneiden. Zwiebel und Knoblauch abziehen, in kleine Würfel schneiden. Kartoffel schälen, abspülen, abtropfen lassen und in erbsengroße Würfel schneiden.

2. Olivenöl in einem Topf erhitzen. Fenchelscheiben, Zwiebel-, Knoblauch- und Kartoffelwürfel darin etwa 10 Minuten andünsten, ohne sie Farbe nehmen zu lassen.

3. Tomaten hinzugeben, zum Kochen bringen und etwa 10 Minuten bei schwacher Hitze kochen lassen. Brühe hinzugießen, umrühren, wieder zum Kochen bringen und zugedeckt etwa 30 Minuten kochen lassen. Die Suppe mit einem Pürierstab pürieren. Mit Salz, Pfeffer, Zucker und Pernod abschmecken.

4. Tomate abspülen, abtrocknen, halbieren und den Stängelansatz herausschneiden. Tomatenhälften in Würfel schneiden. Basilikumblättchen abspülen und trocken tupfen. Die Blättchen in Streifen schneiden. Tomaten-Fenchel-Suppe mit den Tomatenwürfeln und Basilikumstreifen anrichten.

Tomaten-Kokos-Suppe I

Raffiniert

4 Portionen

Pro Portion: E: 6 g, F: 45 g, Kh: 10 g, kJ: 1979, kcal: 479, BE: 0,5

2 walnussgroße Stücke	*frischer Ingwer*
2 EL	*Speiseöl*
2 gestr. TL	*rote Currypaste (erhältlich im Asialaden)*
480 g	*abgetropfte, geschälte Tomaten (aus der Dose)*
800 ml	*Kokosmilch*
2 TL	*gekörnte Gemüsebrühe*
½ TL	*gem. Kreuzkümmel (Cumin)*
1	*Bio-Limette (unbehandelt, ungewachst)*
1 Msp.	*Chilipulver*
1 Prise	*Zucker*
150 g	*Crème légère*
1 Handvoll	*gehackte Korianderblättchen*

Zubereitungszeit: 20 Minuten
Garzeit: 8–10 Minuten

1. Ingwer schälen und auf einer Haushaltsreibe fein reiben.

2. Speiseöl in einem Topf erhitzen. Ingwer und die Currypaste darin kurz unter Rühren andünsten. Tomaten, Kokosmilch, gekörnte Brühe und Cumin hinzugeben. Die Zutaten unter Rühren aufkochen lassen. Den Topf von der Kochstelle nehmen. Die Tomaten-Kokos-Masse mit einem Stabmixer pürieren und nochmals 8–10 Minuten unter gelegentlichem Rühren bei schwacher Hitze kochen lassen.

3. Die Limette heiß abwaschen, abtrocknen und die Schale abreiben. Die Limette halbieren und den Saft auspressen.

4. Die Suppe mit Chili, Limettenschale, -saft und Zucker abschmecken. Die Suppe in 4 Suppentellern verteilen. Mit je 1 Teelöffel Crème légère und etwas Koriander anrichten.

Tomaten-Sellerie-Salat mit Tripmadam | Schnell

4 Portionen

VEGAN

Pro Portion: E: 4 g, F: 25 g, Kh: 16 g, kJ: 1272, kcal: 304, BE: 1,0

400 g Staudensellerie
1 Handvoll Tripmadam (Felsen-Fetthenne, Würzkraut)
4 EL Orangensaft
4 EL weißer Balsamico-Essig
8 EL Olivenöl
Salz, gem. Pfeffer
Zucker
40 g Cashew- oder Walnusskerne (geröstet)
20 Cocktailtomaten
1 EL Zucker

Zubereitungszeit: 20 Minuten

1. Den Staudensellerie putzen und die harten Außenfäden abziehen. Die Selleriestangen abspülen, trocken tupfen und in sehr feine Scheiben schneiden. Tripmadam abspülen und trocken tupfen. Die Nadeln von den Stängeln zupfen. Nadeln sehr fein schneiden.

2. Orangensaft mit Essig verrühren. 4 Esslöffel Olivenöl unterschlagen. Mit Salz. Pfeffer und Zucker würzen.

3. Selleriescheiben in eine Schale legen und mit der Vinaigrette übergießen. Cashew- oder Walnusskerne und Tripmadam daraufstreuen.

4. Die Tomaten abspülen, trocken tupfen und evtl. die Stängelansätze herausschneiden. Restliches Olivenöl in einer Pfanne erhitzen.

5. Die Tomaten darin unter Wenden kurz anbraten. Zucker daraufstreuen und kurz karamellisieren. Mit Salz und Pfeffer würzen. Den Salat vermischen und auf 4 Tellern anrichten. Tomaten darauf verteilen.

Tomatensalat mit Knusper-Croûtons

Schnell – raffiniert

4 Portionen

Pro Portion: E: 10 g, F: 31 g, Kh: 12 g, kJ: 1544, kcal: 368, BE: 0,5

8 mittelgroße Strauchtomaten
1 reife Avocado
1 EL Zitronensaft
Salz, gem. Pfeffer
150 g Schafskäse
2 Schalotten
1 Knoblauchzehe
2 EL weißer Balsamico-Essig
4 EL Olivenöl
2 Scheiben Mehrkorntoast
5 Stängel glatte Petersilie

Zubereitungszeit: 20 Minuten

1. Tomaten abspülen, trocken tupfen, halbieren und die Stängelansätze herausschneiden. Tomatenhälften in fingerdicke Scheiben schneiden. Eine große Salatplatte mit den Tomatenscheiben auslegen.

2. Avocado in Spalten vom Stein schneiden. Avocadospalten schälen, sofort mit Zitronensaft beträufeln, mit Salz und Pfeffer würzen und auf den Tomatenscheiben anrichten.

3. Den Schafskäse in kleine Würfel schneiden und darauf verteilen.

4. Schalotten und Knoblauch abziehen und in kleine Würfel schneiden. Essig mit Schalotten-, Knoblauchwürfeln, Salz und Pfeffer verrühren. 2 Esslöffel des Olivenöls unterschlagen. Den Salat mit der Marinade beträufeln.

5. Restliches Olivenöl in einer Pfanne erhitzen. Toastbrotscheiben in kleine Würfel schneiden und in dem heißen Olivenöl von allen Seiten knusprig braun braten, dabei ständig wenden.

6. Petersilie abspülen und trocken tupfen. Die Blättchen von den Stängeln zupfen. Blättchen klein schneiden. Die Croûtons auf dem Tomatensalat verteilen und mit Petersilie bestreuen.

7. Den Tomatensalat kräftig mit Pfeffer würzen und sofort servieren.

Tomatensuppe mit Käsecroûtons

Preiswert – kalorienarm

4 Portionen

Pro Portion: E: 9 g, F: 15 g, Kh: 20 g, kJ: 1074, kcal: 255, BE: 1,0

Für die Suppe:

1,2 kg Fleischtomaten
2 Zwiebeln
1 Knoblauchzehe
2 EL Speiseöl, z. B. Olivenöl
500 ml Gemüsebrühe
1/2 gestr. TL Salz
gem. Pfeffer

Für die Käsecroûtons:

4 Scheiben Toastbrot, z. B. Vollkorntoast
20 g Butter (Zimmertemperatur)
Salz
etwas gerebelter Thymian
1 TL gehacktes Basilikum
50 g ger. Parmesan

1/2–1 EL Balsamico-Essig
1 Prise Zucker
1–2 EL gehacktes Basilikum

Zubereitungszeit: 30 Minuten
Garzeit: Suppe etwa 15 Minuten
Überbackzeit: 3–4 Minuten

1. Für die Suppe die Tomaten abspülen, abtrocknen, halbieren und die Stängelansätze herausschneiden. Tomatenhälften grob würfeln. Zwiebeln und Knoblauch abziehen, in kleine Würfel schneiden.

2. Das Speiseöl in einem Topf erhitzen. Zwiebel- und Knoblauchwürfel darin andünsten. Tomatenwürfel hinzugeben und unter mehrmaligem Wenden kurz mit andünsten. Brühe hinzugießen, mit Salz und Pfeffer würzen. Die Zutaten zum Kochen bringen und zugedeckt etwa 15 Minuten bei schwacher Hitze leicht kochen lassen, bis die Tomatenwürfel zerfallen sind.

3. Suppe pürieren, anschließend durch ein Sieb passieren, um die Kerne und Fruchtschalen zu entfernen.

4. Den Backofen vorheizen.
Ober-/Unterhitze: etwa 240 °C
Heißluft: etwa 220 °C

5. Für die Käsecroûtons Toastbrotscheiben leicht rösten und erkalten lassen. Butter in eine kleine Schüssel geben. Mit Salz, Pfeffer, Thymian und Basilikum glatt rühren. Toastbrotscheiben mit der Basilikumbutter bestreichen und auf einem Backblech (mit Backpapier belegt) verteilen. Den Parmesan daraufstreuen. Das Backblech in den vorgeheizten Backofen schieben. Die Toastbrotscheiben **insgesamt 3–4 Minuten von beiden Seiten goldbraun überbacken.**

6. Toastbrotscheiben etwas abkühlen lassen, vom Backblech nehmen und in kleine Würfel schneiden.

7. Die Tomatensuppe nochmals kurz erhitzen. Mit Salz, Pfeffer, Essig und Zucker abschmecken. Die Suppe mit Käsecroûtons und Basilikum anrichten.

Tipp: Die Suppe statt mit Käsecroûtons mit je einem Klecks Crème fraîche oder je 1 Teelöffel grünem Pesto servieren.

Vegi-Wraps

Für Kinder – einfach

4 Portionen

Pro Portion: E: 19 g, F: 34 g, Kh: 56 g, kJ: 2534, kcal: 606, BE: 4,5

175 g Joghurt-Salatcreme
100 g Joghurt (3,5 % Fett)
Salz
gem. Pfeffer
evtl. 1 Prise Currypulver
140 g abgetropfter Gemüsemais (aus der Dose)

½ Eisbergsalat
2 mittelgroße Möhren
1 gelbe Paprikaschote
6–8 Weizen-Tortilla-Fladen (aus dem Brotregal)
150 g ger. Käse, z. B. mittelalter Gouda oder Emmentaler

Zubereitungszeit: 15 Minuten

1. Salatcreme mit Joghurt in einer Schüssel verrühren. Mit Salz, Pfeffer und evtl. 1 Prise Curry würzen. Mais untermischen.

2. Salat putzen, abspülen, abtropfen lassen, trocken tupfen und in feine Streifen schneiden. Möhren putzen, schälen, abspülen, abtropfen lassen und grob raspeln.

3. Paprikaschote halbieren, entstielen, entkernen und die weißen Scheidewände entfernen. Schotenhälften abspülen, abtropfen lassen und in feine, lange Streifen schneiden.

4. Tortilla-Fladen in einer heißen Pfanne ohne Fett nach Packungsanleitung kurz erhitzen, herausnehmen und erkalten lassen. Die Tortilla-Fladen mit den Salatstreifen, Möhrenraspeln und Paprikastreifen belegen. Mais-Joghurt-Salatcreme-Mischung daraufträufeln. Mit Käse bestreuen.

5. Zwei Seiten der Tortilla-Fladen zur Mitte hin leicht einklappen. Tortillas fest aufrollen und nach Belieben in Gläsern servieren.

Vollkorn-Stulle I

Schnell

2 Portionen

Pro Portion: E: 6 g, F: 18 g, Kh: 28 g, kJ: 1262, kcal: 303, BE: 2,5

1 EL	*gehobelte Haselnusskerne*
4	*getrocknete Soft-Feigen*
4	*Basilikumblättchen*
4 Scheiben	*Körner-Schwarzbrot*
100 g	*Ziegenfrischkäse*
	gem., schwarzer Pfeffer
½	*Birne (etwa 50 g)*
1 TL	*Zitronensaft*

Zubereitungszeit: 15 Minuten

1. Haselnusskerne in einer Pfanne ohne Fett unter Rühren goldbraun rösten, herausnehmen und auf einem Teller erkalten lassen.

2. Die Feigen in dünne Scheibchen schneiden. Basilikumblättchen abspülen, trocken tupfen und grob zerschneiden.

3. Die Schwarzbrotscheiben mit Frischkäse bestreichen und mit Pfeffer bestreuen. Birnenhälfte heiß abspülen, trocken tupfen, halbieren und entkernen. Birnenhälfte mit Schale in Streifen schneiden. Birnenstreifen mit Zitronensaft beträufeln.

4. Die Birnenstreifen mit den Feigen, Haselnusskernen und dem Basilikum auf dem Frischkäse verteilen. Jeweils 2 belegte Brotscheiben aufeinanderlegen.

Vollkorn-Super-frisch-saftig-Sandwich | Zum Mitnehmen

4 Stück

Pro Stück: E: 20 g, F: 14 g, Kh: 40 g, kJ: 1541, kcal: 366, BE: 3,5

1 geh. EL	*Sesamsamen*
100 g	*Möhren*
100 g	*Fenchelknolle*
2 EL	*Olivenöl*
2	*Clementinen (etwa 200 g)*
2 Blätter	*Radicchio (etwa 15 g)*
8 Scheiben	*Vollkorn-Sandwichbrot (280 g)*
400 g	*Hüttenkäse*
1/4 Kästchen	*Kresse*

Zubereitungszeit: 20 Minuten, ohne Durchziehzeit

1. Den Sesam in einer Pfanne ohne Fett unter Rühren goldbraun rösten, herausnehmen und auf einem Teller erkalten lassen.

2. Möhren putzen, schälen, abspülen, abtropfen lassen. Fenchel putzen, abspülen, abtropfen lassen. Möhren und Fenchel auf der groben Seite einer Haushaltsreibe raffeln, mit Olivenöl vermischen.

3. Clementinen pellen, in dünne Scheiben schneiden. Die Scheiben jeweils einmal halbieren. Radicchioblätter abspülen, abtropfen lassen und in feine Streifen schneiden.

4. Die Brotscheiben mit dem Hüttenkäse bestreichen und mit dem Sesam bestreuen. 4 der Brotscheiben zuerst mit der Möhren-Fenchel-Mischung, dann mit den Clementinenscheiben und zuletzt mit den Radicchiostreifen gleichmäßig belegen.

5. Kresse abspülen, trocken tupfen, vom Beet schneiden, daraufstreuen. Die restlichen Brotscheiben darauflegen und leicht andrücken.

6. Die Sandwich-Brote einzeln sehr fest in Frischhaltefolie wickeln und mindestens 30 Minuten durchziehen lassen.

Vollkorn-Tahini-Gurken-Sandwich | Raffiniert

4 Stück

Pro Stück: E: 13 g, F: 16 g, Kh: 36 g, kJ: 1441, kcal: 345, BE: 3,0

225 g	*Frischkäse (Doppelrahm-Frischkäse oder Frischkäse light)*
1 TL	*gem. Kreuzkümmel (Cumin)*
2 EL	*Tahini-Paste (Sesampaste)*
	Salz
50 g	*Cocktailtomaten*
150 g	*Salatgurke*
2 Stängel	*glatte Petersilie*
1 Stängel	*Minze*
8 Scheiben	*Vollkorn-Sandwichbrot (280 g)*

Zubereitungszeit: 15 Minuten, ohne Durchziehzeit

1. Den Frischkäse mit Kreuzkümmel und Tahini-Paste verrühren, mit Salz abschmecken.

2. Die Cocktailtomaten abspülen, abtrocknen, halbieren und die Stängelansätze herausschneiden. Tomaten klein schneiden.

3. Salatgurke abspülen, abtrocknen und die Enden abschneiden. Salatgurke längs halbieren und die Kerne mit einem Löffel herausschaben. Salatgurke fein würfeln.

4. Kräuterstängel abspülen, trocken tupfen und die Blättchen von den Stängeln zupfen. Die Blättchen fein hacken, mit angerührtem Frischkäse, Gurkenwürfeln und Tomatenstücken verrühren.

5. Die Hälfte der Sandwichscheiben mit der Frischkäsemischung bestreichen und die restlichen Sandwichscheiben darauflegen.

6. Die Sandwichbrote einzeln sehr fest in Frischhaltefolie wickeln und mindestens 30 Minuten (im Kühlschrank) durchziehen lassen.

Weizenklöße mit Kapern auf Möhrengemüse

Raffiniert

2 Portionen

Pro Portion: E: 30 g, F: 22 g, Kh: 86 g, kJ: 2824, kcal: 675, BE: 6,0

Für die Klöße:

125 g vorgegarter Weizen (1 Kochbeutel)

Für das Gemüse:

600 g Möhren
2 rote Zwiebeln (etwa 200 g)

etwa 2 ½ l Wasser
Salz
1 Bund Schnittlauch
1 EL Kapern (etwa 15 g, aus dem Glas)
200 g Magerquark
1 Ei (Größe M)
30 g Weizenmehl
gem. Pfeffer

40 g Butter oder Margarine
1 TL Anissamen
20 g Zucker
50 ml Wasser
1–2 EL Zitronensaft

Zubereitungszeit: 60 Minuten
Garzeit: Klöße etwa 12 Minuten, Gemüse etwa 7 Minuten

1. Für die Klöße den Weizen nach Packungsanleitung im Kochbeutel garen. Weizen abtropfen lassen, aus dem Beutel in eine Schüssel geben und etwas abkühlen lassen.

2. Für das Gemüse Möhren putzen, schälen, abspülen, abtropfen lassen und in etwa 5 cm lange Stücke schneiden. Möhrenstücke mit dem Gemüsehobel oder mit einem Messer der Länge nach in dünne Scheiben schneiden.

3. Die Zwiebeln abziehen und in Streifen schneiden.

4. Für die Klöße Wasser in einem breiten Topf zum Kochen bringen. 1–2 Teelöffel Salz hinzugeben. Den Schnittlauch abspülen, trocken tupfen (einige Halme zum Garnieren beiseitelegen) und in feine Röllchen schneiden. Kapern abtropfen lassen und grob hacken.

5. Quark, Ei, Schnittlauchröllchen, Kapern und Mehl zu dem Weizen in die Schüssel geben und gut verrühren. Mit Salz und Pfeffer würzen.

6. Aus der Masse mit einem kalt abgespülten Eiskugelformer (Ø etwa 4 ½ cm) oder zwei kalt abgespülten Esslöffeln etwa 12 Klöße formen, in das siedende Wasser geben und kurz aufkochen lassen.

7. Die Klöße ohne Deckel etwa 12 Minuten bei schwacher bis mittlerer Hitze garen (das Wasser nicht sprudelnd kochen lassen, sonst zerfallen die Klöße).

8. Für das Gemüse Butter oder Margarine zerlassen. Zwiebelstreifen darin etwa 2 Minuten andünsten.

9. Anissamen in einem Mörser grob zerstoßen, mit den Möhrenscheiben zu den Zwiebelstreifen geben. Mit Salz würzen. Das Gemüse zugedeckt etwa 5 Minuten bei mittlerer Hitze dünsten.

10. Das Möhrengemüse mit der Flüssigkeit in eine Schüssel geben und warm halten. Zucker in einem Topf goldbraun karamellisieren. Wasser hinzugeben. Den Topf von der Kochstelle nehmen.

11. Das Möhrengemüse mit der Flüssigkeit in den Topf geben, umrühren und kurz aufkochen. Mit Salz und Zitronensaft abschmecken.

12. Die Klöße mit einem Schaumlöffel aus dem Salzwasser nehmen und abtropfen lassen.

13. Weizenklöße mit dem Gemüse anrichten und mit den beiseitegelegten Schnittlauchhalmen garnieren.

Tipps: Vorgegarten Weizen finden Sie im Supermarkt meistens beim Reis. Übrig gebliebene kalte Klöße können Sie halbieren und in etwas Butterschmalz oder Olivenöl braten. Sie schmecken auch gut zu gemischtem Blatt- oder Tomatensalat.

Weizen-Risotto mit Pastinaken und glasierten Zwiebeln I

Mit Alkohol

4 Portionen

Pro Portion: E: 22 g, F: 43 g, Kh: 112 g, kJ: 4057, kcal: 968, BE: 9,0

150 g ganze Weizenkörner
300 g Zwiebeln
1 Knoblauchzehe
125 g Bergkäse
1 Bund Petersilie
500 g Pastinaken
2–2,2 l Gemüsebrühe
100 g Butter
300 g Risotto-Reis
200 ml trockener Weißwein
Salz, gem., schwarzer Pfeffer
2 geh. EL Zucker
200 ml Birnensaft
2 EL Balsamico-Essig
4 EL Walnussöl

Zubereitungszeit: 50 Minuten, ohne Einweichzeit

1. Am Vortag die Weizenkörner in eine Schüssel geben, mit kaltem Wasser übergießen, sodass sie ganz bedeckt sind. Weizenkörner über Nacht einweichen.

2. Am nächsten Tag die Weizenkörner abgießen, in einen Topf geben, so viel Wasser hinzugießen, dass sie ganz bedeckt sind, zum Kochen bringen. Weizenkörner zugedeckt 40–45 Minuten bei schwacher Hitze kochen lassen. Den Topf von der Kochstelle nehmen.

3. In der Zwischenzeit Zwiebeln und Knoblauch abziehen. 100 g der Zwiebeln in kleine Würfel schneiden. Knoblauch in dünne Scheiben schneiden. Restliche Zwiebeln zuerst in dünne Scheiben schneiden, dann in Ringe teilen. Bergkäse entrinden und fein reiben.

4. Petersilie abspülen und trocken tupfen. Die Blättchen von den Stängeln zupfen. Blättchen klein schneiden. Pastinaken schälen, abspülen, abtropfen lassen und in dünne Scheiben schneiden, große Pastinaken evtl. zuvor durchschneiden.

5. Die Brühe aufkochen lassen. Die Hälfte der Butter in einem Topf zerlassen. Die Zwiebelwürfel und Knoblauchscheiben darin bei mittlerer Hitze andünsten. Den Reis hinzugeben und kurz glasig-weiß andünsten. Mit Wein ablöschen und fast vollständig einkochen lassen.

6. Weizenkörner hinzugeben, ein Achtel der heißen Brühe hinzugießen und bei mittlerer Hitze kochen lassen. Mit Salz und Pfeffer würzen.

7. Den Risotto etwa 20 Minuten unter häufigem Rühren al dente garen. Dabei nach und nach die restliche, heiße Brühe (sobald die Brühe vom Reis aufgenommen wurde) hinzugießen.

8. Die Pastinakenscheiben nach etwa 10 Minuten Garzeit unter den Reis rühren und mitgaren lassen.

9. In der Zwischenzeit restliche Butter in einer Pfanne zerlassen. Zwiebelringe mit Zucker, etwas Salz und Pfeffer kräftig andünsten.

10. Nach und nach den Birnensaft mit dem Balsamico hinzugeben und immer wieder ganz einkochen lassen, bis die Zwiebelringe weich sind.

11. Den geriebenen Bergkäse und die Petersilie unter den Risotto rühren, evtl. nachwürzen. Weizen-Risotto anrichten. Glasierte Zwiebelringe darauf verteilen und mit Walnussöl beträufeln.

Weizensuppe mit getrockneten Steinpilzen und Tomaten I

Einfach

4 Portionen

Pro Portion: E: 14 g, F: 12 g, Kh: 43 g, kJ: 1430, kcal: 342, BE: 3,0

250 g	*Weizenkörner*
20 g	*getrocknete Steinpilze*
2	*Zwiebeln (etwa 100 g)*
3 EL	*Olivenöl*
1 Msp.	*getrocknete Chiliflocken*
½ TL	*gerebelter Thymian*
1 l	*Gemüsebrühe*
2 Stangen	*Porree (Lauch, etwa 350 g)*
250 g	*Strauchtomaten*
3 Stängel	*Basilikum*
	Salz
	gem. Pfeffer
30 g	*Parmesan (am Stück)*

Zubereitungszeit: 35 Minuten, ohne Einweichzeit
Garzeit: etwa 70 Minuten

1. Weizen in eine flache Schüssel geben, etwa 3 cm hoch mit Wasser übergießen und mindestens 12 Stunden (am besten über Nacht) einweichen.

2. Steinpilze kurz mit kaltem Wasser abspülen und abtropfen lassen. Eingeweichten Weizen in einem Sieb abtropfen lassen.

3. Zwiebeln abziehen und in grobe Würfel schneiden. Olivenöl in einem Topf erhitzen. Zwiebelwürfel, Chiliflocken und Thymian darin andünsten. Weizen hinzugeben und kurz mitdünsten lassen.

4. Die Steinpilze und Gemüsebrühe hinzugeben, zum Kochen bringen. Die Suppe zugedeckt etwa 60 Minuten bei schwacher Hitze kochen.

5. In der Zwischenzeit den Porree putzen, die Stangen längs halbieren, gründlich waschen, abtropfen lassen und quer in etwa 1 cm breite Stücke schneiden. Die Tomaten abspülen, trocken tupfen, halbieren und die Stängelansätze herausschneiden. Tomatenhälften entkernen. Kerne durch ein Sieb streichen und den Saft auffangen. Tomatenhälften in Spalten schneiden.

6. Porreestücke in die Suppe geben und etwa 5 Minuten mitgaren. Basilikum abspülen und trocken tupfen. Die Blättchen von den Stängeln zupfen. Blättchen in Streifen schneiden.

7. Tomatenspalten mit dem aufgefangenen Tomatensaft in die Suppe geben und weitere etwa 5 Minuten bei schwacher Hitze kochen. Die Suppe mit Salz und Pfeffer abschmecken.

8. Käse hobeln oder raspeln. Käse und Basilikumstreifen kurz vor dem Servieren auf die Suppe streuen.

Variante: Buchweizensuppe (4 Portionen). Für die Suppe 1 Liter Gemüsebrühe in einen Topf geben. 200 g grob geschrotenen Buchweizen unterrühren und etwa 1 Stunde quellen lassen. 1 Bund Frühlingszwiebeln putzen, abspülen, abtropfen lassen und in Scheiben schneiden. 2 Stangen Staudensellerie putzen und die harten Außenfäden abziehen. Die Selleriestangen abspülen, abtropfen lassen und ebenfalls in Scheiben schneiden. 1 Knoblauchzehe abziehen und in kleine Würfel schneiden. 3 Esslöffel Speiseöl in einem Topf erhitzen. Das vorbereitete Gemüse sowie die Knoblauchwürfel darin andünsten. Den Buchweizenbrei mit der Brühe hinzugeben und unterrühren. Die Buchweizensuppe etwa 25 Minuten bei schwacher Hitze garen. Die Suppe mit Salz, Pfeffer, Muskatnuss und gerebeltem Oregano abschmecken. Die Buchweizensuppe in 4 vorgewärmte Suppentassen füllen. Mit 20 g geriebenem Gouda oder Edamer und 2 Esslöffeln Schnittlauchröllchen bestreut servieren.

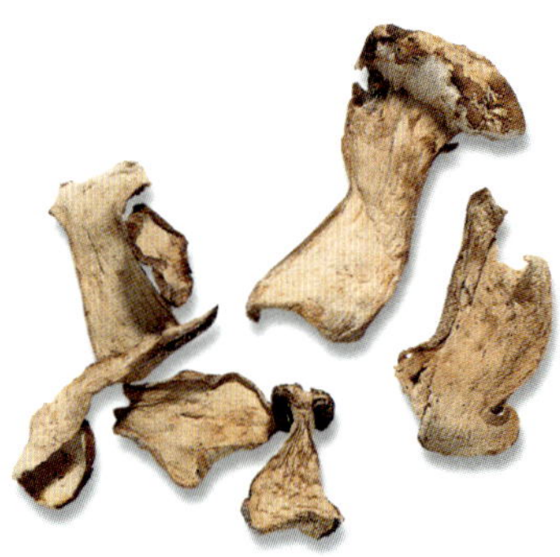

Wintersuppe mit Graupen und weißen Bohnen

Preiswert

4 Portionen

VEGAN

Pro Portion: E: 23 g, F: 3 g, Kh: 68 g, kJ: 1656, kcal: 392, BE: 5,5

- *250 g getrocknete, kleine, weiße Bohnen*
- *150 g Perlgraupen*
- *Salz*
- *1 Zwiebel*
- *5 Stängel Liebstöckel*
- *3 l Gemüsebrühe*
- *1 Lorbeerblatt*
- *50 g Staudensellerie*
- *100 g Porree (Lauch)*
- *250 g Möhren*
- *200 g Wirsing*
- *100 g Backobst*
- *gem., schwarzer Pfeffer*
- *4 EL frisch geschabter Meerrettich*

Zubereitungszeit: 45 Minuten, ohne Einweichzeit
Garzeit: Suppe etwa 60 Minuten

1. Die Bohnen in einer Schüssel mit kaltem Wasser übergießen, sodass sie ganz bedeckt sind. Die Bohnen über Nacht einweichen.

2. Am nächsten Tag die Graupen in ein Sieb geben und so lange mit kaltem Wasser abspülen, bis das Wasser fast klar abläuft.

3. Wasser in einem Topf zum Kochen bringen, etwas Salz hinzugeben. Die Graupen darin etwa 40 Minuten kochen lassen. Anschließend in einem Sieb abgießen, mit kaltem Wasser abspülen und abtropfen lassen.

4. Die eingeweichten Bohnen in einem Sieb abtropfen lassen. Die Zwiebel abziehen. Liebstöckel abspülen und trocken tupfen. Gemüsebrühe mit den Bohnen, Lorbeerblatt, 2 Stängeln Liebstöckel und der ganzen Zwiebel in einem großen Topf zum Kochen bringen und ohne Deckel etwa 45 Minuten kochen lassen, bis die Bohnen weich sind. Dabei ab und zu den Schaum mit einem Schaumlöffel abschöpfen.

5. In der Zwischenzeit Staudensellerie putzen und die harten Außenfäden abziehen. Selleriestange abspülen, abtropfen lassen und in dünne Scheiben schneiden. Porree putzen, die Stange längs halbieren, gründlich waschen, abtropfen lassen und in dünne Scheiben schneiden. Die Möhren putzen, schälen, abspülen, abtropfen lassen und in etwa 1 1/2 cm große Würfel schneiden.

6. Wirsing putzen, halbieren und den Strunk herausschneiden. Von den Wirsingblättern die dicken Blattrippen entfernen. Wirsingblätter abspülen, abtropfen lassen und in mundgerechte Stücke schneiden. Das Backobst fein würfeln.

7. Die Zwiebel, das Lorbeerblatt und den Liebstöckel mit dem Schaumlöffel aus der Brühe nehmen.

8. Sellerie-, Porreescheiben, Möhrenwürfel und Wirsing zu der Brühe mit den Bohnen in den Topf geben, mit Salz und Pfeffer würzen. Die Suppe wieder zum Kochen bringen und weitere etwa 15 Minuten ohne Deckel kochen lassen.

9. Von den restlichen Liebstöckelstängeln die Blätter abzupfen. Blätter grob zerschneiden. Die Graupen in die Suppe geben und miterhitzen. Zuletzt Backobstwürfel unterheben.

10. Die Suppe in Tellern anrichten und mit frisch geschabtem Meerrettich bestreut servieren.

Wokgemüse mit Sojabohnen und Tofu | Für Gäste – dauert länger

4 Portionen

VEGAN

Pro Portion: E: 45 g, F: 37 g, Kh: 44 g, kJ: 2901, kcal: 693, BE: 3,5

- *175 g getrocknete Sojabohnen*
- *50 g frischer Ingwer*
- *3 Knoblauchzehen*
- *1/2–1 rote Chilischote*
- *4 EL Zucker*
- *7 EL Sojasauce*
- *400 ml Gemüsebrühe*
- *2 EL dunkles, asiatisches Sesamöl*
- *2 rote Zwiebeln*
- *200 g Zuckerschoten*
- *450 g rote Paprikaschoten*
- *6 Frühlingszwiebeln (etwa 100 g)*
- *500 g Tofu*
- *50 g Cashewkerne (geröstet und gesalzen)*
- *1 gestr. EL Speisestärke*
- *4 EL Sonnenblumenöl*
- *6 Stängel Thai-Basilikum*

Zubereitungszeit: 35 Minuten, ohne Einweichzeit
Garzeit: Sojabohnen etwa 2 Stunden

1. Am Vortag die Sojabohnen in eine Schüssel geben. Mit kaltem Wasser übergießen, sodass sie ganz bedeckt sind. Sojabohnen über Nacht einweichen.

2. Am nächsten Tag die Sojabohnen abgießen, in einen Topf geben, so viel Wasser hinzugießen, dass die Bohnen ganz bedeckt sind. Sojabohnen zugedeckt etwa 2 Stunden bei schwacher Hitze kochen lassen.

3. In der Zwischenzeit Ingwer schälen. Knoblauch abziehen, beides in kleine Würfel schneiden. Chilischote abspülen, trocken tupfen und entstielen. Chilischote mit den Kernen fein hacken.

4. Ingwer-, Knoblauchwürfel, Chili, Zucker, Sojasauce, Gemüsebrühe und Sesamöl in einer Schüssel vermischen, beiseitestellen.

5. Zwiebeln abziehen und in etwa 1 cm breite Spalten schneiden. Von den Zuckerschoten die Enden abschneiden, evtl. abfädeln. Zuckerschoten abspülen, trocken tupfen und schräg halbieren.

6. Paprikaschoten halbieren, entstielen, entkernen und die weißen Scheidewände entfernen. Schoten abspülen, abtropfen lassen und in etwa 1 1/2 cm breite Streifen schneiden. Frühlingszwiebeln putzen, abspülen, abtropfen lassen und der Länge nach schräg in etwa 1 cm breite Scheiben schneiden. Tofu abtropfen lassen und in etwa 2 cm breite Streifen schneiden. Gegarte Sojabohnen in einem Sieb abtropfen lassen. Cashewkerne grob hacken. Speisestärke mit 3 Esslöffeln kaltem Wasser anrühren.

7. Jeweils die Hälfte des Sonnenblumenöls in einem großen Wok erhitzen. Das vorbereitete Gemüse darin in 2 Portionen mit den Sojabohnen unter Rühren bei starker Hitze kräftig andünsten, bis es leicht zusammenfällt. Dann die beiseitegestellte Soja-Sesamöl-Mischung hinzugeben und unter Rühren kochen lassen, bis nur noch etwa ein Viertel der Flüssigkeit vorhanden und das Gemüse knackig gegart ist.

8. Die Tofustreifen vorsichtig untermischen und kurz erhitzen. Angerührte Speisestärke unterrühren und unter vorsichtigem Rühren einmal aufkochen lassen.

9. Thai-Basilikum abspülen und trocken tupfen. Die Blättchen von den Stängeln zupfen. Blättchen grob zerschneiden. Cashewkerne mit dem Basilikum unter das Gemüse heben.

10. Das Wokgemüse auf Tellern anrichten und sofort servieren.

Tipp: Zu dem Gemüse Duftreis servieren.

Yufkarollen mit Gemüse-Feta-Füllung I

Raffiniert

4 Portionen

Pro Portion: E: 22 g, F: 34 g, Kh: 96 g, kJ: 3311, kcal: 791, BE: 8,0

2	*Knoblauchzehen*
2	*kleine Tomaten*
450 g	*abgetropfte, geröstete Paprikahälften (aus dem Glas)*
1/2 Bund	*glatte Petersilie*
200 g	*Fetakäse*
	1/2 TL fein abger. Schale von
1	*Bio-Zitrone (unbehandelt, ungewachst)*
	gem. Pfeffer
evtl. etwas	*gem. Kreuzkümmel (Cumin)*
8–12	*große, runde Yufka-Teigblätter (erhältlich in türkischen Lebensmittelläden)*
etwa 250 ml	*Speiseöl, z. B. Sonnenblumenöl*

Zubereitungszeit: 20 Minuten
Garzeit: 2–5 Minuten

1. Den Knoblauch abziehen und sehr fein würfeln.

2. Tomaten abspülen, abtropfen lassen, halbieren und die Stängelansätze herausschneiden. Tomatenhälften in sehr kleine Würfel schneiden. Paprikahälften mit Küchenpapier trocken tupfen, nach Belieben längs in feine Streifen schneiden. Petersilie abspülen und trocken tupfen. Die Blättchen von den Stängeln zupfen. Blättchen grob zerschneiden.

3. Fetakäse fein zerbröseln und in eine Schüssel geben. Petersilie und Zitronenschale untermischen. Mit Pfeffer und nach Belieben mit Kreuzkümmel würzen.

4. Yufka-Teigblätter auf der Arbeitsfläche ausbreiten und dünn mit Speiseöl bestreichen. Jeweils 2 Teigblätter übereinanderlegen. Mit einem scharfen Messer in Viertel schneiden. Vorbereitete Gemüsezutaten und die Fetakäse-Petersilien-Mischung auf den runden Seiten der einzelnen Teigstücke verteilen, dabei die Teigränder jeweils etwas frei lassen. Die Seiten etwas einklappen. Die Teigdreiecke je zur Spitze hin aufrollen. Die Ränder leicht andrücken.

5. Jeweils etwas Speiseöl in einer großen Pfanne erhitzen. Die Teigrollen darin portionsweise schwimmend etwa 2 Minuten von allen Seiten knusprig braun braten. Yufkarollen mit einem Schaumlöffel herausnehmen, auf Küchenpapier legen und abtropfen lassen.

Tipps: Zu den Yufkarollen schmeckt ein frischer, würziger **Joghurt-Kräuter-Dip.** Dazu 200 g Joghurt (3,5 % Fett) mit Salz, Pfeffer und 1 zerdrückten Knoblauchzehe verrühren. 2 Esslöffel Olivenöl und gehackte Kräuter nach Geschmack, z. B. Basilikum, Petersilie, Koriander oder Minze, gut unterrühren. Mit einem würzigen Tomaten- oder Gurkensalat serviert, wird aus den Yufkarollen ein schneller, sommerlicher Mittags- oder Abend-Snack. Die Yufkarollen schmecken auch kalt sehr gut.

Zitronenkartoffeln mit Petersilie

Beliebt

4 Portionen

VEGAN

Pro Portion: E: 4 g, F: 15 g, Kh: 29 g, kJ: 1148, kcal: 274, BE: 2,5

750 g kleine, festkochende Kartoffeln
1 Bio-Zitrone (unbehandelt, ungewachst)

Für die Marinade:
1/2 Bund glatte Petersilie
1 Knoblauchzehe
1/2 TL Fenchelsamen
125 ml Gemüsebrühe
1–2 EL Sherry-Essig
6 EL Olivenöl
Salz, gem. Pfeffer

1–2 TL brauner Zucker (Rohrzucker)

Zubereitungszeit: 30 Minuten, ohne Marinierzeit

1. Kartoffeln gründlich waschen, knapp mit Wasser bedeckt zum Kochen bringen und 20–25 Minuten garen. Die Kartoffeln abgießen, mit kaltem Wasser abschrecken, abtropfen lassen und heiß pellen.

2. In der Zwischenzeit die Zitrone heiß abwaschen, abtrocknen, längs halbieren und in dünne Scheiben schneiden, dabei die Kerne entfernen.

3. Für die Marinade Petersilie abspülen und trocken tupfen. Die Blättchen von den Stängeln zupfen. Blättchen in schmale Streifen schneiden. Den Knoblauch abziehen und durch eine Knoblauchpresse drücken. Fenchel im Mörser zerdrücken.

4. Gemüsebrühe in einem Topf zum Kochen bringen. Den Topf von der Kochstelle nehmen. Essig, Petersilienstreifen, Knoblauch und Fenchel unterrühren. Das Olivenöl unterschlagen. Mit Salz und Pfeffer würzen.

5. Kartoffeln und Zitronenspalten in eine Schüssel geben, mit der Marinade übergießen und mindestens 2 Stunden durchziehen lassen. Zitronenkartoffeln mit Salz, Pfeffer und Zucker abschmecken.

Zucchini mit Kürbis-Paprika-Gemüse | VEGAN

Dauert länger

12 Portionen

Pro Portion: E: 7 g, F: 7 g, Kh: 40 g, kJ: 1056, kcal: 253, BE: 3,0

12 kleine Zucchini (etwa 1,2 kg)
Salz

Für die Füllung:

500 g Langkornreis
400 g abgetropfte Tomaten (aus der Dose)
1 Bund glatte Petersilie
gerebelter Thymian
gerebelter Majoran
gem. Pfeffer

Für das Gemüse:

400 g abgetropfte Kürbisstücke (aus dem Glas)
je 4 rote und grüne Paprikaschoten (etwa 800 g)
2 mittelgroße Zwiebeln
4 EL Olivenöl
3 EL Tomatenmark
400 ml Gemüsebrühe

Zubereitungszeit: 70 Minuten, ohne Abkühlzeit
Garzeit: etwa 40 Minuten

1. Zucchini abspülen, abtrocknen und die Enden abschneiden. Zucchini längs halbieren und eine dünne Standfläche abschneiden. Zucchinihälften in kochendem Salzwasser etwa 5 Minuten kochen, in einem Sieb abtropfen und etwas abkühlen lassen. Aus den Zucchinihälften mithilfe eines Teelöffels etwas Fruchtfleisch herausschaben. Dabei darauf achten, dass eine gleichmäßig starke Wand stehen bleibt. Herausgenommenes Fruchtfleisch klein schneiden.

2. Für die Füllung den Reis in kochendem Salzwasser nach Packungsanleitung in 12–15 Minuten bissfest kochen. Anschließend in einem Sieb abtropfen lassen. Tomaten klein schneiden. Die Petersilie abspülen und trocken tupfen. Die Blättchen von den Stängeln zupfen. Blättchen klein schneiden.

3. Reis mit Tomatenstücken, Zucchinifleisch, Petersilie, Thymian und Majoran mischen. Mit Salz und Pfeffer würzen. Die vorbereiteten Zucchinihälften mit der Mischung füllen.

4. Den Backofen vorheizen.
Ober-/Unterhitze: etwa 180 °C
Heißluft: etwa 160 °C

5. Für das Gemüse die Kürbisstücke nochmals halbieren. Paprikaschoten halbieren, entstielen, entkernen und die weißen Scheidewände entfernen. Schotenhälften abspülen, abtropfen lassen und in grobe Würfel schneiden.

6. Zwiebeln abziehen und klein würfeln. Etwas Olivenöl in einer hitzebeständigen Auflaufform erhitzen. Die Zwiebelwürfel und Paprikastücke darin unter Rühren andünsten, Tomatenmark untermischen. Gemüsebrühe hinzugießen und vermengen.

7. Die gefüllten Zucchinihälften daraufsetzen und mit restlichem Olivenöl beträufeln. Die Form auf dem Rost in den vorgeheizten Backofen schieben. Die Zucchini **etwa 40 Minuten garen.**

8. Nach etwa 30 Minuten Garzeit die Kürbisstücke zu dem Gemüse in die Auflaufform geben und fertig garen. Gemüse nochmals mit Salz und Pfeffer abschmecken.

Zwiebelsuppe | Mit Alkohol

2 Portionen

Pro Portion: E: 20 g, F: 47 g, Kh: 31 g, kJ: 2682, kcal: 641, BE: 1,0

2 große Gemüsezwiebeln oder
4 kleine Zwiebeln
50 g Butter
Salz
1 EL Port- oder Weißwein
1 EL Balsamico-Essig
600 ml Gemüsebrühe
1 Lorbeerblatt
1 Bund Suppengrün (Möhren, Sellerie, Porree)
1 Zweig Thymian

Für die Käsecroûtons:

4 Scheiben Baguette oder
2 Scheiben Toastbrot
etwa 90 g ger. Gruyère-Käse oder ein anderer würziger Käse

gem. Pfeffer
2 TL frisch gehackte Petersilie

Zubereitungszeit: 25 Minuten
Garzeit: 45–60 Minuten

1. Die Zwiebeln abziehen, zuerst in dünne Scheiben schneiden, dann in Ringe teilen. Butter in einem Topf zerlassen und leicht bräunen lassen. Die Zwiebelringe darin unter Rühren 10–15 Minuten anbraten, bis sie weich und braun sind. Mit Salz würzen.

2. Zwiebeln mit Wein und Essig ablöschen. Darauf achten, dass sich die Röststoffe vom Boden lösen. Evtl. mit einem Holzschaber/-spachtel loskratzen. Brühe und Lorbeerblatt hinzugeben.

3. Das Suppengrün putzen, schälen, abspülen und abtropfen lassen. Thymian abspülen und trocken tupfen. Suppengrün und den Thymianzweig mit Küchengarn zusammenbinden, in die Suppe geben und zum Kochen bringen. Suppe 45–60 Minuten mit schräg aufliegendem Deckel kochen lassen.

4. Den Backofen vorheizen.
Ober-/Unterhitze: etwa 220 °C
Heißluft: etwa 200 °C

5. In der Zwischenzeit die Käsecroûtons vorbereiten. Dafür die Baguette- oder Toastbrotscheiben dick mit dem geriebenen Käse bestreuen und auf ein Backblech legen.

6. Das Backblech kurz vor Ende der Zwiebelsuppen-Kochzeit in den vorgeheizten Backofen schieben. Die Brotscheiben so lange überbacken, bis der Käseberg flach geschmolzen ist. Das Backblech aus dem Backofen nehmen.

7. Nach Belieben den geschmolzenen Käse so lange mit einem Küchenbrenner bearbeiten, bis der Käse Blasen wirft und braun wird.

8. Suppengrün mit dem Thymianzweig und Lorbeerblatt aus der Suppe entfernen. Die Zwiebelsuppe nochmals mit Salz und Pfeffer abschmecken.

9. Die Zwiebelsuppe in Suppentassen oder -teller füllen. Jeweils einen gebrannten Croûton in der Suppe schwimmen lassen. Die Zwiebelsuppe mit gehackter Petersilie bestreuen.

Zwiebeltarte

Würziger Genuss – mit Alkohol

8 große Stücke

Pro Stück: E: 9 g, F: 28 g, Kh: 29 g, kJ: 1771, kcal: 424, BE: 2,0

Für den Teig:

100 g kalte Butter
250 g Weizenmehl
1 gestr. TL Salz
100 ml sehr kaltes Wasser
1 TL Weißweinessig

Für den Belag:

700 g Gemüsezwiebeln
2 Knoblauchzehen
5 EL Olivenöl
1 TL Fenchelsamen
Salz
gem., schwarzer Pfeffer
175 ml trockener Weißwein
75 g Crème fraîche
50 g Schlagsahne
1 Ei (Größe L)
1 Eigelb (Größe L)
je 3 Stängel Thymian und Oregano
50 g schwarze Oliven, mit Stein, z. B. Kalamata
75 g Parmesan (am Stück)

Außerdem:

10 g Butter für die Form

Zubereitungszeit: 70 Minuten, ohne Kühlzeit
Backzeit: 33–38 Minuten

1. Für den Teig kalte Butter in kleine Würfel schneiden. Mehl mit Salz in einer Rührschüssel mischen. Die Butterwürfel darauf verteilen. Kaltes Wasser mit Essig verrühren und in die Mitte des Mehls geben.

2. Die Zutaten schnell mit den Händen zu einem Teig verkneten und zu einer Kugel formen.

3. Die Kugel in Frischhaltefolie gewickelt etwa 30 Minuten in den Kühlschrank stellen.

4. Für den Belag Zwiebeln und Knoblauch abziehen. Zwiebeln längs halbieren und in etwa 1/2 cm dicke Spalten schneiden. Knoblauch sehr klein schneiden.

5. Olivenöl in einem weiten Topf erhitzen. Zwiebeln, Knoblauch und Fenchelsamen darin bei starker Hitze unter Rühren kräftig andünsten. Mit Salz und Pfeffer würzen.

6. Mit Weißwein ablöschen und ganz einkochen lassen, bis fast keine Flüssigkeit mehr vorhanden ist. Dabei ab und zu umrühren.

7. Den Backofen vorheizen.
Ober-/Unterhitze: etwa 200 °C
Heißluft: etwa 180 °C

8. Den Teig auf einer leicht bemehlten Arbeitsfläche zu einer runden Platte (Ø 31–32 cm) ausrollen, in eine Tarteform (Ø 28 cm, mit Butter gefettet) legen und leicht andrücken. Den Teigrand glatt abschneiden, den Teigboden mehrmals mit einer Gabel einstechen.

9. Die Form auf dem Rost in den vorgeheizten Backofen (unteres Drittel) schieben. Boden **15–18 Minuten vorbacken.**

10. Die Form auf einen Kuchenrost stellen. Die **Backofentemperatur auf Ober-Unterhitze: etwa 180 °C, Heißluft: etwa 160 °C herunterschalten.**

11. Crème fraîche mit Sahne, Ei und Eigelb verrühren, mit etwas Salz würzen. Thymian und Oregano abspülen und trocken tupfen. Die Blättchen von den Stängel zupfen. Blättchen klein schneiden, unter die Eiersahne rühren. Die Oliven vom Stein schneiden.

12. Zwiebelmasse mit den Oliven auf den vorgebackenen Boden geben. Die Eier-Kräuter-Sahne darauf verteilen. Den Käse grob raffeln und daraufstreuen.

13. Die Form wieder auf dem Rost in den heißen Backofen (unteres Drittel) schieben. Die Zwiebeltarte **18–20 Minuten backen.**

14. Die Form auf einen Kuchenrost stellen. Die Tarte etwas abkühlen lassen und lauwarm servieren.

Zwiebeltarte mit Feigen

Etwas Besonderes

8 Stücke

Pro Stück: E: 10 g, F: 18 g, Kh: 41 g,
kJ: 1530, kcal: 366, BE: 3,0

Für den Belag:

600 g rote Zwiebeln
3 Stängel Rosmarin
8 Stängel Thymian
2 EL Olivenöl
500 ml roter Traubensaft
Salz
gem. Pfeffer

Für den Quark-Öl-Teig:

150 g Dinkelmehl (Type 630)
1 gestr. TL Dr. Oetker Backin
80 g Magerquark
50 ml Milch
50 ml Speiseöl, z. B. Sonnenblumenöl

1 EL Semmelbrösel

8 reife Feigen (etwa 500 g)
150 g Schafskäse
50 g Walnusskerne
2 EL Weizenmehl

Zubereitungszeit: 60 Minuten
Backzeit: etwa 30 Minuten

1. Für den Belag Zwiebeln abziehen und in Spalten schneiden. Rosmarin und Thymian abspülen, trocken tupfen. Die Blättchen bzw. Nadeln von den Stängeln zupfen. Einige Thymianblättchen und Rosmarinnadeln zum Garnieren beiseitelegen.

2. Olivenöl in einem breiten Topf erhitzen. Die Zwiebelspalten, Thymianblättchen und Rosmarinnadeln darin kurz andünsten. Die Hälfte des Traubensaftes hinzugießen und zum Kochen bringen. Die Zwiebelspalten zugedeckt etwa 20 Minuten bei mittlerer Hitze garen. Mit Salz und Pfeffer würzen. Zwiebelspalten in einem Sieb abtropfen lassen, dabei den Sud auffangen, die Zwiebelspalten etwas abkühlen lassen.

3. Für den Teig Mehl mit Backpulver und ½ Teelöffel Salz in einer Rührschüssel mischen. Quark, Milch und Speiseöl hinzufügen.

4. Die Zutaten mit einem Mixer (Knethaken) zunächst kurz auf niedrigster, dann auf höchster Stufe zu einem glatten Teig verarbeiten (nicht zu lange, der Teig klebt sonst).

5. Den Backofen vorheizen.
Ober-/Unterhitze: etwa 200 °C
Heißluft: etwa 180 °C

6. Den Teig auf einer leicht bemehlten Arbeitsfläche zu einer runden Platte (Ø etwa 32 cm) ausrollen und in eine Tarteform (Ø 28 cm, gefettet, mit Semmelbröseln bestreut) legen. Den Rand dabei andrücken. Teigboden mehrmals mit einer Gabel einstechen.

7. Feigen abspülen, abtrocknen und evtl. die Haut abziehen. Feigen entstielen und halbieren. Schafskäse trocken tupfen. Walnusskerne grob hacken.

8. Mehl unter die lauwarmen Zwiebelspalten heben. Zwiebelspalten auf dem Teig verteilen. Die Feigen mit der Schnittfläche nach oben darauflegen. Walnusskerne in die Zwischenräume geben. Schafskäse grob zerbröseln und auf den Zwiebelspalten und Feigen verteilen.

9. Die Form auf dem Rost in den vorgeheizten Backofen (untere Schiene) schieben. Die Zwiebeltarte **etwa 30 Minuten backen.**

10. In der Zwischenzeit den restlichen Traubensaft und aufgefangenen Zwiebelsud in einen weiten Topf geben, zum Kochen bringen und so lange einkochen lassen, bis ein dickflüssiger Sirup entstanden ist (etwa 3 Esslöffel).

11. Die Form auf einen Rost stellen. Die Tarte in Stücke schneiden, mit beiseitegelegten Kräutern garnieren und mit dem Sirup beträufeln.

12. Sollte der Sirup zu fest geworden sein, etwas Wasser unter den Sirup geben und unter Rühren kurz erhitzen.

Vegetarische Ernährung

Vegetarische Ernährung liegt immer mehr im Trend bei den Verbrauchern.
Vegetarische Ernährung ist nicht zu verwechseln mit der Vollwerternährung. Die Vollwerternährung basiert auf den 10 Regeln der Deutschen Gesellschaft für Ernährung (DGE) bzw. der Ernährungspyramide/dem Ernährungskreis mit ihren sieben Lebensmittelgruppen (und diese umfasst einen gelegentlichen Fleisch- und Geflügelkonsum 2-3 x pro Woche).
Wer sich vegetarisch ernährt, verzichtet bewusst auf Fleisch, Geflügel, Fisch sowie Wurstwaren inklusive Rinder- und Hühnerbrühe. Dazu auf sogenannte Zusatzstoffe und Aromen auf tierischer Basis.

Ist fleischlos essen gesünder?

Die neusten Untersuchungen zeigen, dass Vegetarier oftmals älter werden als der Durchschnittsbürger. Studien belegen, dass durch eine vegetarische Ernährung folgende Werte verändert werden:

- Harnsäurewert (geringeres Gichtrisiko)
- Cholesterinwerte (geringeres Risiko für Herzkrankheiten)
- Blutdruck (geringeres Schlaganfallrisiko)
- Körpergewicht (besserer Allgemeinzustand)
- höherer Widerstandskraft gegen Krankheiten

Prinzipiell ist eine vegetarische Kost damit bedenkenlos möglich. Diese Tatsache beruht auch darauf, dass sich die meisten Vegetarier mehr Gedanken um eine gesunde Ernährung machen. Das heißt, sie leben oft bewusster und gesünder, weil sie meist auf Alkohol und aufs Rauchen verzichten. Sie bewegen sich viel im Alltag und treiben regelmäßig Sport.
Vegetarier leben gesundheits- und umweltbewusst, indem sie Lebensmittel aus dem Bio-Segment bevorzugen und durch ihren Einkauf die natürlichen Ressourcen unser Natur und Umwelt schonen.
Durch ihre fleischfreie Ernährung essen sie gleichzeitig weniger Fett und Eiweiß (Protein). Das schützt vor den sogenannten Zivilisationskrankheiten wie Diabetes, Gicht oder Fettstoffwechselstörungen.
Fleisch ist als tierische Proteinquelle nicht unbedingt nötig. Wer jedoch einfach Fleisch und Fleischprodukte weglässt, bei dem kann es zu Mangelerscheinungen kommen, da er seine Nahrung möglicherweise falsch zusammenstellt.

Wichtig ist hierbei jedoch immer ein abwechslungsreicher Speiseplan, dann kann man sich – auch ohne Fleisch – gesund ernähren. Dazu sollte man auf die richtige Kombination verschiedener Proteinträger achten, damit das pflanzliche Eiweiß besser ausgenutzt werden kann.

Vegetarier ernähren sich vorwiegend (Veganer ausschließlich) von pflanzlichen Lebensmitteln und verzichten weitgehend auf tierische Lebensmittel. Die Argumente für vegetarisches Essen sind ganz verschieden. Für einige ist der Gesundheitsaspekt sehr wichtig, andere lehnen aus religiösen oder Umweltgründen tierische Produkte ab.

Bei der vegetarischen Ernährung gibt es verschiedene Ausprägungen – abhängig nach dem Anteil erlaubter tierischer Lebensmittel. Hier eine Übersicht über die gängigsten drei vegetarischen Ernährungsformen:

Ovo-lacto-vegetabile Ernährung

Neben der pflanzlichen Kost (wie Gemüse und Hülsenfrüchte) werden auch tierische Produkte von lebenden Nutztieren wie Milch, Milchprodukte und Eier verzehrt. Wenn möglich alles aus Bio-Qualität.
Ovo-Lacto-Vegetarier verzehren generell kein Fleisch, dazu zählen auch Wurstwaren, Wild, Geflügel, Fisch und Meerestiere.

In Deutschland ernähren sich die meisten Vegetarier ovo-lacto-vegetabil.

Lacto-vegetabile Ernährung

Diese Ernährungsform ähnelt der von Ovo-Lacto-Vegetariern, jedoch wird zusätzlich auf den Verzehr von Eiern verzichtet – frisch oder in Form von Teigwaren, Kuchen, Saucen und anderem mehr.

Vegane Ernährung

Die Ernährung des Veganers besteht ausschließlich aus Pflanzenkost. Tierische Produkte (egal von welchem Nutztier) werden generell aus Tierliebe und Respekt gegenüber dem Lebewesen Tier abgelehnt. Dazu zählen nicht nur Fleisch und Wurst, Fisch und Meerestiere, Wild und Geflügel, sondern auch Milch, Milchprodukte und Eier und sogar Honig.
Die vegane Ernährung ist nach der Empfehlung der DGE nur für gesunde Erwachsene als dauerhafte Ernährungsweise geeignet, unter der Voraussetzung, dass Veganer sich unbedingt detaillierte Ernährungskenntnisse aneignen. Denn, durch diese Ernährungsform kann es leicht zu einem Nährstoff-Mangel kommen (Schwangere, Kinder und ältere Menschen sollten sich möglichst nicht vegan ernähren).

Auf die Mischung kommt es an

Die vegetarische Ernährung beruht auf folgenden Nahrungsmittelgruppen, die möglichst täglich – in abwechslungsreicher Zusammenstellung – verzehrt werden sollten:

Kohlenhydrate machen satt und fit

Getreideprodukte wie Bulgur, Couscous, Dinkel oder Weizen, Hafer. Hirse und Kartoffeln machen angenehm satt. (Vollkorn-)Reis, (Vollkorn-)Nudeln und Hülsenfrüchte (wie Erbsen oder Linsen) enthalten auch viele sättigende Kohlenhydrate, die gleichzeitig unseren Körper mit Energie versorgen.

Fünf am Tag: Gemüse und Obst

Es wird nach wie vor empfohlen, zwei Händevoll Obst und drei Gemüseportionen am Tag (insgesamt etwa 600 g) zu essen (egal ob roh oder gekocht). In den bunten Lebensmitteln stecken viele Vitamine, Mineralstoffe, sekundäre Pflanzenstoffe und Ballaststoffe. Besonders die Gruppe der Ballaststoffe (stecken auch in Getreide, (Vollkorn-)Reis & Co.) macht uns satt, ist hilfreich für die Verdauung, reguliert den Blutzucker und senkt den Cholesterinspiegel.

Ballaststoffe sind im Darmtrakt zu vergleichen mit kleinen Schwämmen: Sie nehmen Flüssigkeiten auf, vergrößern den Darminhalt und können so schneller den Darm durchlaufen. Die Folge: Eventuelle Schadstoffe bleiben kürzer im Darm und werden rechtzeitig ausgeschieden.

Wer täglich genügend Ballaststoffe aufnimmt, beugt Verstopfungen vor und mindert die damit verbundenen Risiken wie Erkrankung des Verdauungstraktes oder Darmkrebs.

Milch und Milchprodukte

Neben Eiweiß und Calcium liefern sie vor allem die fettlöslichen Vitamine A,D, E und K. Allerdings: Je fettreicher die Milch oder die Milchprodukte sind, desto mehr Fett und Cholesterin enthalten sie. Deshalb evtl. fettarmen Produkten den Vorzug geben.

Veganer lehnen Milch und Milchprodukte ab. Für sie (oder Menschen mit einer Lactoseintoleranz) kann Sojamilch eine gute Alternative zu Milch sein. Sojamilch hat lediglich 3 mg Calcium/100 ml und damit deutlich weniger Calcium als Kuhmilch (120 mg/100 ml) zu bieten (stattdessen ist Sojamilch eine sehr gute Eiweißquelle).

Veganer sollten mit Blick auf ihren Calciumhaushalt beispielsweise calciumhaltiges Mineralwasser (mindestens 150 mg Calcium/1 Liter) oder grüne Gemüsesorten (wie Brokkoli, Grünkohl, Lauch, Spinat und Wirsing) regelmäßig mit in ihrem Speiseplan einplanen.

Die Aufnahme von Calcium wird gefördert durch Vitamin D (steckt allerdings am meisten in Leber und Fisch). Der Mensch kann dieses Vitamin allerdings auch selbst bilden: Durch Sonnenlicht entsteht es in der Haut – deshalb sollten vor allem Vegetarier einen Spaziergang von mindestens 15 Minuten am Tag einplanen.

Hülsenfrüchte (und eventuell ein Ei)

Eiweiß ist notwendig für den Erhalt der körpereigenen Proteine, den Muskelaufbau, die Immunabwehr und die tägliche Energiezufuhr. Der Eiweißbedarf liegt beim Richtwert in Höhe von 0,8 g Eiweiß/kg Körpergewicht – eine Menge, die mit vegetarischer Ernährung (und auch veganer Ernährung) problemlos erreichbar ist. Vorausgesetzt, dass man genügend isst (auf ausreichende Energiezufuhr achtet) und sich nicht extrem einseitig ernährt.
Hülsenfrüchte und Eier liefern dafür hochwertiges Eiweiß. Hintergrund: Unser Körper benötigt 20 Aminosäuren, von denen er zwölf selbst herstellen kann. Die anderen acht essentiellen, lebensnotwenigen Aminosäuren müssen wir in ausgewogener Kombination mit unserer Nahrung selbst zufügen.
Alle acht lebensnotwenigen, essentiellen Aminosäuren kommen in pflanzlichen Proteinquellen vor. Wichtig ist nur, dass man sich nicht einseitig ernährt (z.B. ohne Hülsenfrüchte, Getreide und Nüsse), denn dann klappt es nicht mit der sogenannten biologischen Wertigkeit.

Biologische Wertigkeit
Unter biologischer Wertigkeit versteht man einen Index, der angibt, wie ähnlich das Nahrungsprotein dem menschlichen Eiweiß kommt. Enthält ein Protein die essentiellen Aminosäuren genau im vom Menschen benötigten Verhältnis, wird ihm ein hoher biologischer Wert zugesprochen.
Im Allgemeinen wird pflanzlichen Eiweißen eine geringere biologische Wertigkeit zugeteilt, weil ihre Aminosäuren stärker von den menschlichen Aminosäuren abweichen.
Allerdings kann man die biologische Wertigkeit erhöhen, indem man verschiedene Proteinquellen miteinander kombiniert. Gute Ergänzungswerte haben Getreideerzeugnisse mit Milch oder Ei, Kartoffeln mit Milch, Hülsenfrüchte mit Milch, Ei oder Getreideprodukten.

Eier sind nur bei der ovo-lacto-vegetabilen Ernährung erlaubt. Sie sollten aber auch dort nur sparsam eingesetzt werden, weil verschiedene Fertigprodukte wie Nudeln, Saucen, Kuchen, Kekse oder Desserts schon Eier enthalten. Deshalb reicht der wöchentliche Verzehr von 1–3 Eiern vollkommen aus (inklusive „versteckter Eier" aus Teigwaren & Co.).

Pflanzenöle und -fette sind wichtig

Aus ernährungsphysiologischer Sicht sind pflanzliche Fette und Öle wertvoller als tierische, weil sie wichtige einfach und mehrfach ungesättigte Fettsäuren enthalten, die sich u.a. positiv auf den Cholesterinspiegel auswirken.
Unser Körper benötigt lebensnotwenige Fettsäuren, die er selbst nicht produzieren kann. Deshalb muss Fett zugeführt werden. Kleiner Nebeneffekt: Die fettlöslichen Vitamine (A, D, E und K) können so besser wirken.
Allerdings liefert Fett viele Kalorien. Deshalb sparsam einsetzen (nicht mehr als 60–80 g pro Tag). Nicht vergessen: Viele Fertigprodukte enthalten versteckte Fette.

Kräuter statt Salz

Wie bei der vollwertigen Ernährung, sollte auch bei der vegetarischen Ernährung Salz stets nur sparsam eingesetzt werden (maximal 5 g/Tag), da kleine Salzmengen vielen Produkten zugesetzt wird.
In der vegetarischen Ernährung wird viel Wert auf Kräuter gelegt, diese ersetzen auf natürliche Weise das Salz. Alle bekannten Würzkräuter wie Petersilie,

Schnittlauch, Kresse u.a.m. haben unterschiedliche Vitalstoffe. Je nach Kraut enthalten sie mehr oder weniger Harze, Bitter-, Gerb- und Schleimstoffe, Mineralstoffe oder Vitamine.

Frisch geerntet sind sie am wertvollsten (ideal ist ein Kräuterbeet im Garten oder im Balkonkasten). Nicht vergessen: Kräuter stets kurz vor dem Gebrauch kurz abspülen, trocken tupfen und anschließend – möglichst mit einem großen Messer – klein schneiden (und nicht hacken), so bleibt ihr Aroma am ehesten erhalten.

Trinken nicht vergessen

Getränke sind wichtig und lebensnotwenig: Mindestens 1 ½ Liter (besser mehr pro Tag). Ideal sind Wasser, Mineralwasser, Kräuter- oder Früchtetee und selbst gemixte Fruchtsaftschorlen (ideal im Verhältnis 1:3 bis 1:4). Ein größeres Verhältnis (1:1 oder 1:2) ist langfristig ungesund, da ein erhöhter Fruchtsaftkonsum sich negativ auf unseren Kohlenhydrat-Haushalt auswirkt (Stichwort: Übergewicht, Diabetes). Außerdem schadet es unserer Zahngesundheit.

Wer am Tag seine Obst- und Gemüseration nicht schafft (etwa 5 Portionen pro Tag) trinkt stattdessen ein Glas Frucht- oder Gemüsesaft. Entweder frisch gepresst oder Direktsaft aus der Packung.

Hier kann es kritisch werden

Wer ohne Fleisch gesund leben will, sollte ein paar Ernährungsregeln im Alltag beachten.

Die richtigen Eiweißquellen

Nach den neuesten Untersuchungen führt der übermäßige Verzehr von tierischem Eiweiß zu Krankheiten. Eiweiß aus Pflanzen und Milch ist dagegen hochwertig und bei einer ausgewogenen vegetarischen bzw. veganen Ernährung kommt es im Allgemeinen zu keinen Mangelerscheinungen in puncto Eiweiß.

Sollte durch eine Fehlernährung zu wenig Eiweiß verzehrt werden, so kann es zum Muskelabbau, einem geschwächten Immunsystem oder schlimmstenfalls zu Proteinmangelerkrankungen kommen.
Bei einer Überdosierung von Eiweiß (bis 2 g/kg Körpergewicht) kann es auf Dauer zu einer negativen Calciumbilanz kommen.

Wer zu wenig Eiweiß am Tag isst, sollte auf einen hohen Anteil an Leguminosen (Hülsenfrüchte, Sojabohnen) achten und Nüsse und Samen verzehren. Sojabohnen haben den Vorteil, dass sie alle Aminosäuren enthalten und damit unverzichtbar für eine vegane Ernährung sind.

Vitamin B 12 – gut gegen Blässe

Vitamin B 12 kommt vor allem in tierischen Produkten wie Leber, Fleisch, Fisch, Milch und Milchprodukten sowie Eiern vor.
In pflanzlichen Lebensmitteln vor allem bei Sauerkraut, das mittels Milchsäure-Gärung (hat aber nichts mit Milch zu tun) hergestellt wird. Vitamin B 12 steckt noch in Sprossen, Miso-Produkten oder Tempeh. Der Vitamin B 12-Spiegel kann gesenkt werden durch die Antibabypille, bestimmte Medikamente (gegen Tuberkulose) und einen Vitamin C-Überschuss.
Bei einem Vitamin B 12-Mangel sieht man müde-blass aus und fühlt sich angeschlagen. Schlimmstenfalls kommt es zur Blutarmut (Anämie).

Eisen – macht uns fit

Eisen findet man vor allem in Fleisch (Steaks, Rinderfilet), aber auch in Getreide (Vollkornhaferflocken, Hirse), Hülsenfrüchten (rote Linsen), Gemüse (wie Rote Bete, Spinat, Dicke Bohnen) und getrockneten Früchten.
Eisen ist wichtig für den Sauerstofftransport im Blut. Wenn wir zu wenig Eisen aufnehmen oder unter einer Resorptionsstörung leiden, kann es zu Erschöpfung, Blutarmut und erhöhter Infektionsanfälligkeit kommen. Schwarzer Tee und Kaffee verringern die Eisenaufnahme im Körper bis zu 50 % (!), dagegen fördert die gleichzeitige Aufnahme von Vitamin C die Eisenresorption erheblich.
Frauen haben generell einen höheren Eisenbedarf als Männer (wegen der Menstruation).

Jod – gut fürs Wachstum

Jod steckt vor allem in Seefisch, ebenso in Jodsalz, Milch und Eiern. In der vegetarischen Ernährung sollte deshalb unbedingt mit Jodsalz gewürzt werden.
Wenn möglich darauf achten, dass Lebensmittel wie Brot, evtl. Milchprodukte, Teigwaren usw. mit Jodsalz angereichert sind (siehe Zutatenliste). Jod beeinflusst unseren Stoffwechsel (Schilddrüsenhormon und das Wachstum).

Risikogruppen: Kinder, Schwangere und Ältere

Generell rät die DGE aufgrund des erhöhten Nährstoffbedarfs bei Schwangeren, Stillenden und Kindern von einer veganen Ernährung ab.
Hintergrund: Wenn während der Schwangerschaft nicht genügend Jod (mit der Nahrung) zugeführt wird, kann es beim Neugeborenen zu Kretinismus (Schwachsinn und Kleinwuchs) oder Entwicklungsverzögerungen kommen.
Für voll gestillte Kinder kann es zu Problemen in Bezug auf Vitamin B 12 kommen, wenn die Mütter sich rein vegan ernähren. Die Säuglinge können eventuell unter Blutarmut leiden.
Außerdem sollten besonders ältere Frauen in den Wechseljahren bei einer veganen Ernährung auf genügend Eisen achten.

Aufgepasst in der Veggie-Küche

Vegetarier bevorzugen in der Regel beim Einkauf naturbelassene Lebensmittel – das ist sehr gut so. Wenn weiterverarbeitete Lebensmittel wie Käse, Brotaufstriche, fertig gekauftes Brot, Marmelade, Pizza, vegane Würstchen u.a.m. im Einkaufskorb landen, ist der Blick auf die Zutatenliste unverzichtbar. Hier kann man nachlesen, ob die Zutaten wirklich auf pflanzlicher Basis hergestellt sind. Manche Hersteller werben auch mit speziellen Aufdrucken für vegane Kost.

Gelatine – nicht nur in Gummibärchen

Gelatine ist ein Geliermittel, das aus Teilen von Rind und Schwein hergestellt wird. Es ist ein durchsichtiges, geruchs- und geschmacksneutrales Lebensmittel. Gelatine kann in Gummibärchen (und anderen Süßwaren), Puddings, Joghurtzubereitungen, Frischkäse, Backwaren u.a.m. vorkommen.
In der vegetarischen Ernährung werden pflanzliche Gelier- und Bindestoffe eingesetzt. Dazu zählen z. B. Alginsäure (E 400), Agar Agar (E 406), Carageen (E 407), Guarkernmehl (E 412), Johanniskernbrotmehl (E 410), Pektin (E 440), Sago (hier gibt es keine E-Nummer, da es ein LM ist), Traganth (E 413).
Als Vegetarier sollte man trüben Fruchtsäften und evtl. Weinen den Vorzug geben. Denn Gelatine wird bei Getränken oftmals zum Binden der Trübstoffe verwendet, damit diese schön klar werden.
Wer Medikamente einnehmen muss, wird feststellen, dass viele Kapseln, Zäpfchen usw. auch aus Gelatine bestehen – ggfs. Arzt und Apotheker fragen.

Lab – steckt im Käse

Die Käseherstellung funktioniert durch das Säuern mit Milchsäurebakterien (Dickmilch, Joghurt) oder durch eiweißspaltende Enzyme (Lab).
Die Herstellung von fast allen Weich-, Schnitt- und Hartkäsen sieht die Zugabe von Lab vor.

Lab stammt aus dem Kälbermagen und wird von Veganern abgelehnt. Es gibt pflanzliche Labaustauschstoffe (diese werden noch nicht zur Käseherstellung benutzt, da sie den Käsegeschmack zu sehr verändern) und mikrobielle (auf der Basis von bestimmten Schimmelpilzkulturen). Gen-technisches Lab ist seit 1997 in Deutschland zugelassen.
Käse der biologischen Anbau-Verbände (im Naturkostladen) erzeugen bisher keinen Käse mit Gen-Lab.
Auf der Verpackung steht, ob der Käse mit tierischem oder mikrobiellem Lab versetzt wurde, oder fragen Sie beim Verkaufspersonal nach.

Fertigprodukte

Viele Supermärkte bieten Regale an, in denen es vegetarische Schnitzel, Würste, Aufschnitt, Brotaufstriche u.v.m. gibt. Dies hat den praktischen Vorteil, dass man dieselbe Mahlzeit kochen kann für Vegetarier und Nicht-Vegetarier. Allerdings sind besonders die Fleischersatzprodukte verhältnismäßig teuer.

Bevor neue Produkte in den Einkaufswagen gelangen: Unbedingt die Zutatenliste lesen.

Bei Vegetariern sind Sojaprodukte besonders beliebt, z.B. in Form von Sojasaucen (Miso), -milch, -kaffee, -mehl oder -quark (Tofu). Die Basis sind Sojabohnen, die ballaststoffreich sind und viele essentielle Aminosäuren haben.

Wo verstecken sich eventuell tierische Lebensmittel?

Die Zutatenliste soll dem Verbraucher darüber Auskunft geben, was in einem Lebensmittel steckt. Konkret: Was an erster Stelle steht, ist auch mengenmäßig am meisten enthalten.

Ausnahmen bestehen unter anderem bei der „25 %-Regelung“. Das heißt, dass zusammengesetzte Zutaten, die weniger als 25 % eines Produktes ausmachen, nicht in ihren Einzelheiten deklariert werden müssen.
Lose Waren (Obst, Gemüse und Kartoffeln sowie Süß- und Backwaren) und auch figürliche Zuckerwaren (Osterhase, Weihnachtsmann) müssen ebenfalls nicht gekennzeichnet sein.

Je höher ein Fertigprodukt weiterverarbeitet wurde, desto häufiger stehen viele zusammengesetzte Zutaten auf der Zutatenliste. Diesen weiterverarbeiteten Lebensmitteln werden häufig Zusatz-, Farb-, Aroma- und Konservierungsstoffe, Emulgatoren sowie Geschmacksverstärker zugesetzt. Sie werden zwar deklariert – aber nicht ihre Herkunft (deshalb können einige aus dem Tierreich kommen, Beispiel: E 120 (Kamin) ist ein roter Farbstoff, der aus Schildläusen gewonnen wird).

Insgesamt sind knapp 300 Zusatzstoffe in der EU erlaubt (Verbraucherzentralen und ähnliche Organisationen bieten eine Übersicht der gängigen E-Nummern an). Vegetarier und Veganer sollten deshalb die Zutatenliste genauestens studieren. Auch hier können Kennzeichnungen von Anbau-Verbänden hilfreich sein.

Einige Beispiele aus der Praxis, bei denen man nicht auf den ersten Blick vermutet, dass die Produkte aus dem Tierreich kommen:

- Molke: Restflüssigkeit, die bei der Käseherstellung entsteht. Molke wird Kuchen, Keksen, Broten und Süßigkeiten zugesetzt. Alternativ: Sojamolke verwenden
- Ölsäure: Eine Mischung aus pflanzlichen und tierischen Ölen. Alternativ: Pflanzenöle
- Schellack: Wird gewonnen aus Ausscheidungen der Lackschildlaus. Überzug für Süßigkeiten. Alternativ: pflanzliche Wachse
- Frittierfette: Enthalten oft tierische Fette. Alternativ: Pflanzenöle
- Stearinsäure: Stammt vom Schwein, Pflanzen oder der Kokosnuss. Verwendung in Kaugummis oder als Geschmacksverstärker
- Farbstoffe (E 100 bis E 180) können aus tierischen Quellen kommen
- Glycin: Stammt zum Teil vom Tier, Verwendung als Geschmacksverstärker (E 640)

Tipps für den Einkauf

- Wer vegetarisch kocht, achtet meist beim Einkauf schon darauf, dass alles möglichst frisch ist. Der Einkauf sollte sich nach der Jahreszeit und dem jeweiligen Angebot der Saison richten. Der Vorteil: Obst, Gemüse, Salat und Kräuter haben dann das beste Aroma und sind zudem preisgünstiger.
- Nicht vergessen: Nach dem Einkauf alles zügig kühl und dunkel lagern, denn Wärme, Sauerstoff und Licht schaden den empfindlichen Nährstoffen.
- Übrigens: Bio-Ware ist oft länger lagerfähig, da die Pflanzen durch geeignete Sorten, organische Düngung oder eine vielfältige Fruchtfolge widerstandsfähiger sind.
- Wer keinen Bio-Bauern oder Naturkostladen in der Nähe hat, greift auf das vielfältige Produkt-Sortiment der Supermärkte zurück.
- Ein Muss: Der Blick auf die Zutatenliste (besonders wenn man neue Produkte auswählt).
- Tipps für Veggie-Anfänger: Nach und nach auf Bio-Produkte umsteigen. Persönliche Lieblingslebensmittel in Bio-Qualität bevorzugen und auf das saisonale Angebot zurückgreifen.
- Ideal ist auch der Service der sogenannten grünen Kisten, die wöchentlich ins Haus geliefert werden mit Obst und Gemüse der Saison aus dem näheren Umkreis.
- Öko-Gemüse hat weniger Nitrat, da es nicht mineralisch gedüngt wird.

Tipps für den Vegetarier-Alltag:

- Möglichst abwechslungsreich vegetarisch essen.
- Dem Energiebedarf angepasst ernähren.
- Möglichst naturbelassene Lebensmittel verwenden: Vollkornbrot statt Weißbrot, Vollkornreis statt geschältem Reis.
- Jeden Tag verschiedene Eiweißquellen einplanen: Hülsenfrüchte, Sojaprodukte, Nüsse, Samen, Getreide und eiweißreiche Gemüsesorten (wie Rosenkohl, Spinat, Topinambur, Okraschoten oder verschiedene Sprossen).
- Lebensmitteln aus dem Bio-Segment den Vorzug geben. Dieses hat – durch den Anbau – meist mehr Vitamine und Mineralstoffe.

Suppen und Eintöpfe

Salate

Aus dem Ofen

Aus der Pfanne

Snacks

Saucen, Dips und Aufstriche

Beilagen

Für jeden Tag

Für Gäste

Für Veganer

Für Fragen, Vorschläge oder Anregungen stehen Ihnen der Verbraucherservice der Dr. Oetker Versuchsküche Telefon: 00800 71 72 73 74 Mo.–Fr. 8:00–18:00 Uhr, Sa. 9:00–15:00 Uhr (gebührenfrei in Deutschland) oder die Mitarbeiter des Dr. Oetker Verlages Telefon: +49 (0) 521 520650 Mo.–Fr. 9:00–15:00 Uhr zur Verfügung.

Oder schreiben Sie uns:
Dr. Oetker Verlag KG, Am Bach 11, 33602 Bielefeld oder besuchen Sie uns im Internet unter www.oetker-verlag.de oder www.oetker.de

Umwelthinweis Dieses Buch und der Einband wurden auf chlorfrei gebleichtem Papier gedruckt. Die Einschrumpffolie – zum Schutz vor Verschmutzung – ist aus umweltfreundlichem und recyclingfähigem PE-Material.

Redaktion Carola Reich, Annette Riesenberg

Innenfotos Walter Cimbal, Hamburg (S. 8, 9, 90, 114, 119, 124, 125, 142, 144, 145, 163, 204, 230, 232)
Thomas Diercks, Kai Boxhammer, Christiane Krüger, Hamburg (S. 6, 10, 11, 14, 15, 18, 19, 26, 28, 29, 31, 35, 37, 46, 49, 52, 55, 57, 62, 64, 73, 87, 91, 94, 99, 100, 108, 113, 118, 121, 127, 132, 140, 149, 151–154, 157, 162, 167, 169, 172, 174, 176, 182, 186, 189, 190, 193, 195, 197, 198, 200, 205–207, 210–214, 217, 220, 226, 229, 233, 247, 248, 251, 252, 254, 268, 279, 280/r.)
Ulli Hartmann, Halle/ Westf. (S. 27, 56, 65, 69, 76, 79, 81, 109, 129, 171, 180, 236, 237, 270, 272)
Bela Hoche, Hamburg (S. 50, 54, 166, 170)
Bernd Lippert (S. 24, 75, 160)
Janne Peters, Hamburg (S. 13, 26, 32, 34, 38, 39, 41, 47, 51, 58, 59, 66, 70, 74, 77, 83, 84, 92, 95, 97, 98, 102, 105, 111, 112, 122, 128, 130, 131, 133, 135, 138, 148, 150, 161, 165, 168, 173, 175, 177, 179, 181, 183, 185, 187, 191, 192, 194, 199, 203, 208, 215, 218, 219, 221, 223, 224, 225, 227, 231, 243, 246, 249, 250, 255, 256, 259, 261, 263, 264, 267, 273, 274, 277)
Antje Plewinski, Berlin (S. 5, 16, 21, 30, 36, 42, 45, 48, 61, 71, 78, 80, 89, 107, 115, 117, 147, 155, 188, 196, 201, 228, 234, 239, 240, 245)
Christiane Pries, Borgholzhausen (S. 7, 101, 244)
Hans-Joachim Schmidt, Hamburg (S. 43, 104, 137, 253)
Axel Struwe, Bielefeld (S. 116, 158, 209, 280/l.)
Norbert Toelle, Bielefeld (S. 44, 67, 68, 93, 120, 136, 143, 159, 260, 269, 278)
Brigitte Wegner, Bielefeld (S. 12, 23, 53, 88, 103, 123, 126, 156, 202, 216, 238, 241, 242, 262, 266, 271)
Winkler-Studios, Bremen (S. 22)

Lektorat no:vum, Susanne Noll, Leinfelden-Echterdingen

Rezeptberatung und Ratgeber Irmgard Radke, Calden

Nährwertberechnungen Nutri Service, Hennef

Grafisches Konzept und Gestaltung MDH Haselhorst, Bielefeld
Titelgestaltung kontur:design GmbH, Bielefeld
Satz und Layout MDH Haselhorst, Bielefeld
Druck und Bindung Mohn media Mohndruck GmbH, Gütersloh

Überarbeitete und erweiterte Ausgabe des Titels Vegetarisch von A-Z (ISBN: 978-3-7670-0723-9)

ISBN: 978–3–7670–0774–1